SCOR 모델을 사용한 공급망의 혁신적 개선
(Supply Chain Excellence)

Peter Bolstorff, Robert Rosenbaum

동북아물류혁신클러스터총서 04

SCOR 모델을 사용한
공급망의 혁신적 개선

Peter Bolstorff, Robert Rossenbaum 저
동북아물류혁신클러스터 역

Supply
Chain Excellence

도서출판 범한

SCOR 모델을 사용한 공급망의 혁신적 개선

초판 1쇄 발행 2007년 8월 30일

지은이 Peter Bolstorff·Robert Rosenbaum | **역저** 동북아물류혁신클러스터

펴낸이 송순희 | **펴낸곳** 도서출판 범한

디자인 한은희·김미옥 | **마케팅** 이호철 | **교열** 이낙용

표지디자인 시선

출판등록 1995년 10월 12일(제 2-2056)

주소 100-230 서울시 중구 수표동 56-10 백상빌딩 305호

전화 02-2278-6195 | **팩스** 02-2268-9167

이메일 bumhanp@bumhanp.com | **홈페이지** http://www.bumhanp.com

값 15,000원   **ISBN** 978-89-87098-79-1

•잘못된 책은 구입하신 서점에서 바꾸어 드립니다.

목차

목차

언젠가 공급망 운영 참조 모델에 관한 세미나에서 질의응답 시간이 시작되자마자 어느 임원 참석자가 다음과 같은 질문을 던졌다. "우리들 중 대부분은 회사 내부적으로나 거래 파트너와의 관계에 있어서나 공급망을 제대로 관리하지 못하고 있습니다. 우리가 공급망 관리를 위해 앞장서게 될 동기가 될만한 사항을 두세 가지 말씀해 주실 수 있겠습니까?"

이에 Peter는 이렇게 답하였다. "만일 자사의 공급망을 정의할 수 있다면 공급망을 측정하는 것도 가능합니다. 그리고 그것은 사실 크게 어려운 일이 아닙니다. 일단 측정을 해 보면 엄청난 기회가 내재되어 있다는 것을 발견하게 될 것이고, 그 이상 별다른 동기가 필요 없을 것입니다. 공급망을 계속적으로 개선하지 않고는 못 배길 것입니다."

본 책자는 공급망 관리의 힘을 새로이 알리기 위해 쓰여진 것이 아니다. 사실 방금 읽었던 두 개의 문단을 제외하고 본 책자의 내용 중 더 이상 공급망이 왜 중요한지에 대한 시비는 없을 것이다.

본 책자는 어떻게 해야 할 것인지에 관한 문제를 다루고 있다. 다시 말하면 공급망 관리의 두 가지 근본 원칙인 정의/측정 및 성과 개선 추진을 어떻게 이루어 낼 것인지의 문제를 주된 주제로 다룰 것이다.

■ 공급망의 정의

대부분의 이론과 마찬가지로 공급망 관리(SCM) 또한 과거 10년이 넘도록 여러 가지 방식으로 정의되고 또 재정의되었다. 또한 광의의 차원에서 볼 때, 공급망 관리의 정의는 각자의 동기와 관심에 따라 달라질 수 있다.

소프트웨어를 판매하는 기술제공자는 SCM을 진보된 기획 기능의 사용을 위한 도구로서 인식할 것이며, 아웃소싱 서비스를 판매하고자 하는 제삼자물류제공자(3PL)는 유통 방법을 위한 도구로서, 그리고 서비스를 판매하는 컨설팅 회사라면 자사의 지적재산권 보호 차원에서 SCM을 인식할 것이다. 그러나 공급망 관리가 무엇인지를 정의할 수 있는 진정으로 객관적이고 편향되지 않은 방법이 하나 있다. 그것은 다름아니라 소위 공급망 관리를 위한 참조모델(일명 SCOR)라 불리는 교차산업 표준화 모델로서 본 책자의 중심 주제이기도 하다.

■ 공급망 성능의 개선: 11가지 공통 주제

공급망의 성능 문제는 다음을 포함하여 참으로 다양한 곳에서 발견된다.

- 손익계산서
- 대차대조표
- 기업의 주요 성과지표
- 종업원 만족도 설문
- 고객제안카드
- 경쟁상황 보고서
- 분석가의 평점등급 및 평가

궁극적으로 공급망의 성능 문제는 기업이 무언가 행동을 취해야 한다는 요구사항으로 귀결된다. 문제는 어떻게 행동을 취하느냐이다.

각 산업부문의 선도기업들은 충분한 숙련과 동기를 갖춘 비즈니스 관리자 팀을 운영하고 있으며, 이러한 팀을 통해 통합된 공급망을 구축하기 위한 작업을 수행하고 있다. 그러나 이러한 관리자 중 많은 수가 난관에 봉착하게 된다. 즉 프로젝트가 정체되고 가치있는 이니셔티브가 폐기되는 것이다. 그러나 이는 불가피한 상황이 아니다. SCOR는 단계적인 엔지니어링 접근 방법을 제시함으로써 공급망의 성능을 분석하고 설계하고 개선하는 활동을 지원한다. 그 체계는 엄격하면서도 유연하며, 모든 업종 및 모든 공급망 문제에 대해 적용이 가능하다.

저자는 SCOR를 사용하여 30개가 넘는 프로젝트를 수행한 경험을 통해 일반적으로 제기되는 11가지 비즈니스상의 문제를 찾아 내었으며, 이 11가지 문제는 어떠한 상황에도 적용이 가능한 것으로 보인다. 이러한 문제 중 일부는 다소 희소한 편에 속하며, 그 외의 경우는 거의 모든 회사에서 찾아볼 수 있는 것들이다. 독자 여러분 또한 이 책을 읽기까지 공급망 관리에 관해 충분히 많은 것들을 생각해 왔을 것이므로 다음 시나리오 중 최소한 몇 가지는 여러분 자신이나 여러분이 속한 회사와도 관련이 있다는 것을 알 수 있을 것이다.

시나리오 1: 기술투자 계획의 수립

어느 최고정보책임자(CIO)가 2000 이전에 전사적자원관리(ERP) 시스템을 구축하라는 압력을 일축하였다. 단지 Y2K 요건을 충족한다는 것만으로 전체 회사를 격변의 소용돌이 속으로 끌어들이는 것은 타당하지 못하다는 것이 그 이유였다. Y2K 이후에도 웹 기반의 응용 프로그램과 진보된 형태의 신뢰성 높은 기획 시스템이 급속한 발전을 거듭하는 것을 바라보면서 그녀는 회사의 비즈니스 전략을 뒷받침할 기술투자 계획의 부재가 문제임을 절감하게 되었다.

시나리오 2 : 투자수익(ROI)의 추구

어느 회사가 ERP 패키지를 구입하였는데, 구입 당시 공급업체는 분기말까지 판매량 목표를 달성하기 위해 적극적인 판촉 활동을 벌이고 있던 중이었다. 구매된 제품에는 고객관계관리, 거래처리, 개선된 공급망 기획, 고객과 공급자에게 셀프서비스 기능을 제공하기 위한 웹 포털 등 모든 최신 애드온 기능이 포함되어 있었다. 이제 임원 팀은 엄청나게 어려운 문제에 대한 해답을 찾고 있다. 언제쯤 손익계산서상에 투자수익이 나타나기 시작할 것인가?

시나리오 3 : 공급망 전략의 수립

3명의 고위급 부사장(영업, 마케팅 및 운영)이 각자 담당하고 있는 부문의 공급망 역량 구축을 위해 상세한 종합 전략을 수립하였다. 그 후 각 부문은 응용 프로그램 기술, 생산 프로세스 및 제품 개발에 자금을 투자하여 하나같이 측정 가능한 성과를 거두었다. 그러나 지금 이들에게는 이러한 각각의 활동을 통합하여 전사적으로 수익과 성과를 제고하기 위한 종합적 청사진이 없는 실정이다.

시나리오 4 : 공급망 전략의 실행

회사의 공급망 관리 담당 최고경영자가 가장 재능 있는 십여 명의 관리자들을 소집하여 구조화 브레인스토밍을 실시하였으며, 그 결과 45개의 최우선 추진 프로젝트 목록을 얻을 수 있었다. 그러나 관리자들이 계획을 실행에 옮겨 보니 성과가 그리 신통치 않은 것으로 밝혀졌다. 일반관리자들에게 동일한 재정적, 인적 및 기술적 자원을 가지고 여러 가지 활동을 추진하라는 요구가 가해지고 있었던 것이다. 목표 또한 서로 상충하는 듯 했다. 사용 가능한 자원을 효과적으로 활용하려면 각자의 목표를 명확히 하고 그에 따라 프로젝트의 우선순위를 결정해야만 했다.

시나리오 5 : 판매 및 운영 계획의 개선

운영 담당 부사장이 심각한 현금회전 문제와 고객 만족도 저하의 문제를 놓고 고민하고 있었다. 이는 모두 원자재의 부족, 잘못 배정된 용량, 부정확한 예측 및 재고 누적이 그 원인이었다. 결국 문제는 어떻게 해야 기획 및 예측 문제를 해결하고 재무제표 수치를 정상으로 되돌릴 수 있느냐로 집약될 수 있었다.

시나리오 6 : 재정적 목표의 달성

CEO는 이사회에 대해 주당수익률의 개선을 약속한 바 있다. 경쟁사의 대차대조표와 손익계산서를 분석한 결과 회사의 직간접 비용이 궤를 벗어났으며 현금회전 주기가 너무 길다는 것이 밝혀졌다. 이제 경영진에게는 주주를 만족시킬만한 예측 가능한 결과를 얻어 내기 위한 올바른 개선 사항의 조합을 찾아 내야 한다는 과제가 부여되었다. CEO에 대한 신뢰성이 위기에 처해 있는 상황이었다.

시나리오 7 : 지원 및 역량의 구축

새로운 공급망 솔루션 팀의 담당 이사는 프로젝트를 평가하고 실행하기 위한 입증된 방법을 필요로 하고 있었다. 이는 그 방법의 유용성을 문서화된 증거로 입증해야 하는 동시에 그 방법의 확장성과 재현성에 대한 증거가 필요하다는 의미였다. 그 다음으로는 선정된 방법에 대하여 전사적으로 납득을 구해야만 했다. 이는 임원 차원의 평가와 더불어 방법론 자체에 저렴하고 손쉽게 접근할 수 있는 수단이 있어야 한다는 뜻이었다. 끝으로 모델을 사용하여 조기에 성공을 거둘 수 있는 팀을 구성해야 했다.

시나리오 8 : 전사적 자원관리의 최적화

ERP의 실행이 빛을 보지 못하고 비즈니스 프로세스가 점점 더 자동화됨에 따라 모든 것들이 갑자기 잘못된 방향으로 흐르기 시작하였다. 프로젝트 리더는 그 이유를 상당히 정확히 알고 있었다. 조직이 현재의 방법론에서 벗어나기 힘든 경직된 수직적 기능 구조로 짜여 있었던 것이다. 그러나 ERP 시스템은 기본적으로 수평적이며, 구매 주문, 판매 주문, 예측, 마스터 데이터 등과 같은 거래의 흐름으로 구성되어 있다. 어떻게 해야 기업문화가 기능적 관리에서 프로세스 관리 위주로 변화될 수 있을 것인가?

시나리오 9 : 기존 기술의 최적 활용

관리 담당 부사장은 진보된 공급망 기획 기능을 제공하는 새롭고 브랜드가 있는 시스템을 도입함으로써 2년 묵은 현재의 거래 시스템을 교체하라는 압박을 임원들로부터 받고 있었다. 그러나 ROI 분석을 실시한 결과 이러한 교체로 인한 부가가치를 찾을 수 없었다. 또한 보다 상세히 조사를 해 보니 모든 비즈니스 리더들이 불만을 갖고 있는 것은 아니라는 사실이 밝혀졌다. 사실 부사장은 비즈니스 리더의 만족도와 해당 시스템에 대해 배우고자 하는 열의 사이에 직접적 관계가 있다는 것을 발견하였다. 가장 만족도가 낮은 임원들의 경우 실행 관련 문제를 적절히 처리하지 못하고 있었으며 따라서 사용 가능한 모듈을 거의 활용하지 못하고 있었다. 문제는 어떻게 해야 비즈니스 리더들이 기존 기능을 보다 효과적으로 사용할 수 있도록 동기를 부여하느냐 하는 것이었다.

시나리오 10 : 뛰어난 운영 성과의 달성

최고경영자 팀은 운영 성과 혁신 전략을 통해 회사를 차별화해야 한다는데 의견을 함께 하였다. 다른 대안으로는 고객 친화도 제고와 제품 혁신이 있었다. 결정이 내려졌으므로, 이제 팀은 보다 전술적 차원에서 탁월한 방식으로 운영되는 공급망의 특성을 정의해야 했다.

시나리오 11 : 인수합병

인수회사 및 피인수회사의 최고경영자 팀이 합병을 원활히 추진하고 단기적으로 시너지 효과가 창출되도록 할 방법을 모색하고 있었다. 해결해야 할 과제는 어떻게 해야 인수합병 과정의 기업실사, 통합 및 안정화 단계에서 자재의 흐름, 기술 플랫폼, 작업 및 정보의 흐름, 그리고 생산용량의 효율을 최적 활용할 수 있느냐로 집약되었다.

이러한 제반 상황은 모두 하나의 공통분모를 가지고 있었다. 모든 경우에 있어 SCOR는 성과의 개선을 위해 공급망을 정의하고 문제의 심각성을 측정하고 어떠한 변화가 필요한지를 파악함에 있어 유용하게 활용되었다. 그러나 이러한 전술적 차원 이외에도, SCOR은 조직 행동의 기본적 성격을 특정 사건에 대한 반사적 대응 방식으로부터 전략적이고 통합된 팀 행동 방식으로 바꾸어 줌으로써 관심의 초점이 고객에게 더욱 집중될 수 있도록 해 주었다. 이러한 변화는 기업이 공급망 문제를 해결하고 목표를 달성하기 위해 필요한 핵심 역량을 구축할 수 있는 역량으로 작용하였다.

■ 왜 이 책을 읽어야 하는가?

SCOR 모델과 관련된 모든 컨퍼런스, 세미나 및 개인적 지도 중에서 Supply-Chain Council 일본지부 소속의 회원 15명을 대상으로 실시되었던 워크숍만큼 유익했던 경우는 또 없었던 것 같다. 그 워크숍은 집중과정 강의이자 상호 토론의 장이었으며, 동시통역으로 진행되었다. 저자는 그 자리를 통해 SCOR 모델이 세계적 수준의 조직을 만들어 내기 위한 신뢰성 높은 로드맵 역할을 할 수 있다는 두 가지의 중요한 깨달음을 얻었다.

□ 첫 번째 깨달음 : 교육은 모든 성공적인 공급망 프로젝트에 있어 필수 사항이다. 공급망이란 단순히 운송 및 물류에 국한되지 않는 복잡한 주제이다. 공급망은 재무, 고객 및 종업원이라는 차원에서 어떻게 조직의 이득이 구현될 수 있는지에 대한 높은 이해를 요구한다. 최고 책임자가 공급망 프로젝트를 통해 얻을 수 있는 이득에 대한 이해를 갖추고 있을 때 자금과 후원이 제공될 가능성이 높아진다.

□ 두 번째 깨달음 : SCOR 모델은 어떠한 언어로도 이해될 수 있는 전세계적 방법론이다. 회사가 생산하는 제품이 무엇이든 모든 임원들이 SCOR에 관해 질문하는 바는 기본적으로 동일하다. 그것이 과연 무엇인가? 어떠한 가치가 있는가? 어떻게 사용되는가? 누가 사용하고 있는가? 우리 조직은 어디서부터 시작할 수 있는가? 이에 대한 대답은 저자의 일본 친구도 동의했듯이 어느 언어로 말하든 동일하다.

'최상의 공급망을 위한 비결'은 현 상황을 개선하려는 동기를 가지고 있는 동시에 엄격하고 입증된 방법론을 사용함으로써 공급망의 개선이 반드시 올바른 방식으로 이루어지도록 하려는 의지를 가지고 있는 모든 사람을 위한 핸드북이다. 본 책자의 줄거리는 Fowlers Inc.

라는 회사가 SCOR를 이용해 최상의 공급망을 구축해 가는 과정을 중심으로 전개된다.

구체적으로, '최상의 공급망을 위한 비결'은 Fowlers가 SCOR 프로젝트의 생명주기를 구성하는 다음의 8개 단계를 어떻게 거쳐 왔는지를 말해 준다.

1. 공급망 개선 활동에 대한 지원 확보를 위한 전사적인 교육
2. 어디서부터 개선에 착수할 것인지에 대한 의견의 일치
3. 성공을 위한 제반 활동의 체계화
4. 비즈니스 기회를 정의하기 위한 적절한 경쟁력 분석의 실시
5. 변화의 독려를 위한 배수진의 활용
6. 올바른 방향으로 변화가 추진될 수 있도록 전략, 자재 흐름, 작업 흐름 및 정보 흐름을 한 방향으로 정렬
7. 변화의 재무적 가치를 명확한 숫자로 표시
8. 변화의 실천을 통해 지속 가능한 경쟁 우위를 달성

따라서 본 책자는 공급망 개선 활동을 실행하기 위한 모든 단계에서 고위경영자를 지원하기 위한 하나의 도구로서 SCOR를 사용하는 방법이 설명된 실무 지침서라 할 수 있다. 그러한 점에서 '최상의 공급망을 위한 비결'은 주간 프로젝트 일정표 형식으로 구성되어 있으며, 위에 열거된 8개 단계별로 달성 가능한 실행계획을 제시하고 있다.

각 장에는 해당 주차별로 수행해야 할 작업이 제시되어 있으며, 각 주별 작업은 이틀간의 회의와 후속 과제로 구성되어 있다. 아울러 단계별 프로세스를 예시하기 위한 산출물 견본, 과제 요약, 표 및 그림이 포함되어 있다. Fowlers Inc.에 관한 중요한 사항을 한 가지 언급하자면, 이 회사는 실제 회사가 아니며 Fowlers의 종업원들 또한 실제 인

물들이 아니라는 것이다. Fowlers는 다양한 프로젝트를 통해 발견된 상황의 종합체이다. 이렇게 가상 회사를 동원한 이유는 독자들이 SCOR 접근 방법의 논리를 처음부터 끝까지 따를 수 있도록 연속성을 유지하는 가운데 폭 넓은 범위의 문제에 대한 예제와 그에 대한 대처 방법이 제시된 교과서적 사례연구 자료를 제공하기 위해서이다.

[감사의 글]

　　우리는 본 책자의 완성을 위해 직접적으로(또한 간접적으로) 도움을
주신 모든 분들에게 감사를 드립니다. 매번 신규 프로젝트가 진행될 때마
다 새로운 아이디어와 개선점을 제시해 준 Pragmatek의 공급망 담당자
들은 SCOR 체계의 적용 방법을 계속적으로 개선할 수 있도록 큰 힘이
되어 주었습니다. 이는 본 책자에 포함된 많은 템플릿을 통해서도 분명히
알 수 있으며, 고객사 공급망의 효율 개선에 큰 도움이 되었습니다. 구체
적으로 Tim Allen, Chris Anderson, Doug Bley, Steve Bloom, Joe
Comerford, Ron Evans, Chaz Hanisch, David Hendrickson, Bob
Jones, Cathy Kuklinski, Sandy Leverentz, Michelle Lohse, Jane
Mallin, Steve Manske, Bernie Pieper, Elaine Reichardt, David
Strachan, Dan Swartwood, Mike Welch 그리고 Janet Wilson에게 심
심한 감사를 드립니다.

　　급변하는 공급망 관리의 세계에 관한 풍부한 식견과 견해를 제공해 준
Penton Media의 Supply Chain Technology News 및 Transportation
& Distribution의 편집 팀 또한 눈에 띄지 않는 부분에서 본 책자를 위해
큰 도움을 주었습니다. 이와 관련하여 David Blanchard, Jennifer
Kuhel, Dan Jacobs, Perry Trunick, Mary Aichlmayr 및 Roger
Morton에게 감사의 뜻을 표합니다.

　　아울러 Supply-Chain Council과 그 임직원들께도 감사의 말씀을 전
하는 바이며, 특히 Scott Stephens와 Michihiko Kitakeze-san의 전문
적 조언, 피드백 및 격려에 대해 깊은 감사를 드립니다. 본 책자는 1996
년 이래로 공급망에 관한 이론을 신뢰성 있는 실제적 방법으로 변환하기
위해 수많은 밤을 밝힌 결과물입니다. 또한 성과 개선의 이론과 실제에
관하여 탁월한 연구 결과를 제공해 주신 한편 전사적 품질경영, 식스시그
마, 비즈니스 프로세스 리엔지니어링, 린 제조, 그리고 오늘날의 공급망

시대에 이르기까지 이러한 지식의 적용에 대해 큰 도움을 주신 Richard Swonson 박사께도 깊은 감사를 드립니다. 끝으로 우리에게 가장 중요한 코치 역할이라는 특전을 제공해 주신 설계 팀에 대해서도 감사를 드립니다. 이 모든 과정을 통해 우리는 공급망 성능 개선에 관해 더 많은 것을 배우고 익힐 수 있었던 동시에, 많은 비용을 절약하고 고객의 만족도를 제고할 수 있었으며 무엇보다도 이러한 제반 활동을 통해 큰 즐거움을 느낄 수 있었습니다.

01 공급망운영 참조 모델 소개

1996년 가을, Peter는 3M으로부터 방금 스핀오프된 Imation 을 위해 새로이 구성된 기업 "인터넷 컨설팅" 팀의 일원으로 합류하였으며, 바로 이때 공급망 운영 참조 모델(SCOR)에 대해 처음으로 알게 되었다. Peter는 그 때 이래로 이 모델을 공급망 프로젝트 작업에 활용해 왔다. 또한 그는 Supply-Chain Council의 일원으로서 SCOR의 개선 프로세스에 참여하고 다른 사람에게 그 사용법을 지도하는 등 적극적인 활동을 벌여 왔다.

Peter는 지금까지 모든 종류의 질문을 접해 보았다. 가장 빈번이 제기되었던 질문으로는 다음과 같은 것들을 들 수 있다. Supply-Chain Council은 무엇인가? SCOR은 무엇인가? SCOR은 어떻게 사용하는가? 우리 조직이 얻을 수 있는 가치는 무엇인가? 어떻게 해야 SCOR에 대해 더 많이 배울 수 있는가?

1. Supply-Chain Council

Supply-Chain Council(supply-chain.org)은 일반 대중이 참여하는 방식으로 공급망 실행 모델을 개발하기 위해 1996년에 설립된 독립적 비영리 법인이다. 초기에 참여했던 사람들 중에는 Bayer, Compaq, Proctor & Gamble, Lockheed Martin, Nortel, Rockwell Semi-conductor, Texas Instruments, 3M, Cargill, Pittiglio, Rabin, Todd, & McGrath(PRTM) 및 AMR Research, Inc. 출신의 인재들이 포함되어 있었다. 또한 모두 합해 69개의 세계적 기업들이 Supply- Chain Council의 창업 회원으로 참여하였다. 오늘날 Supply-Chain Council은 기술 개발, 연구, 교육 및 컨퍼런스 행사를 통해 SCOR 모델의 활용도를 영속적으로 유지한다는 것을 사명으로 표방하고 있다. Supply-Chain Council의 기술 커뮤니티는 2001년 말까지 5개의 SCOR 하위 버전을 발표함으로써 프로세스 요소, 측정 지표, 방법 및 기술을 업데이트하였다.

Supply-Chain Council은 전세계로부터 약 750명의 회원을 끌어 모았으며, 유럽, 일본, 한국, 남미, 호주, 뉴질랜드 및 동남아시아에 지부를 두고 있다. 회원 자격은 공급망 관리의 원칙을 적용하고 발전시키는 일에 관심이 있는 어느 조직에 대해서든 개방되어 있다. Supply-Chain Council 내에는 우주항공 및 국방, 자동차, 전자, 소매 및 소비자용 포장상품, 그리고 의약으로 구분된 5개의 산업별 전담 그룹이 있다. 제반 회원은 민간기업, 학계, 정부, 컨설팅 회사 및 기술 서비스 제공기업에서 활동하고 있다. 2002년을 기준으로 기업 회비는 연간 2,000달러이며 교육자 회비는 300달러 미만이다.

2. SCOR의 체계

SCOR는 비즈니스 프로세스 엔지니어링, 벤치마킹 및 모범사례를 하나의 체계로 통합해 준다. SCOR 모델은 공급망 관리를 계획, 조달, 제조, 배송 및 반품이라는 활동의 통합 프로세스로 정의한다. 이러한 프로세스는 공급자의 공급자로부터 고객의 고객까지 이어져 있으며,

모두 회사의 운영 전략, 자재, 작업 및 정보의 흐름과 같은 방향으로 정렬되어 있다([그림 1-1] 참조).

이러한 각각의 프로세스 요소에 포함된 내용을 살펴보면 다음과 같다.

[그림 1-1] SCOR의 체계

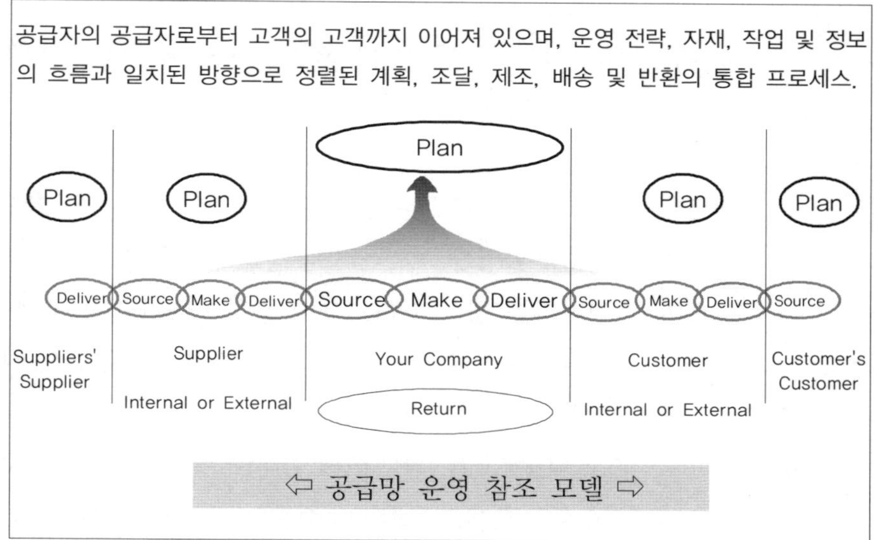

출처 : © Copyright 2001 Supply-Chain Council, Inc.

- 계 획. 공급 원천에 대한 평가, 수요 요구사항의 통합 및 우선순위 설정, 배송, 생산 및 자재 요구사항에 따른 재고 계획, 모든 제품과 모든 채널의 대략적 용량 계획.

- 조 달. 원자재 및 구매된 완제품의 획득, 수령, 검사, 보관, 출고 및 대금 지불 승인.

- 제 조. 자재의 요청과 수령, 제품의 제조와 검사, 제품의 포장, 보관 및/또는 출하.

- 배 송. 주문관리 프로세스의 실행, 견적 생성, 제품 구성, 고객 데

이터베이스의 생성 및 유지, 제품/가격 데이터베이스의 유지관리, 외상매출금, 신용, 수금 및 청구의 관리, 반출, 포장 및 구성을 포함한 창고 프로세스의 실행, 고객 주문 방식의 포장/라벨링, 주문 통합, 제품 배송, 운송 및 수출입 프로세스 관리, 성과 검증.

- 반 품. 승인, 일정계획, 검사, 운반, 사후보증 관리, 결함 제품의 회수와 검사, 처분 및 교체 등이 포함된 불량품, 사후보증 제품 및 과다재고의 반품 처리.

그 외에도 SCOR 버전 5.0에는 각 프로세스를 위한 일련의 활성화 요소가 포함되어 있다. 활성화 요소는 정보 정책과 관계에 초점이 맞추어져 있으며 공급망 관련 활동의 기획과 실행을 가능하도록 해 준다.

SCOR은 판매 주문, 구매 주문, 작업지시, 반품 승인, 예측 및 보충 주문을 둘러싼 모든 고객, 제품 및 시장의 상호작용과 관련되어 있다. 또한 SCOR은 원자재, 재공품, 완제품 및 반송품의 자재 이동을 모두 포괄하고 있다. 판매 프로세스, 제품 개발 및 고객 관계 관리 프로세스는 SCOR 버전 5.0에서 구체적으로 다루지 않고 있다.

SCOR 모델에는 3개 계층의 프로세스 세부사항이 포함되어 있다. 현실적인 차원에서 레벨 1은 공급망의 수와 그 성과를 측정하는 방법을 정의하는 단계라 할 수 있다. 레벨 2에서는 재고, 주문품 및 주문 설계품과 같은 표준화된 카테고리를 사용하여 자재 흐름의 기획 및 실행 프로세스가 구성되는 방식이 정의된다. 레벨 3에서는 판매 주문, 구매주문, 작업지시, 반품 승인, 보충주문 및 예측의 처리를 위해 사용되는 비즈니스 프로세스가 정의된다.

3. SCOR 프로젝트 로드맵

이러한 체계는 일견 간단해 보이지만, 실제로는 60개가 넘는 프로세스, 200개의 측정 지표, 50개의 모범사례 및 100개의 잠재적 자재 흐름 구성이 통합된 여러 개의 세부 계층으로 구성되어 있다.

단지 구조와 용어를 알았다고 해서 비용이 절감되는 것은 아니다. 실제로 효과를 보려면 무언가를 해야만 한다. 그것이 바로 SCOR 프로젝트 로드맵이 필요한 이유이다([그림 1-2] 참조). 이 로드맵은 4개의 구획으로 명확히 구별되어 있으며, 운영 전략, 자재의 흐름, 그리고 작업과 정보의 흐름을 다루고 있다. 그 구획은 다음과 같다.

1. 공급망 관련 측정 지표와 운영전략을 중심으로 기본적 경쟁 상황을 분석.
2. 공급망 내부의 자재 흐름을 적절한 방식으로 구성.
3. 성과 수준, 방법론 및 시스템, 즉 정보와 작업의 흐름을 목표에 부합하도록 정렬.
4. 성과의 개선을 위한 공급망의 변화를 실행.

각 구획은 회사가 특정한 차원에서 공급망의 성능을 파악하고 개선하는데 도움이 될 산출물로 구성되어 있다. 첫 번째 구획을 통해서는 회사가 얼마나 많은 공급망을 운영하고 있으며 경쟁사와 비교한 성과는 어떠한지를 알 수 있다. 두 번째 구획을 통해서는 자재의 흐름에 내포된 비효율을 제거하고 흐름을 최적화할 수 있다. 세 번째 구획에서는 거래의 생산성을 최적화할 수 있다. 그리고 네 번째 구획은 공급망 개선 활동을 기획하고 실행할 때 도움이 된다.

[그림 1-2] SCOR 프로젝트 로드맵

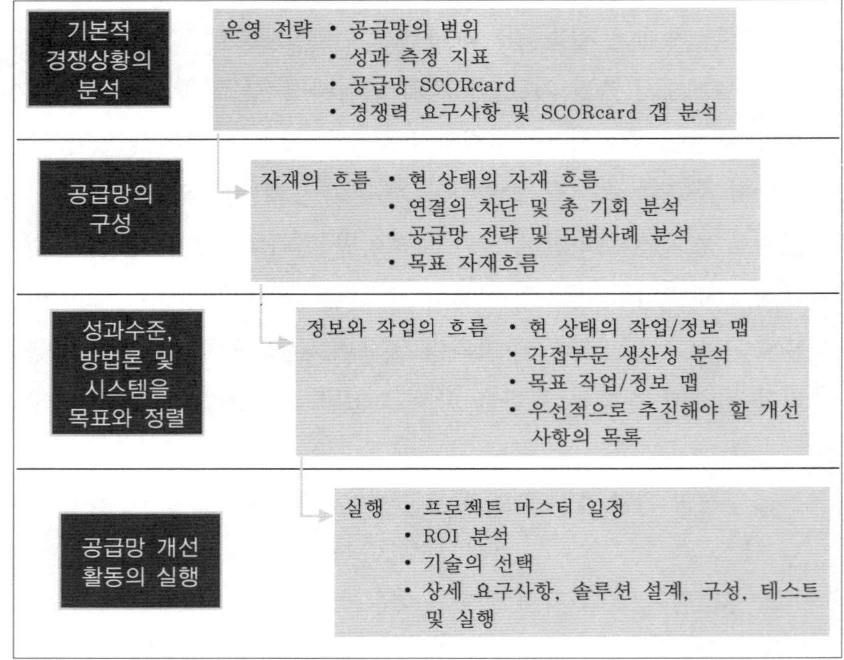

출처 : © Copyright Supply-Chain Council, Inc.

SCOR 프로젝트 로드맵은 좁은 범위의 프로젝트 또는 복수의 거래 상대방이 관여된 수많은 공급망이 통합된 광범한 이니셔티브에 모두 적용될 수 있다. 이 로드맵은 제조업체, 유통업체, 소매업체, 부가가 치재 판매업체, 도매업체, 딜러, 프랜차이즈 및 서비스 제공자에게 효과가 있다. 또한 이 로드맵은 식스시그마 및 린 기업 인프라의 보조 역할을 훌륭히 수행한다. 아울러 약간의 창의성만 추가된다면 정교한 인터넷 기반의 거래 네트워크, 거래소 및 포털을 구축할 때에도 사용될 수 있다.

4. SCOR 프로젝트 로드맵의 적용

프로젝트 로드맵이 이와 같이 강력한 힘과 유연성을 가지고 있기는 하나 몇 가지 결정적인 성공요인이 수반되어야만 빛을 볼 수 있으며, 그러한 요인으로는 변화관리, 문제해결 기법, 프로젝트 관리 원칙 및 비즈니스 프로세스 엔지니어링 기법 등을 꼽을 수 있다. 이러한 제반 요인은 성공적인 프로젝트를 위해 필수적이나 명시적으로 논의되지 않고 있다. 달리 말하면, 로드맵은 어디로 가야 할지를 말해 주지만 자동차를 어떻게 운전해야 하는지는 알려 주지 않는다. 이 책자는 그러한 빈 부분을 채워 주기 위한 목적으로 쓰여졌으며 SCOR의 사용에 관한 종합적인 안내자 역할을 한다([그림 1-3] 참조).

본 책자를 통해 세부적으로 설명될 SCOR 프로젝트의 각 단계는 다음과 같다.

- 지원 확보를 위한 교육
- 기회의 발견
- 분석
- 설계
- 개발 및 실행

(1) 지원 확보를 위한 교육

SCOR 프로젝트 중 이 단계에 대한 세부적 사항은 제 2장에서 살펴보기로 한다. 이 단계는 공급망 프로젝트를 리드할 열정을 가진 사내의 "기술 전도사"를 찾아내고 그 사람을 적극적으로 후원할 임원을 물색하는 단계이다. 이 두 사람은 SCOR에 대한 학습을 위해 개인적 시간을 투자해야 한다. 만일 어느 임원이 이러한 초기 학습 단계를 누군가에게 위임한다면 그 조직은 아마도 장기적으로 변화를 유지해 나갈 수 없을 것이다.

[그림 1-3] SCOR 프로젝트의 접근 방법

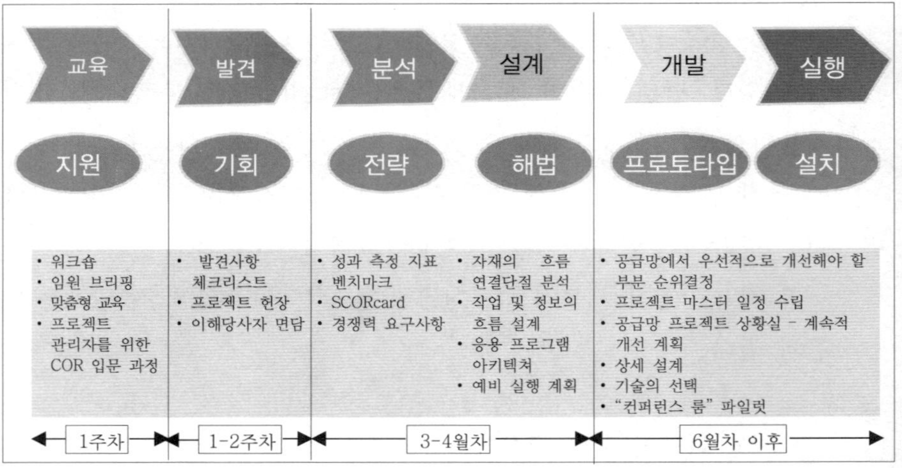

출처 : © Copyright 2000 Pragmatek Consulting Group, Ltd.

지원 확보를 위한 교육 단계 중 기술 전도사와 후원자가 결정되고 나면 방법론을 몸소 실천하고 명실상부하게 프로젝트를 지원할 코어 비즈니스 팀을 구축하는 단계가 이어진다.

이 단계까지 진행되었다 하더라도 어느 회사를 막론하고 아직 학습해야 할 과정이 많이 남아 있다. 학습은 SCOR가 어떻게 기능하고 어떠한 언어가 사용되며 사용 가능한 지원 도구로는 어떠한 것들이 있는지 등에 대한 일반적 교육으로부터 시작된다. 본 장을 통해 소개될 내용은 기본적 사항에 불과하며, Supply-Chain Council에서 제공하는 일반교육 교과과정에 비하면 매우 부족하다는 점을 알고 있어야 한다.

다음 교육 과정은 SCOR의 개념을 자사에 적용하는 단계로 구성된다. 이 단계에서 회사의 실제 공급망이 조사되고 비즈니스 케이스로 요약된다. 그 다음으로 강의실 환경에서 프로젝트 로드맵을 시뮬레이션하는 과정이 이어진다.

세 번째 교육 단계는 로드맵을 실제 프로젝트에 적용하여 기대치와 결과를 설정하는 단계이다. 필요에 따라 팀을 추가하여 학습 프로세스를 개인 차원에서 조직 전체로 확대하고자 할 때에는 공식 SCOR 코치를 활용하는 것이 도움이 된다.

마지막 단계는 공급망 개선 프로젝트를 실행하는 단계이다.

(2) 기회의 발견

발견(제3장)은 비즈니스 케이스를 수립함으로써 특정 공급망 프로젝트를 위한 비용 지출의 타당성을 제시해야 할 경우에 도움이 된다. 바로 이 단계에서 비즈니스 팀이 성과 개선의 기회를 선별하는 작업이 수행된다. 공급망과 관련된 기회를 발견하는 작업은 매우 복잡하므로 3차원 질문 상자를 이용해 시각화하는 것이 좋다. 첫 번째 차원에 해당하는 질문은 어느 정도의 성과 수준에서 공급망이 운영되고 있는가이다. 두 번째 차원의 질문은 우리가 희망하는 성과 수준이 뒷받침될 수 있을 만큼 올바른 전략을 가지고 있는가, 그리고 작업, 정보 및 자재의 흐름은 올바른가이다. 세 번째 차원의 질문은 그 외에 어떠한 성과 요인이 공급망에 영향을 미칠 것인가이다. 여기에는 조직, 프로세스 및 기술 관련 문제들이 포함되는 동시에 기술, 지식, 능력 등 사람과 관련된 요인도 포함된다.

발견 단계에서 얻을 수 있는 핵심 결과물 중 하나가 프로젝트 헌장이다. 프로젝트 헌장은 공급망과 관련된 기회를 접근 방법, 예산, 조직, 명확한 성공의 척도 및 커뮤니케이션 계획 등으로 체계화해 준다.

(3) 분석 단계

분석 단계(제4~7장)는 회사의 재무관리 요구사항(현금회수주기, 재고보유일수, 주문충족 및 기타 성과 요인 등)에 기초하여 가치창출 기회(Value Proposition)를 기술하는 단계라 할 수 있다. SCOR은 팀이 우선순위를 결정하고 배송, 신뢰성, 유연성/대응성, 비용 및 자산 등의 내부관련 측정 지표와 고객관련 측정 지표 사이의 균형을 맞출 수 있도록 해 준다. 그 결과로서 작성되는 SCORcard는 대차대조표와의 직접적 연결점을 제공한다.

성과 요구사항은 자사의 경쟁력을 감안하여 결정되며, 제품과 채널이라는 공급망의 두 가지 정의를 모두 반영하여 우선순위가 결정된다. 이러한 우선순위는 SCOR 프로젝트를 설계하는 단계에서 유용하게 사용된다. 또한 SCORcard에는 실제 성과와 벤치마크 성과 사이의 비교치가 요약 표시되며, 개선의 가치가 정의된 갭 분석을 자료가 함께 제공된다.

(4) 설계 단계

설계 단계는 자재의 흐름(제 8~13장) 및 작업과 정보의 흐름(제 14~18장)으로 구분된다.

자재의 흐름과 작업/정보의 흐름은 현재 상태 그대로의 흐름을 정의하기 위한 두 가지 핵심 구성요소로서 자사의 프로세스 내에서 연결이 끊어진 부분을 밝혀 주고 이러한 갭이 제거된 이상적인 흐름의 상태를 매핑해 준다. 이에 관해 기본적으로 제기될 수 있는 질문은 다음과 같다. 자재의 흐름과 관련된 문제는 과연 무엇이고 해결할만한 가치가 있는 부분은 과연 무엇인가? 우리가 수행하는 작업과 정보의 흐름은 얼마나 효율적이며 그것을 바꿀 때의 가치는 과연 얼마만큼인가?

(5) 개발 및 실행

본 책자에는 프로젝트 포트폴리오(제 19장)를 개발하고 예상 투자 수익을 산출하는 단계까지가 설명되어 있다. 각 프로젝트의 개발 및 실행은 업계의 표준적 방법론인 시작, 기획, 실행 및 공식적 종결 단계에 따라 진행된다. 개별 프로젝트의 상세한 개발, 기획 및 실행에 대해서는 다른 책자를 통해 다루기로 한다.

5. SCOR 이니셔티브의 가치

SCOR 접근 방법을 사용하면 프로젝트 기간, 비용 및 이득 면에서 신뢰성과 예측 가능성을 기할 수 있다. SCOR 프로젝트는 주가의 상승, 손익계산서 및 대차대조표의 개선, 현금흐름의 개선을 통한 신기술의 도입, 비용 절감, ERP 최적화 등의 기본적 측정 지표를 사용하여 수행되어 왔다.

실행의 결과물을 예시하면 다음과 같다.

- 초기 SCOR 프로젝트 포트폴리오를 통해 비용 절감과 서비스 개선을 실현함으로써 영업이익 총액을 평균 3% 증진
- 12개월 이내에 투자수익률(ROI)을 2-6배 개선하고, 종종 6개월 정도의 일정으로 비용의 증가가 수반되지 않는 전격작전 프로젝트를 수행
- 시스템에 대한 자본 투자를 완전히 활용하여 고정자산 기술투자의 자산수익률(ROA)을 개선
- 맞춤 작업의 최소화 및 표준화된 시스템 기능의 활용도 개선을 통해 정보기술(IT) 운영비용을 절감
- 프로젝트 포트폴리오를 지속적으로 업데이트하고, 계속적인 공급망의 개선을 통해 연간 1-3%의 수익성 개선을 추진

02

공급망 개선을 위한 조직내부의 지원체계 구축
– 프로젝트 계획 : 지원확보를 위한 교육

Brian Dowell이라는 사람이 어느 날 갑자기 나에게 전화를 하였다. 그는 관련 주제에 대한 웹 검색을 통해 Supply-Chain Council에 대해 알게 되었고 내 이름도 그 사이트에서 찾았다고 하였다. 그는 자신이 운영하는 Fowlers, Inc.가 무언가 방향제시를 필요로 하고 있으며, 회사 내부적으로 충분한 동기가 형성되어 있다면서 일차 방문해 줄 것을 요청하였다.

우리는 그로부터 1주일 후 회사를 방문하였으며, 회사의 최고경영책임자인 Brian은 우리를 따뜻이 맞아 주었다. 그는 Fowlers가 성공적으로 운영되고 있는 거대 제조기업이라는 점과 공급망 전략의 씨앗이 이미 뿌리를 내리고 있다는 사실을 우리에게 간략히 설명해 주었다.

그 전략은 3개 사업부 중 하나인 기술제품 그룹의 운영 부사장인 David Able에 의해 사업부 차원에서 개발된 것이었다. 그는 공급망 관리에 대한 배경 지식이 별로 없는 상태에서 전략을 수립하였으며 운영에 많은 문제를 겪고 있었다. Able 부사장의 활동에 대해서는 그의 상사인 사업부 대표가 적극적인 지원을 제공하고 있었으며, 사내의 다른 임원들에게도 관심을 촉구한 바 있었다.

그들은 마음을 같이 하는 일종의 비공식적 "모임"을 형성하고 있었으며, David의 아이디어를 통해 몇 가지 단기적 문제를 해결할 수는 있었으나 보다 전략적인 차원에서 회사의 공급망 문제를 해결하기 위한 방법을 찾지 못하고 있는 실정이었다. 이들이 뜻을 한데 모으기까지는 많은 시간이 필요치 않았다.

"우리의 제품은 매장에 1주일 내지 10일 정도 진열할 수 있습니다." 식품그룹 사장인 Doris Early가 말했다. "우리는 많은 양의 재고를 신속히 이곳 저곳으로 운반해야 합니다. 그리고 가끔 FDA가 우리 공장에서 6개월 전에 생산된 상품에서 라벨을 떼어 가지고 오는 경우가 있는데, 그럴 경우 우리는 그 제품을 생산한 공장, 라인, 날짜는 물론 당시 작업을 담당한 모든 직원의 이름까지도 알아 내야만 합니다."

"우리 제품의 유효기간은 짧은 편이지만 그렇다고 극히 짧은 것은 아닙니다."라고 기술제품그룹의 사장인 Martha Tekitch가 덧붙였다. "또한 우리는 다른 측면에 있어서도 식품 그룹과 같은 문제를 안고 있습니다. 우리는 기초상품을 대량으로 구매합니다. 그 가격은 매일 변하지만 대고객 판매가를 그렇게 유연하게 바꿀 수는 없습니다."

Brian이 말을 이었다. "판매량이 계절에 따라 변동적이고, 가끔 매출이 폭증하곤 하는데 예측하기가 쉽지 않습니다."

이들의 말을 종합해 본 결과 상황이 대략 이렇게 정리되었다. 유통기한과 제품생명주기가 짧은 다종의 제품이 있었고, 가격 민감도가 높은 고객을 대상으로 각종 정교한 채널을 통해 판매가 이루어지고 있었으며, 수요와 공급이 모두 크게 변동적이었다.

"제품의 수요에 맞추려면 우리는 항상 사방팔방으로 뛰어 다녀야 합니다. 그럼에도 불구하고 우리는 상당히 우량한 업체입니다. 만일 우리가 정말로 훌륭하고 강력한 공급망을 가지고 있었다면 어느 누구도 우리 시장을 감히 넘보지 못했을 것입니다." 내구재 그룹 사장인 Joe Farelong의 말이었다.

임원들은 자신들이 선정한 관리자인 David Able이 어떻게 기본 전략과 그 핵심 세부사항을 구상했는지에 대해 설명하였다. 그 다음으로는 그렇게 수립된 전략을 다른 사업부의 직속 보고계통에 할당하여 실천하도록 하였다.

비록 Brian은 인정하려 하지 않았으나, 첫 번째 회의를 마치고 나자 어떠한 일이 벌어지고 있었는지를 상당히 명확히 알 수 있었다. 바로 아래 계층의 관리자들은 단지 또 다른 프로그램이 하나 실행되나 보다 하고 생각했으며, 전략의 실천을 위해 실제로 실행된 바는 거의 없는 실정이었다. 약간의 작업이 진행되었고 몇 개의 프로젝트가 계획되었고 이곳저곳에서 측정 지표가 개선되기는 하였으나 이 모든 것들은 다른 파트에서 무언가를 희생한 결과였다. 결국 3개월이 지나면서 Brian은 Joe, Martha 및 Doris에게 외부에서 도움을 받을 길을 같이 좀 찾아보자고 압박을 가하기 시작하였다.

자신은 깨닫지 못하고 있었으나 Brian은 성공적인 방법론을 보장하기 위한 몇 가지 중요한 단계를 이미 진행하고 있었다. 공급망 관리 방식을 조직에 전파한다는 것은 만만치 않은 과제이다. 그것은 모든 관련자가 교육을 받아야만 가능한 일이다. 통합된 공급망은 현실적으로 복잡하기 그지없을 뿐 아니라 공급망이 무엇이며 운영 전략과 어떻게 연결되는지에 대해서도 모두가 나름대로 자기 자신의 생각이 있게 마련이다.

SCOR는 하나의 산업표준으로서 수많은 성공적 사례를 통해 신뢰를 얻었기 때문에 이러한 전파 활동을 손쉽게 해 준다. 그러나 이 모델 역시 그 자체로 쉽게 받아들여지지는 않으며, 배울 태세가 되어 있지 않은 사람들에게 강제로 주입될 수도 없다. 이러한 이유로 모든 SCOR 프로젝트는 교육 단계를 성공적으로 이끌어 나갈 3명의 핵심 요원을 필요로 한다. 그 3명은 기술 전도사, 능동적인 임원 후원자, 그리고 임원 스티어링 팀의 핵심 구성원들이다. 이러한 요건이 갖추어져 있지 않을 경우 프로젝트의 성공을 기대하기는 어려울 것이다.

1. 기술 전도사

모든 성공적인 SCOR 응용 사례가 그러하듯, SCOR를 Fowlers에 도입한 사람들 또한 조직이 이 활동을 지원하도록 교육을 실시하는 것에서부터 작업을 시작하였다. 그들이 취한 첫 번째 단계는 기술 전도사를 발굴하는 것이었다. 기술 전도사란 SCOR 모델을 배우기에 가장 적합한 능력을 가지고 있고, 경영진을 대상으로 모델을 설명하고, 프로젝트 파일럿 테스트를 실시하여 최초의 결과를 얻어 낼 수 있을 만큼 경험을 갖추고 있고, 전사적인 전파를 위해 임원 수준의 프로젝트 관리자 역할을 수행할 수 있는 사람을 말한다. 만일 이러한 역할을 감당할 사람이 아무도 없다면 SCOR 기반의 프로젝트는 아마도 성공하기 힘들 것이다.

Fowlers의 경우 기술제품그룹 운영 부사장인 David Able이 공급망 통합에 관한 평소의 관심, 다방면의 배경 지식, 그리고 효율적이고 영향력 있는 관리자로서의 명성을 기초로 기술 전도사의 역할을 담당하게 되었다. 회사의 최고경영책임자이자 곧 이어 임원 후원자로서 다른 중요한 역할을 담당하게 될 Brian Dowell 또한 그에게 기꺼이 일을 맡기기로 하였다.

[그림 2-1] Fowlers의 조직도

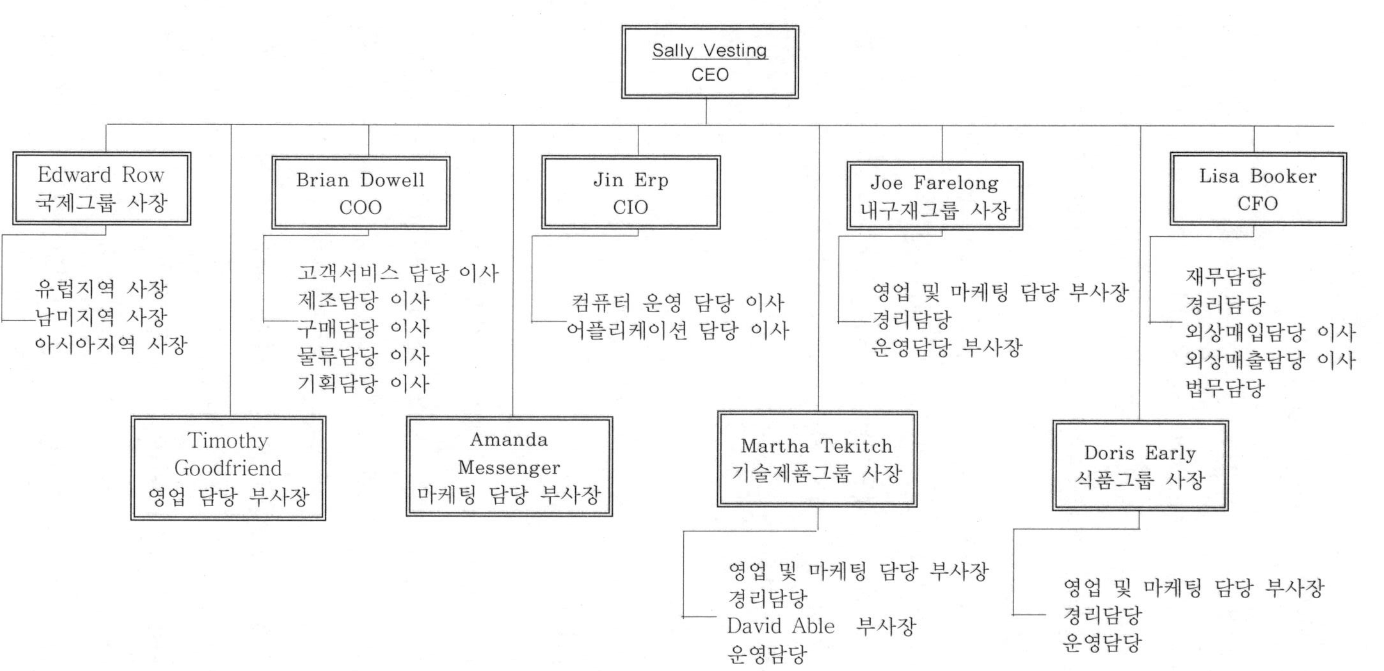

(1) 기술 전도사의 이력서

기술 전도사로 지명된 David Able은 조직, 프로세스, 인력 및 기술 등 제반 중요 요인이 재무적 성과와 어떠한 관계가 있는지를 전반적으로 이해하는데 도움이 될 다방면의 경험을 가지고 있었다. 회사에서 15년을 봉직하는 동안 그는 "일이 어떻게 돌아가는지"에 대한 지식을 입증해 보였으며 강력한 리더십을 위한 기반을 구축하였다. 그는 수년 전 대규모 리엔지니어링 프로젝트에 참여한 적이 있었으며, 따라서 전사적인 프로젝트가 추진되는 방식에 대해서도 잘 알고 있었다. 그를 위해 일했던 사람들 또한 그가 지도력, 의사소통 능력, 갈등 해소 기법 및 적절한 타이밍에 유머를 사용할 줄 아는 감각과 같은 중요한 품성을 갖추고 있다고 평한 바 있다.

■ 경험

올바른 기술 전도사 후보는 다음과 같은 경험을 가지고 있는 사람을 말한다.

- 재무적 판단력 및 책임감. 전자는 비용, 수익 및 자산과 같은 세부 사항이 어떻게 손익계산서와 대차대조표에 반영되는지를 알고 있으며 재무와 관련된 모든 상황을 실시간으로 파악할 수 있다는 의미이다. 후자는 숫자로 표현되지 않는 비즈니스의 배경 상황을 파악하고 있다는 의미이다. 또한 책임감이란 비판적인 임원으로부터 자신의 주장을 변호할 수 있고, 나쁜 소식을 확신을 가지고 설명할 수 있고, 운영 상황을 검토할 수 있고, 전체 조직이 공통의 재무적 목표를 달성할 수 있도록 활동의 초점을 유지하고 동기를 부여할 능력을 가지고 있다는 의미이다.

- 비즈니스 목표를 적절한 전략과 연결. 목표를 계층화하는 일은 모든 종업원이 상위 차원의 성패 기준을 이해하고 자신의 일상적 목표가 그러한 상위 목표에 어떻게 기여하는지를 알 수 있도록 목표를 설정할 수 있는 하나의 기술이다.

- 조직 학습 단계의 설정. 이는 팀 단위의 학습이 지원되고 개인, 팀 및 부서간의 대화가 장려되는 분위기를 조성한다는 의미이다. 기술 전도사들은 개인과 부서의 성과를 관리함에 있어 성공을 이루기 위해서는 매일 어떤 활동이 필요한지를 잘 알고 있어야 한다.

- 다방면적인 역할의 수행. 기술 전도사는 계획, 조달, 제조, 배송 및 반품이라는 SCOR 레벨 1 요소에 매핑된 다양한 비즈니스 기능을 최초로 경험하게 될 것이다. 계획과 관련된 모범사례(영업 및 운영 기획, 자재 요구사항 기획, 판촉 이벤트 예측 등)는 수요 기획, 예측 분석, 공급 계획 및 재고 분석과 같은 분야의 경험자들로부터 구할 수 있다. 조달과 제조에 관한 모범사례(간판, 공급자관리재고, 신속 보충, 셀 방식 생산, 식스시그마, TQM, ISO 9002 등)는 구매, 생산 감독, 마스터 생산 일정 기획 및 엔지니어링 분야의 경험자들로부터 구할 수 있다. 배송과 반품의 모범사례(납기약속, 크로스도킹, 셀 단위 키팅 및 패키징 등)는 고객 서비스, 운송 분석 및 배송과 입하 감독 분야의 경험으로부터 얻을 수 있다. Fowlers에서 운영 사업부 중 하나를 담당하고 있는 David Able 부사장은 전술한 많은 분야에서 경험을 쌓은 사람이었다. 그 외에도 훌륭히 수행된 리엔지니어링 활동에 참여한 적이 있었기 때문에 공급망 개선을 위해 필요한 4대 중요 영역에 관한 지식도 충분하다 할 수 있었다. 전술한 4대 영역이란 프로세스 매핑, 권고, 합리화 및 프로젝트 관리를 말한다.

- 자연적 재능. 기술 전도사 후보라면 일상의 작업을 통해 다음과 같은 5가지 능력을 입증할 수 있어야 한다.

  1. 지도력. 이 능력은 반은 기술이고 반은 기량이라 할 수 있다. 종업원에게 작업 수행 방법을 예시적으로 보여 주고 적절한 기술을 모델링하고 타인이 이해할 수 있도록 설명하고 끝으로 본인 스스로 할 수 있도록 이끌어 주는 행동은 기술에 해당한다. 한편, 전체적으로 사람들의 이해도 수준을 감지하고 각 개인에게 제공할 교습의 수위를 자동적으로 조정할 수 있는 능력은 기량이자 육감이다. 각 개인의 상황에 따라 사례 또는 일화를 제시하는 능력은 훌륭한 교사와 보통의 교사를 가르는 기준이라 할 수 있다. 좋은 기술 전도사는 훌륭한 이야기꾼이다.

  2. 경청할 줄 아는 능력. 어느 시점에 질문을 던짐으로써 상황을 명확히 정리할 것이며 발언을 중단시켜서는 안 되는 시점은 언제인가를 안다는 것은 매우 중요한 자질이며, 화자의 견해를 더욱 정확히 이해할 수 있는 방법이기도 하다. 성공적인 기술 전도사의 소양으로서 듣기와 명확화는 설교보다 더 중요하다.

  3. 임원 및 동료와의 커뮤니케이션 능력. 임원들과의 효과적인 의사소통을 위해서는 다음과 같은 4가지의 예비적 조건이 필요하다.
  - 임원 팀 구성원과의 사이에 개인적 내지 전문적 신뢰성을 구축.
  - 대상 주제에 대한 전문성.
  - 효과적인 대임원 프레젠테이션을 진행할 수 있는 능력.
  - 공식적 그룹 커뮤니케이션(프레젠테이션, 제안, 회의)과 비공식적 일대일 커뮤니케이션(점심, 골프, 복도에서의 잡담, 비밀 면담) 사이의 균형.

4. 적절한 유머 사용 능력. 모든 훌륭한 기술 전도사는 훌륭한 유머감
   각을 가지고 있으며, 계획적이든 임기응변이든 적시에 긴장을 해소
   할 줄 안다. 기술 전도사는 좌중에서 가장 웃기는 사람이 될 필요는
   없다. 팀원이 15명만 되더라도 언제든 도움을 받을 만한 사람이 적
   어도 2-3명은 있게 마련이다.

5. 그룹 및 동료 사이의 갈등을 관리하는 능력. 성공적인 공급망 프로
   젝트에 대한 제약이 항상 자재의 흐름이나 응용 프로그램 아키텍쳐
   와 관련된 기술적 난제로부터만 대두되는 것은 아니다. 오히려 사
   람들 사이의 갈등으로 인해 제약이 나타나는 경우가 많다. 갈등을
   힘으로 누르기보다는 한 쪽 또는 쌍방 모두에게 건설적인 방식으로
   도움을 제공함으로써 공통의 목표를 향해 함께 나아갈 수 있도록
   해야 한다.

2. 능동적인 임원 후원자

능동적인 임원이란 변화를 일으키기 위해 필요한 자원의 사용을 재
가하는 조직의 리더를 의미한다. 이 사람은 프로젝트의 성패에 대해
가장 큰 책임을 지게 되며, 따라서 프로젝트 설계 팀으로부터 제안된
변화 요구사항을 검토하고 승인할 책임을 진다. 임원 후원자는 실무
진의 배후에서 활동하면서 위로는 최고경영진으로부터 아래로는 관
리자에 이르는 여러 사람들을 상대로 변화의 필요성을 설득하고, 전
진 경로에 놓인 장애물을 제거하고, 개선을 통해 나타나는 재무적 기
회를 주도적으로 관리하고, 조직이 실행에 대비한 태세를 갖추도록
하는 일을 담당한다.

기술 전도사와함께 올바른 사람을 선택하는 것은 결정적으로 중요
한 일이다. Fowlers의 경우, 기획(계획), 구매(조달), 생산(제조), 물

류(배송 및 반품) 및 고객 서비스 담당 임원을 총괄 감독하는 책임자이자 최고운영책임자인 Brian Dowell이 두말할 것 없는 적임자로 지목되었다. 그러나 조직관리 역할은 단지 하나의 요인일 뿐이다.

올바른 임원 후원자를 알아 보는 간단한 방법 한가지는 "더 빨리"(MF)에 해당하는지 "덜 느리게"(LL)에 해당하는지를 보는 것이다. 이 말은 당연한 이야기로 들릴지 모르나, 세상에는 많은 LL 임원들이 있다는 것을 명심해야 한다. 그들은 개선의 속도를 늦추고 일정을 늘리는 방식으로 행동한다. 프로젝트 생명주기의 본질상 능동적인 임원 후원자는 상이한 시점마다 상이한 행동을 취해야 할 것이다. 그러나 어떠한 경우에도 후원자는 MF를 행동 지침으로 삼아야 한다.

(1) 지원을 확보하기 위한 교육

프로젝트 초기에는 공급망 관리의 전략적 가치에 대한 이해도를 제고하고 전반적인 학습의 장려를 통해 영향력을 높임으로써 모든 것들이 효과적으로 진행되도록 하는데 관심을 집중해야 한다.

MF 임원은 자사의 조직을 기능 단위로 집단화된 개인의 모임이 아닌 프로세스의 관점에서 바라 볼 수 있다. 이들은 프로세스 개선의 위력을 경험을 통해 알고 있으며 프로세스 관리가 중요한 역할을 한다는 것을 이해하고 있다. MF 임원들은 관련 시장에서 공급망이 어떠한 전략적 가치를 갖는지를 학습하는데 개인적 시간을 투자한다. 그러한 이유로 이들은 직위에 관계 없이 공공 포럼으로부터 새로운 지식을 습득하는데 대해 거부감을 갖지 않는다. 이러한 태도는 때로 전체 조직의 변화를 추구할 수 있는 기초적 역량이 된다.

MF 임원은 SCOR의 전문가인 기술 전도사의 활동을 장려하고 코어 팀을 설득할 수 있도록 지원함으로써 프로젝트에 대한 지원을 확보하기 위한 교육 단계(6개월 내지 1년)를 가속적으로 추진한다.

LL 임원은 실제로 그러하든 아니든 대중 앞에서 모든 것을 알고 있는 듯이 행동한다. 그들은 개선 작업에 있어서도 몇몇 영웅화된 개인에 의존한다. 따라서 LL 임원에게는 공급망 개선의 장점을 반드시 납득시켜야 한다.

(2) 기회의 발견 : 임원 후원자의 행동

프로젝트 생명주기의 두 번째 단계인 기회의 발견 단계에서는 조직의 변화가 어떻게 유발되는지에 대한 이해, 공급망의 복잡성에 대한 인식, 비즈니스 자원의 효과적인 통합이라는 3가지 근본적 사항을 집중 조망해야 한다. 이 단계의 중요한 산출물이 바로 프로젝트의 범위, 목적, 조직, 이득 및 접근 방법이 정의된 프로젝트 헌장이다. MF 임원은 자신이 담당하고 있는 후원자로서의 역할을 이해하고 있으며 변화를 위한 기초입문과정의 필요성에 대해 상세히 설명할 수 있는 능력을 갖추고 있다. 이들은 공급망과 관련된 성과 요구사항을 조직, 프로세스, 인력, 기술 및 전략과 같은 여러 가지 관점에서 바라보는 법을 배우게 된다. MF 임원은 비즈니스 리더들의 참여를 효과적으로 독려하고 프로젝트 설계 초기 단계에 직접 참여함으로써 발견 단계를 가속적으로 추진할 수 있다.

반면 LL 임원은 비즈니스 팀이 범위와 기회를 정의하도록 적극적으로 후원하기보다는 한두 개의 사전 설정된 측정 지표에 노력을 집중함으로써 발견 작업을 좌초시킨다. LL 임원은 SCOR 프로젝트 로드맵의 기본적 단계와 관련 산출물을 이해하려 하기보다는 SCOR에 대한 학습을 부하에게 위임한다.

(3) 전략의 분석 : 임원 후원자의 행동

프로젝트 생명주기가 이 단계에 이르게 되면 일정의 준수와 변화의 추진이 중요한 행동 요구사항으로 대두된다.

MF 임원은 본인, 기술 전도사 및 설계 팀과 함께 17주간 진행되는 상세 분석 및 설계 단계에 모든 노력을 집중한다. 이 프로세스는 17주에 걸쳐 주당 이틀씩 진행되며, 그 외에도 설계 팀원에 대한 숙제, 매월 두 번 실시되는 반나절간의 활동 및 스티어링 팀의 임원 구성원에 대한 숙제로 구성된다. 프로젝트 관리자는 이러한 활동을 전일제로 수행하게 되며, MF 임원 후원자는 매 주 일정 시간을 감독 및 검토를 위해 사용한다.

MF 임원은 어떻게 실제 데이터, 벤치마크 데이터 및 기타 비교 데이터가 수집되는지를 이해하기 위해 시간을 사용하며, 완성된 분석 결과를 새로이 정의된 기회라 인정하고 액면 그대로 승인한다. MF 임원은 상대적 기회, 예상되는 변화 및 프로젝트의 대략적 일정에 관한 정기적 커뮤니케이션을 시작함으로써 조직의 변화를 위한 토대를 놓기 시작한다.

LL 임원은 설계 팀 세션에 참석하지 않을뿐더러 일부 임원 후원자에 대한 검토 과정을 누락하고 개인적으로 시간을 투자하지 않는다. 그들은 데이터가 어떻게 수집되는지를 이해하지 못하기 때문에 데이터의 유효성을 평가절하하며, 분석이 종료된 시점을 프로젝트의 시작 시점이 아니라 종료 시점으로 본다.

(4) 설계 솔루션 : 임원 후원자의 행동

프로젝트 생명주기가 이 단계에 이르면 자재, 작업 및 정보의 흐름이 통합적으로 어떻게 이루어지는지를 이해하고 개선 과정의 설계에 수반되는 어려움에 대해 논의하고 변화의 우선순위를 정하는 일이 중요한 사항으로 대두된다.

이러한 목적에 따라 MF 임원 후원자는 매 주 설계 팀과 원하는 수준의 자재, 작업 및 정보를 생산하기 위한 기본적 단계의 학습에 시간을 사용할 것이며, 이렇게 습득된 지식을 다른 최고책임자 계층의 동료들에 대한 교육을 위해 활용하고 예상되는 공급망 변화에 대비한 태세를 갖추게 될 것이다.

MF 임원은 설계 팀에게 가정과 결과에 대한 건설적인 도전 과제를 제시하고 제안된 변화 요구사항의 범위와 결과를 이해하는 일에 시간을 투자한다. LL 임원은 "무엇"에 대해서만 관심이 있으며 중요한 마일스톤이 어떻게 도출되는지에 대해서는 관심이 없다. LL 임원은 비용의 절감에 있어서도 모든 프로젝트를 동시에 시작한 후 살아남는 것들만 건지는 소위 산탄총 방식을 사용한다.

3. 코어 팀의 참여를 확보

Brian Dowell이 능동적 임원 후원자로 선정되고 David Able에게 기술 전도사 및 프로젝트 관리자의 역할이 배정됨에 따라 이 두 사람이 임원 스티어링 그룹의 핵심부를 구성할 적임자를 선정하는 책임을 전담하게 되었다.

스티어링 그룹은 매 진행 단계별로 프로젝트의 결과를 검토하고 승인할 책임을 진다. 여기서 해결해야 할 과제는 앞으로 수행될 공급망의 변화 프로젝트의 방향을 궁극적으로 결정할 올바른 리더를 선정하여 팀을 구성해야 한다는 것이다.

어느 회사의 경우에든 현실적으로 임원 스티어링 팀 내에 별 도움이 되지 못하고 멀리 내다보지 못하는 일부 구성원이 포함되게 마련이다. 그러한 이유에서 Brian과 David로서는 팀의 핵심 인물들을 일일이 선정하는 일이 매우 중요하게 생각할 수밖에 없었다. 이들은 스티어링 팀을 이끌어 가는 과정에서 건설적인 방향으로 전망을 제시하고 프로젝트를 추진해 나갈 엘리트 그룹이라 할 수 있다. David와 Brian은 David가 이전에 공급망에 관한 전략적 논의를 진행하는 과정에서 습득한 역량과 지식에 기초하여 Doris, Martha 그리고 기업 마케팅 부사장이자 오래 전부터 조직 개선의 옹호자였던 Amanda Messenger를 핵심 팀원으로 선정하였다.

기술 전도사와 임원 후원자가 코어 그룹을 구성할 때 고려해야 할 4가지 중요한 기준으로는 종합적인 경험, 태도, 효과적인 커뮤니케이션 기술 및 혼돈에 대처할 수 있는 능력을 꼽을 수 있다.

1. 종합적인 경험. 경험은 개인 및 팀을 대상으로 측정될 수 있다. 어느 경우에든 이러한 그룹을 구성할 때 중요하게 고려해야 할 사항은 다음과 같다.

- 권한의 수준. 효과적인 스티어링 팀은 조직 내에서 유사한 수준의 권한을 가진 팀원들로 구성되어 있으며, 이러한 팀원들은 프로젝트의 설계를 위해 자신이 담당한 팀으로부터 자원을 기꺼이 할당할 용의가 있으며 고위 임원 팀으로부터 신뢰를 받아 온 사람들이다.

- 교차기능적 관계. 효과적인 스티어링 팀은 "내 방식이 아니면 안 된다" 식의 충돌 기록 대신 장기적인 관계의 구축을 위해 노력해 온 사람들로 구성되어 있다. 가장 큰 기여를 하는 사람은 전체 비즈니스가 작동하는 방식에 대한 감각을 가지고 있으며 다른 기능부문의 리더들과 협력적 관계를 구축해 온 사람들이다.

- 지식의 기여. 과거에 대한 식견의 깊이는 비즈니스 프로세스의 진화를 위해서뿐 아니라 변화에 대한 조직의 대응을 개선하기 위해서도

중요한 요소이다. 이러한 식견은 장단점을 함께 내포하고 있다. 올바르게 구성된 스티어링 팀의 구성원이라면 자신이 습득한 지식을 전파할 때 간혹 불가피하게 마주칠 수밖에 없는 "이미 전에 해 본 것이다"라는 태도와의 사이에 균형을 유지할 수 있을 것이다.

2. 태도. 스티어링 팀의 구성원이 올바른 태도를 가지고 있는지 여부를 판정하기 위해 심리테스트를 실시할 필요까지는 없다. 그러나 모든 구성원은 3가지의 간단한 테스트를 통과해야 한다. 첫째, NIH 증후군(외부의 것에 대한 거부)에 대해 면역력을 가져야 한다. 둘째, 통제가 가능하고 적응적인 커뮤니케이션 스타일을 견지해야 한다. 셋째, 효과적인 학습자가 되어야 한다.

3. 효과적 의사소통 기술. 효과적인 스티어링 팀은 학습 환경의 효율성을 결정함으로써 SCOR 프로젝트의 학습 속도를 설정한다. 효과적인 스티어링 팀은 기대에 대해 신중한 태도를 취하며, 프로젝트를 계속 추진하기 위해 필요한 피드백의 유형과 빈도를 상세히 결정한다. 가장 가치 있는 피드백이란 비판, 의견 또는 명확한 규명을 위한 대화(팀 학습)의 범주에 속하는 종류를 말한다. 효과적인 비판은 스티어링 팀 구성원이 검토 대상 자료를 이해하였고 설계 팀을 위한 점검용 질문의 목록을 완성하였고 작업의 무결성을 점검하기 위한 논리를 탐색하는데 익숙하다는 가정 위에 제기된다. 의견은 프로젝트를 추진하기 위해 결정을 내려야 하는 갈림길에 서게 되는 경우를 위해 유보된다. 의견은 대화와 비판 있은 후에 한해 제시된다. 명확한 규명을 위한 대화란 단순히 수시로 또는 계획된 일정에 따라 질문을 하고 작업에 대해 논의하는 과정에 불과하다. 그 목적은 단지 설계 팀의 견해를 개방적 마음가짐을 가지고 이해하기 위함이다.

4. 혼돈에 대처할 수 있는 능력. 업계의 많은 리더들은 조직이 실제로 혼돈에 이르는 경계선을 넘지는 않으면서 혼돈의 경계 가까이 갈 수 있을수록 오늘날의 비즈니스 환경에서 번창할 가능성이 높다고 한다. 그러나 이러한 말로써 우리 자신을 속여서는 안 될 것이다. 혼돈의 경계선에 가까이 다가갈수록 스트레스는 높아질 수밖에 없으며, 따라서 스티어링 팀의 구성원은 얼마나 가까이가 정말로 가까운 것인지에 대한 직관적 감각을 가지고 있어야 한다. 프로세스적 사고는 임계점으로부터의 적절한 거리를 설정할 때 도움이 된다. 프로세스 사고방식을 가진 사람은 성과를 프로세스 단계의 상호작용의 결과물이라 본다. 이들은 시스템적인 관점에서 조직을 바라본다. 또한 시스템과 연결되어 있는 공급자의 입력요소(자본, 인적자원, 원자재), 조직(비즈니스 프로세스 및 기능), 고객(누가 제품과 서비스를 구매하는가) 및 기타 요인 사이의 기본적 관계에 대해 잘 알고 있다. 프로세스적 사고자에 대한 반대 개념은 기능적 사고자라 할 수 있는데, 이들은 일부 영역을 차지한 채 담장을 높이 두르고 나머지 세계와 차단된 상태를 유지한다. 일부 계층에서 나타나는 이러한 경계 두르기는 혼돈을 피하기 위한 조치이며, SCOR 프로젝트에서 첫 번째로 처리해야 할 커다란 변화의 대상이다. Fowlers의 코어 팀은 최고재무책임자인 Lisa Booker, 영업 부사장인 Tim Goodfriend, 최고정보책임자인 Jim Erp가 포함된 짧막한 임원 스티어링 팀의 목록을 완성하였다.

1단계
기회의 발견

제1주 : 기획 및 체계화
– 무엇을 할것인지 및 어떻게 시작할 것인지에 대한 결정

프로젝트를 수행하는 비즈니스적인 이유를 이해하고 이어 프로젝트의 범위를 적절히 정의하는 것은 성공적인 출발을 위한 중요한 단계이다. 이 단계의 주된 산출물로는 1) 비즈니스 컨텍스트 요약표, 2) 공급망 정의 매트릭스, 3) 승인된 프로젝트 헌장이라는 3가지가 있다. 또한 적극적으로 프로젝트 기획이 시작되는 제 1주차의 세 번째 산출물로서 프로젝트 킥오프 미팅에서 사용될 완전한 정보의 패키지가 만들어진다.

1. 비즈니스 컨텍스트 요약표

작업은 우선 체크리스트로부터 시작된다. 이 체크리스트에는 공급망 개선과 관련된 비즈니스 컨텍스트를 완전히 이해하기 위해 검토 및 요약되어야 할 정보가 요약되어 있다. 이 정보는 결국 공급망이 나아갈 주된 방향을 설정하는 역할을 한다.

체크리스트를 사용하여 작업을 할 경우 간접적인 이득을 얻을 수 있다는 것이 또한 매우 중요하다. 비즈니스 리더들로 하여금 이 과정에 참여하도록 하는 것은 회사의 공급망 개선을 위한 일정을 수립할 때 많은 도움이 된다. 이러한 중요 인사들을 프로젝트 초기 단계부터 참여시킬 경우 모든 회사가 겪고 있는 변화의 관리라는 난제를 풀어나갈 때 말할 수 없이 큰 가치를 얻을 수 있다. 자신의 문제를 이해하고 서로의 견해를 묻고 훌륭히 수행된 작업을 치하하는 일은 지속적으로 이루어져야 하며, 이는 공급망의 문제가 "우리 자신의 문제"로 인식되느냐 "회사의 문제"로 인식되느냐를 좌우한다.

비즈니스 컨텍스트 요약표는 핵심 이해당사자에 대한 면담, 회사의 웹사이트 및 10K 수익보고서의 검토, 연차보고서 또는 기타 거시적 자료에 수록된 기존 비즈니스 계획에 대한 검토, 내부 또는 외부 조직에 의해 실시된 경쟁 분석 자료의 검색 및 검토, hoovers.com, forbes.com, market-guide.com, reuters.com 등의 웹사이트에서 손쉽게 얻을 수 있는 재무분석 자료에 대한 검토 자료 확인 등 여러 가지 기법을 요하는 일이다.

왜 공표된 문서 및 재무제표를 그렇게 강조하는 것일까? 여러분이 거쳐야 할 중요한 단계 중 하나는 종종 간과되기 쉬운 회사의 운영 방식과 현실 세계의 비즈니스 목표 사이의 연결관계를 수립하는 것이며, 이러한 비즈니스 목표에 대한 정의는 돈줄을 쥐고 있는 사람들이 내리기 때문이다. 그 수요가 손에 잡히지 않고 비현실적이라는 이유로 투자자와 회계사를 백안시하고 싶은 유혹은 항상 있게 마련이다. 그러나 그들의 목적을 이해하고 회사의 운영 방식과 연결될 수 있도록 다리를 놓음으로써 여러분은 장기적으로 모든 계층에서 높은 성과를 올릴 수 있는 기초를 마련할 수 있다.

비즈니스 컨텍스트 요약표를 구성하는 정보는 1) 전략적 배경, 2) 재무성과, 3) 내부 프로필, 4) 외부 프로필의 4가지로 구분된다.

(1) 전략적 배경

전략적 배경이란 경쟁적 환경 하에서의 비즈니스 상황을 고객 수요의 충족 및 경쟁사에 대비한 비교치를 기준으로 요약 정리한 것을 말한다.

비즈니스 기술서는 전략적 배경의 첫 번째 구성요소이다. 비즈니스 기술서에는 기업, 기업이 영위하는 비즈니스 및 경쟁의 거시적 구도가 설명되어 있다. 이는 관리자가 알고 있는 바를 기초로 작성하거나 또는 회사 내에서 발견되는 브로셔, 메모, 서면 문서 등에 포함된 내용을 기초로 만들어 낼 수 있는 정보이다.

SWOT(강점/약점/기회/위협) 분석은 기업과 시장 사이의 관계를 설명해 주는 또 다른 정보의 원천이다. 첫째 이러한 분석은 회사가 어느 분야에서 직접적 경쟁자들에 비해 우월하고 어느 분야에서 취약한지를 요약 제시해 준다. 또한 성장을 기할 수 있는 방법과 경쟁자에 의해 밀려나게 될 가능성이 높은 방법을 예측해 준다. 표면적으로 SWOT 분석의 결과는 단순히 4개 요소로 구성된 문서에 불과하다. 그러나 규모가 크고 다각화된 조직에서 그 결과물은 각각의 주요 제품 또는 시장에 관한 정보가 망라된 복잡한 문서로 확대될 수 있다.

전략적 배경의 다른 조각으로는 가치창출기회 기술서라는 것이 있으며, 여기에는 고객의 관점에서 본 기업의 경쟁력 가치가 기술되어 있다. 훌륭하게 작성된 가치창출기회 기술서에는 각 주요 고객 또는 고객 부문의 비즈니스 요구사항에 대한 깊은 이해가 내포되어 있다.

예를 들어, 수많은 소비재 상품을 주로 대형 소매점을 통해 판매하는 Proctoer & Gamble과 같은 회사는 Wal-Mart와의 관계를 그 자체로 하나의 가치창출기회라 볼 수 있을 것이며, 이는 Wal-Mart가 공급자에게 특정한 요구사항을 제시하고 있기 때문이다. 또 다른 차원에서, Proctoer & Gamble은 식품점 체인과 소형 소매점에 물건을 공급하는 Wal-Mart의 유통업자 네트워크를 중요하게 보고 Wal-Mart를 "대형 소매점"과 관련된 가치창출기회에 포함시킬 수도 있을 것이다.

가치창출기회 기술서의 공통 요구사항은 가격, 제품 품질, 기술적 혁신, 맞춤형 포장, 배송의 신뢰성, 주문의 리드타임, 전략적 관계, 그리고 재고관리 등의 부가가치 서비스이다. 고객의 가치창출기회는 업종분석을 통해 가장 빈번히 발견된다. 어떤 경우에는 그렇게 발견된 바를 명시적으로 고객 가치창출기회라 하기도 하고, 때에 따라서는 해석을 거쳐야 하는 경우도 있다.

전략적 배경 문서의 마지막 중요한 구성요소는 핵심 성공요인 및 핵심 비즈니스 이슈이다.

핵심 성공요인은 조직의 성공에 가장 중심적인 3 내지 5개의 변수에 대한 설명이다. (성공은 번창하는 경우로 정의된다. 단순한 생존은 성공에 해당하지 않는다.)

SCOR은 공급망 성과 개선의 핵심 성공요인을 배송의 신뢰성, 주문의 유연성 및 대응성, 공급망 비용 및 효과적인 자산 관리로 정의하고 있다.

핵심 비즈니스 이슈는 조직이 이러한 각각의 요인을 기준으로 경쟁 상황에 얼마나 잘 대처할 수 있는지를 설명해 준다. 이를 위해 각 항목별로 상대적인 성과 수준이 불리, 동등, 우월 또는 탁월이라는 등급으로 평가된다. 이러한 결정의 기준은 표준화되어 있지 않다. 등급의 평가를 위해 참조할만한 자료의 원천으로는 연간 사업계획, 분기 사업 검토서, 연차보고서, 분석가 웹 사이트, 정기적인 사내 커뮤니케이션 자료 등이 있다.

✦ Fowlers Inc.의 전략적 배경

다음은 코어 팀에서 개발한 비즈니스 컨텍스트 요약표로부터 발췌한 Fowlers Inc.의 전략적 배경 중 중요한 부분이다. (Fowlers 비즈니스 컨텍스트 요약표의 완전한 버전은 부록 A를 참조.)

1. 비즈니스 개요

Fowlers Inc.는 식품가공(식품 그룹), 광학기술제품(기술제품 그룹) 및 비즈니스 서비스(내구재 그룹)라는 3개 사업 영역에서 전세계적으로 앞서가고 있는 수십억 달러 규모의 거대기업이다.

Fowlers의 식품 그룹은 북미 굴지의 프리미엄급 신선육 및 냉동육 제품 공급업체이자 식품 서비스, 소매, 온라인 소매 및 정부 부문에 대한 관리 서비스 제공자이다. 이 그룹은 SuperValu, Wal-Mart, Aramark, Simon Delivers 및 수천 개의 독립적 식료품점과 전문 레스토랑을 고객으로 두고 있다.

Fowlers의 기술제품 그룹은 CD-ROM 복제, CD-리드 및 CD-라이트 매체 등의 광학저장 제품 및 서비스, 타이틀 주문처리(Fulfillment) 및 유통 서비스, 그리고 광학 드라이브의 세계적인 독립적 공급업체 중 하나이다. 고객으로는 Wal-Mart 및 Target과 같은 대형 소매기업 및 Best Buy, Circuit City, Office Depot, CompUSA와 같은 카테고리 리더들을 들 수 있다. 또한 Fowlers는 주문자상표 부착방식(OEM) 컴퓨터 제품의 주요 공급자이다. 고객으로는 Compaq, Dell, Apple Computer 등이 있다.

Fowlers의 내구재 그룹은 비즈니스 서비스 분야에서 가장 빨리 성장하는 기업 중 하나였고 개인을 위한 맞춤형 의류, 사무용품 및 판촉용 제품을 14,000개 이상의 회사 및 수백만의 개별 고객에게 공급하던 업체 중 하나를 인수하여 설립되었다. 딜러 프랜차이즈를 노선식 배송 메커니즘으로 사용하는 Fowlers의 내구재 그룹은 관련 시장에 관한 지식을 갖추고 개인 고객에 대한 대응력을 높임으로써 경쟁 우위를 확보할 수 있었다.

2. SWOT 분석

SWOT 분석의 주요 요점은 다음과 같다.

(1) 강점

• 식품 그룹 및 기술제품 그룹에서 판매하는 제품의 품질이 탁월하다.

• 제품 계열 중 몇몇 핵심 제품을 아웃소싱하기 전부터 기술제품 그룹이 저 비용 생산 체계를 갖추고 있었다.

• 내구재 그룹은 지리적 측면에서 가장 시장 대응력이 높은 그룹으로 인식 되고 있으며, 주문 당일에 제품과 서비스를 제공할 수 있다.

• 식품 그룹은 생필품 시장에서 탁월한 배송 능력을 갖추고 있으며, 이를 통 해 높은 가격에 대한 비판을 효과적으로 완화하고 있다.

• 내구재 부문이 기대를 초월하는 성장률을 달성하였다.

(2) 단점

• 전체 조직을 기준으로 새로운 1단계(Tier One) 전사적 자원관리(ERP) 시 스템을 정착시키지 못하고 있으며, 그 원인으로는 인수합병의 여파 및 회 사 자체가 본질적으로 다각화되어 있다는 점이 지목된다.

• 배송이 일정하지 않으며, 특히 기술제품 그룹의 경우가 그러하다. 따라서 이 부문에서 고객의 불만이 특히 높다. 시장의 가시성이 매우 높기 때문 에 고객의 관점에서 Fowlers와 함께 비즈니스를 하기가 힘들다는 평판 (주문의 발주가 어렵고, 제품 배송이 불완전 내지 부정확하고, 가격이 부 정확하고, 주문 상태 조회 능력이 빈약하다는 등)이 점점 높아지고 있는 중이다. 이는 전체 만족도 등급에 부정적인 영향을 미치고 있다.

• 가격 압박 및 너무 완만한 비용 절감 곡선이 식품 및 기술제품 그룹의 운 영수익을 침식하고 있다.

• 매출원가는 낮으나, 그에 비해 간접 구매 비용이 너무 높다.

• 회사의 대고객 서비스 비용 증가율이 매출 성장 비율에 비해 상당히 높다.

- 매출이 성장하고 있음에도 불구하고 Fowlers의 주가는 5분기 중의 세후 수익 실적 저조와 현금회전 악화로 인해 하락하였다. 분석가들은 Fowlers가 자산을 통해 올린 수익을 효과적으로 관리하지 못하고 있으며 비즈니스 서비스를 인수함으로써 얻을 수 있는 수익상의 잠재력을 통합 구현하지 못하고 있다는 점을 집중적으로 비판하고 있다.

(3) 기회

- 모든 제품 그룹의 기초상품 구매를 최적화하여 총이익을 개선한다.

- 주문 처리의 효과와 효율을 개선함으로써 고객 만족 수준을 개선하고 간접 제품 및 서비스에 대한 지출(생산되는 제품의 가치를 높이지 못하는 비용)을 축소한다.

- 보다 진보된 지식관리 능력을 개발함으로써 고객에게 단순한 가격 인하의 차원을 넘어서는 재정적 가치를 제공한다.

- 최종 고객을 위한 온라인 카탈로그를 도입함으로써 내구재 그룹의 시장점유율 확대를 가속화한다.

- 기술제품 그룹이 비용 대 생산 측면에서 앞서 간다는 사실을 활용하여 수익성을 더욱 증진한다.

(4) 위협

- 식품 그룹의 주요 경쟁자들이 "최저 정가" 전략을 앞세워 시장을 확대하고 있는 중이다.

- 기술제품 그룹의 시장이 전체적으로 쇠퇴기에 접어들었다고는 하지만 그룹의 시장점유율을 보면 그보다 더 빠른 속도로 축소되고 있다는 것을 알 수 있다. 고객 만족 점수를 기준으로 이 그룹은 최저 4분위수에 속하는 성과를 올리고 있다.

- 기술제품 그룹의 가격대가 현재의 비용구조 하에서 이익 목표를 충족하기 힘들 정도로 너무 낮아지고 있다.

- 기존의 카탈로그 의류 회사들이 이번 분기에 진출하고자 하는 온라인 판매 채널의 잠재적 경쟁자로 떠오르고 있다.

3. Fowlers의 가치창출기회

Fowlers Inc.의 가치창출기회는 목표 시장에서 고객이 선호하는 공급자로서 수익성 있는 성장을 거두는 것이라 요약 표현될 수 있다. 이러한 목표는 고객의 기대 요구사항을 초과 달성함으로써 이루어질 수 있다.

4. Fowlers의 핵심 성공요인

Fowlers의 핵심 성공요인으로는 다음과 같은 것들이 있다.

- 기존 시장에서 식품 그룹의 점유율을 늘림으로써 매출에 대한 기여도를 유지한다.

- 직접 소비자 대면 시장에 내구재를 출시함으로써 수익성의 성장을 기하고 목표 점유율을 달성한다.

- 10%로 설정된 금년도의 전체 매출 성장 목표를 달성하고, 또한 7%로 설정된 세후수익 목표를 달성한다.

- 기술제품 그룹과 식품 그룹이 가지고 있는 기술적 리더로서의 이미지를 유지하는 한편, 전체적으로 자산수익률을 개선하고 운영비용을 적극적으로 로 절감한다.

- 전체적인 현금회전 포지션을 개선한다.

- 새로이 실행된 1단계 전사적 자원관리 시스템을 최적화한다.

- 새로이 합병된 내구재 그룹의 자산을 효과적으로 통합 운영한다.

5. Fowlers의 핵심 비즈니스 이슈

Fowlers의 핵심 비즈니스 이슈로는 다음과 같은 것들이 있다.

- 기술제품 그룹의 모든 채널에서 제기되고 있는 고객의 불만이 판매에 부정적 영향을 미치고 있다.

- 높은 직간접 비용으로 인해 기술제품 및 식품 그룹에서 수익이 사라져 가고 있다.

- 매출 성장 목표가 10억 2천만 달러로 설정되어 있으나, 9개월이 지난 시점에 집계를 해 본 결과 10억 달러에 그칠 것으로 추정된다.

- 내구재 그룹의 온라인화 통합 작업이 일정대로 진행되지 못하고 있다.

- 재고와 외상매출금이 확대되고 있으며 통제가 불가능한 것으로 보인다.

- 식품 그룹의 핵심 고객들이 높은 가격만을 문제삼아 이탈하고 있는 중이다.

(2) 재무적 성과

상장회사의 재무적 건전성에 관한 정보를 찾는 일은 상장기호를 찾고 hoovers.com에 로그인하면 될 정도로 간단하다. 이러한 곳을 검색해 보면 비율통계, 주가분석, 수익보고서, 현금흐름 데이터 등 회사의 상대적 재무상태를 확인하기 위해 필요한 모든 정보를 얻을 수 있다.

현 상태에 대한 요약 작업을 완료하기 위해서는 수익과 현금 포지션에 관한 정보가 필요하다. 매출, 비용 및 수익 데이터는 손익계산서에 표시되어 있으며, 특정 시점의 현금 포지션은 대차대조표의 자산, 부채 및 재고 항목을 보면 알 수 있다.

비즈니스 컨텍스트 문서에서 수익은 3가지 방식으로 해석되며, 그 각각은 결국 공급망 기획에 있어 각기 다른 의미를 갖는다. 첫째는 매출액에서 제품원가를 차감한 값으로서 매출총이익이라 한다. 이 수익액은 보통 총 매출액에 대한 비율로 표시된다. 두 번째의 수익 지표는 영업마진(또는 영업이익)으로서, 매출총이익에서 매출원가와 판매비 및 일반관리비를 차감한 수치를 말한다. 실질적으로 영업이익은 모든 간접비용이 제외된 총이익에 해당한다. 또한 영업이익은 보통 총 매출액에 대한 비율로 표시된다. 세 번째의 수익 지표는 경제적 이익으로서, 영업이익에서 세금과 이자 비용을 차감한 금액을 말한다. 이자비용은 재고, 외상매출금 및 외상매입금과 같이 비즈니스에 묶인 현금의 액수에 의해 영향을 받는다. 이러한 업계 표준을 사용하여 수익을 표시하면 자사가 경쟁 환경에 얼마나 적합한지를 보다 명확하게 이해할 수 있다. 이는 비즈니스 컨텍스트 요약표에서 중요한 부분이다.

Fowlers의 경우, 비즈니스 컨텍스트 요약표에는 2000년 및 2001년도 재무제표를 이용해 도출된 연결손익(<표 3-1>) 및 재무상태 데이터(<표 3-2>)가 포함되어 있다. 그 외에도 회사의 각 운영 단위별로 자체적인 공급망 요구사항을 가지고 있을 수도 있기 때문에 비즈니스 컨텍스트 요약표에는 2000년과 2001년도의 제품 그룹별 매출과 영업이익 재무보고서가 포함되어야 한다. 모든 회사가 부서 단위의 재무제표를 모회사와 분리하여 보고하는 것은 아니기 때문에 때로 이러한 종류의 정보를 구하기가 어려울 수도 있다.

(3) 내부 프로필

내부 프로필에는 성과에 영향을 미치는 회사의 물리적 양상과 기타 성과 측정 지표가 요약되어 있다. 첫 번째 물리적 양상은 조직도이다. 공개회사의 경우 hoovers.com과 같은 기업 보고용 웹 사이트의 임원 프로파일 섹션 상단 부분(보통 사업 단위 또는 사업부 경영진 아래쪽)에 조직도가 게시되어 있는 경우가 많다. 또한 많은 회사들이 자사의 웹 사이트에도 이름, 직책 및 간략한 약력과 함께 이 정보를 게시하고 있다. 웹 사이트를 검색할 때 가장 먼저 찾아보아야 할 곳은 "IR" 섹션 또는 "회사 소개" 섹션이다.

<표 3-1> Fowlers의 2000, 2001 년도 연결손익계산서 (단위: 백만)

	2001	2000	증감
매출	1,000	925	8%
매출원가	860	750	15%
매출총이익	140	175	-20%
%	14%	19%	
판매비 및 일반관리비	70	65	8%
연구개발비	0	0	0%
총 영업이익	930	815	14%
영역이익	70	110	-36%
%	7%	12%	
이자비용	(10)	(11)	-9%
세전이익	60	99	-39%
%	6%	11%	
법인세	23	38	-39%
세후이익	37	61	-39%
%	4%	7%	
영업외수익	(2)	(3)	-33%
순이익	35	58	-40%
%	4%	6%	

내부 프로필의 두 번째 물리적 양상은 회사가 사업을 운영하고 있는 모든 지역의 목록이다. 여기에는 생산거점, 창고, 콜센터, 기술서비스 센터, 반품 장소, 본사 그리고 기능이 아웃소싱된 경우 모든 계약 장소가 포함된다. 이러한 정보는 보통 수집하는데 있어 약간의 작업을 필요로 한다. 이러한 정보를 얻을 수 있는 곳으로는 인사부, 정보기술부, 구매부, 회계부 등을 꼽을 수 있다.

내부 프로필의 세 번째 물리적 양상은 조직이 주요 성과 척도 또는 지표를 계획, 관리 및 실행할 수 있도록 어떠한 방식으로 구성되어 있는지를 나타내는 개요도이다. 예를 들어 Fowlers의 조직도([그림 2-1])는 판매, 운영 및 재무 기능이 회사 차원 및 사업부 차원에서 관리되고 있다는 사실을 말해 주고 있다. 최고운영책임자가 제품그룹 사장과 동일한 계층에 있다는 점을 주목하기 바란다. 이는 이사들이 각 제품 그룹의 운영 부사장과 갈등을 일으킬 소지를 가지고 있다는 것을 의미한다.

<표 3-2> Fowlers의 2000, 2001 년도 연결대차대조표 (단위 : 백만)

	2001	2000	증감
현금 및 단기투자자산	20	15	26%
미수금총계	371	370	0%
재고총계	215	175	19%
기타유동자산	50	58	-17%
유동자산총계	656	618	6%
고정자산총계	269	248	8%
상각액누계	(140)	(123)	12%
영업권	122	116	5%
장기투자자산	16	14	15%
기타장기투자자산	24	25	-4%
순자산계	291	279	4%
외상매입금	72	62	14%
이연비용	31	32	-3%
단기부채	21	26	-24%
리스	2	2	20%
기타유동부채	62	60	4%
유동부채총계	188	181	4%
장기부채	76	71	6%
외부주주지분	11	13	-14%
기타부채	40	43	-6%
부채총계	127	127	0%

대부분의 회사는 보고 체계 내에 그러한 복잡성을 내포하고 있으며, 이러한 상황은 관리 문제에 정치가 개입될 수 있는 여지를 제공함으로써 공급망이 과다하게 복잡해지는 결과를 부르게 되고 개선의 실행을 지연시킬 수 있다.

<표 3-3> Fowlers의 제품 그룹별 매출 및 영업이익

	식품 그룹			기술 제품			내구재		
	2001	2000	증감	2001	2000	증감	2001	2000	증감
매출	250	278	-10%	450	463	-3%	300	185	62%
매출원가	215	225	-4%	390	375	4%	255	150	70%
매출총이익	35	53	-33%	60	88	-31%	45	35	29%
%	14%	19%		13%	19%		10%	8%	
판매비 및 일반관리비	18	20	-10%	35	33	8%	18	13	35%
연구개발비	0	0		0	0		0	0	
총영업비용	233	245	-5%	425	408	4%	273	163	67%
영업이익	18	33	-47%	25	55	-55%	28	22	25%
%	7%	12%		6%	12%		6%	5%	

Fowlers의 지역배치 또한 그와 유사한 문제를 내포하고 있다. 즉, 각각의 제품 그룹이 자체적인 제조 거점을 관리하고 있다(부록 A 참조). 반면, 유통거점은 뒤섞여 있다. 그 중 일부는 제품 그룹에 의해 관리되고 일부는 회사 차원에서 관리되며, 이는 관리의 효율을 증진하기 위해 이전에 취해진 조치의 결과물이라 볼 수 있다.

내부 프로필의 최종 요소는 성공을 측정하는 방법이다. Fowlers의 성과 지표는 5가지로 대별되며, 프로젝트 팀이 그 각각의 전반적인 관리 방법을 평가하였다. 플러스 기호는 예상을 충족 또는 초과하였음을 의미하며, 마이너스 기호는 성과가 기대에 미치지 못하였음을 나타낸다.

1. 단위 비용 -
2. 라인 품목 충족률 -
3. 영업이익 -
4. 매출 +
5. 백오더 -

(4) 외부 프로필

외부 프로필은 고객과 공급자를 항목별로 분류한 결과이다. 간단히 말해 고객은 개별적 배송 장소의 집합이라기보다는 전체 구매 조직으로 정의된다. 시장은 유사한 비즈니스 모델(즉 직판생산자, 소매업자, 유통업자, OEM 제조업자)을 사용하는 고객 및 잠재고객의 집단으로 정의된다. 또한 외부 프로필에는 고객과 시장에 관한 기본적 특성과 요구사항이 요약되어 있다. 고객에 대해서는 80/20 법칙(매출의 80% 및 수익의 80%를 차지하는 집단)을 적용할 수 있다. 가장 중요한 고객에 대해서는 일종의 리포트카드, 마스터 계약 또는 구매주문 등을 성과 기준으로 사용하는 경우가 가장 흔하다. 또한 회사의 각 주요 채널 및 시장별로 창출되는 매출과 이익이 총 매출에서 차지하는 비율을 모두 알아보아야 한다. 전형적인 주문 방법, 요구사항 및 가장 빈번히 사용되는 용어에 대해서도 평가를 해야 한다.

공급자 프로필은 공급자 기반을 3개의 관점에서 그룹으로 분류한 결과이다. 첫째, 80/20 법칙을 사용하여 가장 큰 공급자를 골라 낸다 (소비되는 자재의 80%를 공급하는 20%의 공급자). 둘째, 포장, 도구, 프로세스 자재, 유지관리, 수리 및 운영(MRO), 부가가치 서비스 등 각각의 주요 기초상품 유형별로 가장 큰 공급자를 골라 낸다. 이렇게 함으로써 지출의 다양성과 복잡성을 파악할 수 있다. 셋째, 전략적 가치를 기준으로 제품생명주기별 공급자 기반을 그룹으로 분류한다. 일부 공급자는 신제품을 빠르고 효과적으로 출시하기 위해 필요한 연구 및 개발 분야의 전문적 노하우를 제공하며, 이러한 노하우는 제품 생명주기 초반에 가장 유용하게 활용될 수 있다. 그 외의 일부 공급자는 제품생명주기의 중간 단계에서 중요한 비용상의 이점을 제공한다. 또한 그 외의 공급자는 주문처리의 아웃소싱과 같은 제품생명주기 종단부와 관련된 서비스를 제공함으로써 사양기 제품의 판매 수익을 극대화해 준다. 이와 같이 잠재적으로 공급망 요구사항이 서로 다르게 나타날 수 있으며, 경우에 따라서는 이러한 모든 것을 도맡아 처리하겠다는 공급자를 만날 수도 있을 것이다. 물론 그러한 공급자가 성공할 것인지 여부는 논외이다.

Fowlers의 경우, 고객 프로필을 요약한 결과 전체 시장 그룹에 걸쳐 7개 시장/고객 채널이 있는 것으로 조사되었다.

1. 대형유통업체 및 카테고리 킬러를 포함한 소매시장
2. 유통업자/도매업자 시장
3. 직판생산자 시장

4. OEM/핵심 고객
5. 미국 정부
6. 가정배달/노선식 판매 시장
7. 해외시장

Fowlers의 핵심 공급자 프로필에는 수지, 포장, 전자 구성품, 신선 농산물, 내구성 소비재 및 의류와 같은 유형의 원자재 기초상품 공급자가 포함되어 있었다. 그 외에도 공급자 기반 중에는 의류, 광학 매체, 조리식품 및 컴퓨터 하드웨어를 공급하는 몇몇 계약 생산자가 포함되어 있었다.

(5) 공급망을 어떻게 정의할 것인가

발견 프로세스가 이 단계에 이를 때까지는 개별 정보의 조각을 수집하는 것이 중요한 일이었다. 이제부터는 팀이 회사의 전체적 공급망을 거시적인 차원에서 어떻게 정의할 것인지에 대한 합의를 도출해 나갈 차례이며, 작업의 결과물이 하나하나 만들어지기 시작할 것이다. 이 단계는 프로젝트의 범위, 즉 프로젝트의 범위가 조직 전체에 얼마나 폭 넓게 파급될 것인지 그리고 어떠한 기능과 프로세스가 포함될 것인지를 정의할 때 중요한 구성요소가 된다.

대부분의 경우, 공급망은 제품, 고객 및 지역의 조합으로 정의된다. 또한 재무 보고 및 기타 요소가 포함될 수도 있다. 공급망의 정의를 내리려면 임원 팀이 모든 견해를 검토한 후 그 각각에 대해 중요성을 기준으로 우선순위를 매겨야 한다. 그 결과가 어떠하든, 이와 같이 정의된 공급망의 모든 요인은 하나의 목적을 향하고 있어야 하며 체계적으로 정리되어야 한다.

이때 매트릭스를 사용하는 것은 좋은 방법이 될 수 있다. 복잡성을 덜기 위해 각각의 중요한 지리적 시장마다 자체적인 매트릭스가 있어야 한다고 가정한다. 글로벌 비즈니스에 대한 의존도가 낮은 기업의 경우, 그렇게 하는 대신 각각의 주요 지역을 고객 채널로 간주하고 독자적으로 하나의 열을 부여할 수 있다 (Fowlers의 공급망 정의 매트릭스에 대해서는 <표 3-4>를 참조). 전세계의 "주요" 지역을 식별할 때에는 재무 보고를 위한 기준을 사용하는 것이 도움이 된다. 예를 들어, 만일 어느 회사의 손익계산서가 유럽, 남미, 극동, 북미 및 일본 지역으로 구분되어 있다면 5개의 매트릭스를 가지고 작업을 시작한다. 시작점으로는 가장 매출이 높은 지역 또는 본사가 위치한 지역을 선택한다.

각 매트릭스의 열은 고객의 관점을 나타내며, 행은 제품을 기준으로 한 관점을 나타낸다. 첫 번째 매트릭스의 열은 판매 지역이 어떻게 구분되는지, 시장 채널이 어떻게 조직되는지, 그리고 고객이 어떻게 구분되는지를 조사하여 채워 나간다. 각 고객 유형별로 배송 요구사항(즉, 리드타임, 정시완전배송 등) 및 구매주문서 상에 명시된 구매 제품의 구성을 알아야 한다. 이 작업의 목표는 고객을 유사한 요구사항과 유사한 제품 구성을 가진 그룹으로 분류하는 것이다.

행을 채워 나갈 때에는 가장 높은 계층의 제품 계열 또는 그룹을 살펴 본다. 때로 이는 비즈니스 단위가 어떻게 조직되고 관리되는지와 일맥상통하며, 또한 재무보고 측면의 관점과도 일치한다. 그러나 대부분의 경우에는 복잡한 제품의 목록을 재무 보고서에 매핑하는 형태로 작업이 진행된다. 따라서 이 작업의 목적은 의미 있는 제품 및 서비스의 그룹을 식별하고 그러한 제품을 재무 보고의 계층구조와 연결시키는 것이라 할 수 있다. 구체적인 내용은 각 회사 및 각 제품별로 각각 다르다.

대부분의 회사는 고객과는 무관하게 단지 제품 및 재무적 기준에 따라 자사의 공급망을 정의하는 것으로 만족하는 듯 하다. 즉, 제품이 어떻게 만들어지는지, 어느 공급자가 관여되어 있는지, 그리고 매출과 수익이 무엇으로부터 창출되는 지에는 높은 관심을 보이고 있으나 고객에 대해서는 별 관심을 보이지 않는다. 이러한 태도는 공급망의 성공을 저해하는 요소로 작용할 수 있다. 첫째, 고객의 요구사항은 공급망의 성과와 직결된 핵심 요인이다. 일례로 매출총이익 수치는 상당히 양호하지만 고객의 요구사항을 충족하기 위해 높은 SGA(판매비 및 일반관리비)가 지출되는 관계로 순이익은 별로 높지 않을 수도 있다. 둘째, 제조업체의 경우 전체 제품군 중 특정 고객 집단에게 공급되어야 할 품목은 어느 것인지를 구별하지 않는 경우가 많다. 셋째, 제품만을 기준으로 모든 것을 판단할 경우 가장 까다로운 고객의 배송 요구사항에 기준을 맞추느라 전체 공급망 비용이 늘어날 수 있다. 이는 반드시 필요하지도 않고 가치 창출에 도움이 되지도 않는 경우를 위해 탁월한 공급 서비스를 제공하고 있다는 뜻이 된다.

<표 3-4> Fowlers의 공급망 정의 매트릭스

공급망 정의 매트릭스		지역-고객 또는 시장 채널						
		미국 소매시장	미국 유통시장	미국 직판 시장	미국 OEM -주요 고객	미국 정부	미국 가정배달	해외
제품	식품	X	X	X		X		X
	기술제품	X			X			X
	내구재			X			X	

Fowlers의 경우에도 한 가지 이상의 방법으로 공급망을 정의할 수 있다. 만일 제품별로 정의할 경우 이 회사에는 식품, 기술제품 및 내구재라는 3개의 공급망이 있는 셈이다. 만일 시장 또는 고객 채널별로 정의할 경우 소매/대형유통업체, 유통/도매, 직판, 주문자상표 부착방식(OEM), 미국 정부, 가정 배달/노선식 판매 및 해외라는 7개의

공급망이 있는 셈이다. 또한 Fowlers의 경우 공급망을 지역별로 정의할 수도 있으며, 이렇게 할 경우 공급망은 해외 및 북미라는 2개 범주로 구분될 것이다. 끝으로 Fowlers는 고객 및 제품으로 구분된 10개의 공급망을 가지고 있다고 말할 수도 있다(<표 3-4>의 X 표시).

얼마간의 논의를 거친 후 Fowlers의 코어 팀은 공급망을 10개로 구분하는 마지막 방법을 채택하기로 하였다(<표 3-4>). 그 후 공급망 프로젝트의 범위를 좁혀 가는 과정에서 팀원들은 기술제품 및 식품의 미국 내 판매를 기준으로 정의된 6개의 공급망을 가지고 작업을 진행하기로 합의하였다(<표 3-5>).

이제 비즈니스 컨텍스트 요약표의 4개 기본 구성요소(전략적 배경, 재무적 성과, 내부 프로필, 외부 프로필)가 완성됨에 따라 팀은 자체적인 요약표를 완성할 수 있었고(Fowlers의 샘플 비즈니스 컨텍스트 요약표에 대해서는 부록 A를 참조) 프로젝트 헌장 작성 단계로 진행할 수 있게 되었다.

<표 3-5> Fowlers의 공급망 프로젝트 범위 매트릭스

공급망 정의 매트릭스		지역-고객 또는 시장 채널						
		미국 소매시장	미국 유통시장	미국 직판 시장	미국 OEM -주요 고객	미국 정부	미국 가정 배달	해외
제품	식품	X	X	X		X		
	기술제품	X			X			
	내구재							

2. 프로젝트 헌장

프로젝트 헌장은 기획 및 체계화 단계에서 작성되며, 프로젝트의 범위와 목적을 명확히 전달하기 위한 목적으로 만들어진다. 이 문서는 임원 후원자, 이해당사자 및 팀원들이 생각하는 제반 가정과 기대를 하나로 통일해 주는 역할을 한다.

프로젝트 헌장의 구성요소로는 범위, 비즈니스 및 프로젝트의 목적, 방법론, 일정, 산출물, 위험 및 종속성, 이해당사자의 기대, 벤치마크, 수익 분석, 핵심 성공요인, 커뮤니케이션 계획 및 관리 절차가 포함된다.(Fowlers의 공급망 프로젝트 헌장에 대해서는 부록 B를 참조.)

3. 킥오프 준비

킥오프에 대한 준비 작업은 사전 통지, 명료한 일정, 명확하고 간결한 프레젠테이션 자료 등으로 구성되며, 체계적으로 회의를 진행하기 위한 여타의 회의 준비 과정과 다를 바 없다.

기본적인 일정은 SCOR, 사용될 프로젝트 접근방법, 프로젝트 헌장의 중요 요점, 주요 작업 등으로 구성되어 있다. 주무 임원으로 하여금 전략적 비즈니스 컨텍스트 차원에서 프로젝트에 추가할 몇 가지 슬라이드를 준비하도록 한다. (Fowlers의 프로젝트 킥오프 일정에 대해서는 [그림 3-1]을 참조.) 끝으로 일종의 친목 이벤트를 추가하는 것도 좋은 방법이다. 정말로 중요한 작업의 목록은 프로젝트의 결과가 발표될 차후 시점에 제시될 것이지만, 모든 사람에게 팀이 수행하는 프로젝트의 목적을 알리고 공감을 얻어 내기 위해 실시되는 킥오프 또한 중요한 과정이라 할 수 있다.

[그림 3-1] Fowlers의 프로젝트 킥오프 일정

공급망 프로젝트
킥오프 프레젠테이션

■ 킥오프 일정

- 소개
- 공급망 개선을 위한 Fowlers의 비즈니스 케이스
- 공급망 관련 FAQ 및 SCOR 접근 방법
- 점심
- Fowlers의 프로젝트 헌장
- 친목 이벤트

■ Fowlers의 비즈니스 케이스

- 기술제품 그룹의 전략, 핵심 성공요인 및 핵심 비즈니스 이슈
- 식품 그룹의 전략, 핵심 성공요인 및 핵심 비즈니스 이슈
- 공급망 개선과 관련된 사례 발표

■ SCOR FAQ

- Supply-Chain Council이란 무엇인가?
- SCOR란 무엇인가?
- 공급망 성능 개선을 위해 SCOR를 어떻게 활용해야 하는가?
- 우리 회사에 어떻게 적용되는가?
- 어떻게 해야 SCOR에 대해 더 많이 배울 수 있는가?

■ 참고 웹사이트

- www.supply-chain.org
- www.totalsupplychanin.com
- www.hoovers.com
- www.pgmbenchmarking.com
- gravity.lmi.org/course
- sce.webex.com
- www.pragmatk.com

■ 프로젝트 헌장 검토

- 비즈니스 목적
- 프로젝트 목적
- 마일스톤
- 설계 팀 일정
- 스티어링 팀 일정
- 조직도
- 종속성
- 커뮤니케이션 계획

2단계

기본적 경쟁상황분석

제2주 : 프로젝트 킥오프 및 SCOR 측정지표

– 훌륭한 출발을 할 수 있는 방법 및 공급망 측정 지표를 설계하는 방법

이번 주에는 프로젝트를 효과적으로 출범시키는 방법 및 공급망 측정 지표를 관련 SCORcard와 균형 잡힌 방식으로 조합할 수 있는 설계 방법에 대해 학습하기로 한다. 이번 주의 과정은 이틀간의 대면 회의를 요구한다. 전형적으로 프로젝트 킥오프 행사는 반나절 정도면 완료될 수 있다. 나머지 반나절과 다음 날 하루는 공급망 측정 지표를 식별하고 정의하는 작업 및 실제 공급망 성과 데이터를 수집하는 과제의 수행을 위해 할애된다.

1. 프로젝트 킥오프

훌륭한 킥오프를 위해서는 두 가지 요소가 필요하다. 첫째, 적임자가 모두 제 자리에 있어야 한다. 즉, 스티어링 팀, 임원 후원자, 프로젝트 관리자, 설계 팀, 확장 팀을 포함하여 프로젝트에 참여하는 모든 인력이 청중으로 참여해야 한다. 특정한 사람 또는 그룹에 관한 의문

사항이 있을 경우, 그들 또한 초빙되어야 한다. 프로젝트에 참여하게 될 가능성이 있는 모든 사람들에게 큰 그림을 제시하는 것은 세부 정보를 수집하는 과정에서 그들의 지원을 통해 생산성을 올릴 수 있다는 점에서 중요하다.

Fowlers Inc.의 경우, 임원 후원자인 Brian Dowell은 프로젝트 헌장(부록 B)을 통해 파악된 바에 따라 8명의 스티어링 팀원과 10명의 설계 팀원을 초빙하였다. 또한 기술제품 및 식품 그룹의 정보기술, 재무 및 현장 운영 파트로부터 확장 팀 인력을 초빙하였다. 결국 모두 합해 36명의 사람들이 자리를 함께 하였다.

훌륭한 킥오프를 구성하는 두 번째 요소는 올바른 자료가 올바른 사람에 의해 제시되어야 한다는 것이다. 가장 많이 쓰이고 효과가 입증된 일정 계획에 따르자면 컨텐츠를 다음과 같은 3개의 항목으로 대별하는 것이 좋다: 1) 임원 후원자가 공급망 개선을 위한 전략적 컨텍스트의 설정에 대해 설명, 2) SCOR가 어떻게 작동하는지에 대한 상위 차원의 개요를 제공, 3) 프로젝트 관리자가 프로젝트 헌장의 중요한 요소를 요약 발표([그림 3-1] 참조).

킥오프를 준비하기 위해 Brian Dowell, Martha Tekitch 및 Doris Early는 공급망 개선과 관련된 문제를 중심으로 구성된 "비즈니스 상황" 요약표를 준비하였다. 그들의 프레젠테이션은 비즈니스 계획, 전략, 핵심 성공요인, 핵심 비즈니스 이슈 및 공급망 개선과 관련된 기대에 대한 요약 보고라 할 수 있었다.

코치는 SCOR의 개요에 관한 프레젠테이션을 준비하였다. 그 프레젠테이션은 SCOR 체계의 전체적 구도에 대한 설명으로 구성되어 있었으며, 프로젝트 로드맵이 강조되었고, 확장 팀의 모든 개인 팀원을 대상으로 다음 주에 요청이 제기될 산출물이 예시되었다.

끝으로 David Able이 승인된 프로젝트 헌장에 담긴 핵심 포인트를 요약 발표하였으며, 대부분의 사람들이 관심을 기울일 만한 사항, 즉 일정에 대한 자세한 설명이 제공되었다. 그는 모든 참여자가 프로젝트 헌장에 요약된 바에 따라 설계 및 스티어링 팀의 일정에 맞추어 설정된 프로젝트의 리듬에 자기 자신의 일정을 맞출 것을 촉구하였다. 일정을 제시한 이외에도, 킥오프 미팅은 제 1주차에 실시하지 못했던 나머지 이해당사자들에 대한 면담 일정을 정할 수 기회가 되었다. 이러한 제반 사항은 수정된 프로젝트 헌장의 이해당사자 기대 섹션에 포함될 것이다.

이제 위의 3가지 구성요소(공급망 개선을 위한 비즈니스 컨텍스트, SCOR 교육 및 프로젝트 헌장의 주요 요점)를 조합함으로써 프로젝트의 진행 속도에 관하여 모두가 공통의 관점을 공유할 수 있게 되었다. 또한 산출물에 대한 기대 수준이 균일화되었고 다양한 프로젝트 역할별로 어떠한 활동이 필요한지를 알 수 있게 되었다.

2. 공급망 측정 지표 집합의 균형에 대한 검토

킥오프 미팅이 완료되면 실제 설계 작업이 시작된다. 일반적으로 이 시점이면 사무실 안에는 프로젝트 관리자, 코치 및 설계 팀만 남게 된다. 첫 번째 작업지시 사항은 작성될 SCORcard의 수를 정하는 것이다. 모든 것이 이상적인 상황이라면 이 작업은 별로 어려울 것이 없을 것이다. 즉, 재무 데이터와 고객 데이터를 제품 및 채널별로 분할하여 완벽히 쌍을 이룬 측정 지표를 무한정 만들어 낼 수 있을 것이다. 그러나 현실적으로 재무보고서와 고객 주문 데이터가 구성되는 방식에는 수많은 변수가 내재되어 있기 때문에 모든 SCORcard마다 3개 주요 측정 지표 세트(고객, 내부 및 주주) 모두가 갖추어지도록 하기가 쉽지 않을 것이다. 예를 들어, 회사는 조직의 여러 계층에서 수익성 측정 지표를 수집하지만 대차대조표의 경우에는 오직 전사적인 차원에서만 존재하는 경우가 많다. 또 고객 채널별로 매출을 추적하는 것은 가능하나 비용에 대해서는 제품 그룹별로만 추적이 가능할 수도 있다. 거의 모든 경우, 공급망의 모든 측면을 측정하고자 하는 희망사항과 데이터를 수집할 수 있는 능력 사이에 절충이 필요한 것이 보통이다.

Fowlers의 설계 팀이 어느 데이터를 각 SCORcard에 입력해야 할지를 보다 용이하게 파악할 수 있도록 코치가 또 다른 매트릭스의 작성을 제안하였다. 이 매트릭스의 경우, 행 방향으로 가용 고객, 내부 및 주주 데이터가 열거된다. 열 방향으로는 필요한 SCORcard의 수가 나열되는데 이 부분은 프로젝트의 범위에 의해 영향을 받는다.

Fowlers의 경우, 회사 차원에서 대차대조표 데이터가 작성되는 반면 수익, 고객 매출 및 주문 데이터는 모두 사업단위 차원에서 작성되고 있었다. 얼마간 논의가 진행된 후 설계 팀은 SCORcard를 만들 필요가 있다는 결론에 도달하였다. Fowlers는 기업, 식품 그룹 및 기술 제품 그룹을 하나로 연결하였다. 연결된 SCORcard에는 고객에 대한 측정 지표가 포함되어 있지 않은데, 그 이유는 이러한 측정 지표가 최상위 차원에서 가치 창출에 기여하지 못하기 때문이다. 제품 그룹 SCORcard에는 수익 및 주주 관련 측정 지표의 주당 지표 항목이 포함되어 있지 않은데, 그 이유는 단지 그러한 데이터를 사업그룹 차원에서 얻을 수 없기 때문이다.

그 다음 작업 지시는 팀을 대상으로 각 SCORcard에 사용될 공급망 측정 지표의 정의, 벤치마크 원천, 측정 지표의 분해 및 질의 전략에 대한 교육을 실시하라는 것이었다. 기본적인 교육 내용은 SCOR 매트릭스 템플릿이었다. (표 4-1a의 고객 관련, 4-1b의 내부 관련, 4-1c의 주주 관련 참조.)

<표 4-1> Fowlers의 SCORcard 매트릭스

Fowlers의 SCORcard 매트릭스		SCORcard의 수		
		Fowlers 엔터프라이즈	식품	기술제품
SCORcard 별 데이터	고객관련	생략	X	X
	내부관련	X	X	X
	주주관련	X	X 수익 및 점유율 생략	X 수익 및 점유율 생략

이 템플릿에 대한 교육 프로세스는 마치 단체관광객에 대한 안내처럼 진행된다. 첫째, 열과 행 제목에 대한 설명이 제시되며, 그 이후의 시간은 대부분 각 측정 지표의 정의 및 데이터가 수집되는 방법에 대한 철저한 검토를 위해 할애된다. 그렇게 하는 이유는 균형 잡힌 방식으로 회사의 공급망 SCORcard를 구성하는데 필요한 레벨 1 측정 지표를 찾아내기 위함이다. 최상의 접근 방법은 템플릿 목록을 기본 요소로 사용하여 작업을 시작하고 기본에서 크게 이탈하지 않도록 하는 것이다. 추가 및 삭제는 확실한 이유와 함께 설계 팀으로부터 열정적인 주장이 제기될 때에만 허용된다.

예를 들어, 물류 이사는 원래의 템플릿에 포함되어 있지는 않았던 라인 품목 처리율이 SCOR 측정 지표로 포함되어야 한다고 주장하였다. 그리고 회사의 경리담당 또한 주주 측정 지표 중 몇 가지의 필요성과 정의에 대해 견해를 제시하였다. 하루 일과가 마감될 무렵, Fowlers의 설계 팀은 균형 잡힌 공급망 SCORcard를 위해 다음과 같은 측정 지표가 필요하다는 결론을 도출하였으며, 이를 기초로 빈 SCORcard 템플릿을 만들 수 있었다(<표 4-2>).

<표 4-1 a> SCOR 측정 지표 템플릿 - 고객 관련 측정 지표

성과의 특성 또는 분류항목	레벨 1 성과 측정 지표	실무적 정의	벤치마크의 원천	주요 레벨 2 구성요소	주요 레벨 3 구성요소	전형적 질의
공급망의 배송 신뢰성 배송과 관련된 공급망의 성과: 정확항 제품, 정확한 장소, 정확한 시간, 정확한 상태와 포장, 정확한 수량, 정확한 기록, 정확한 고객.	배송 성과	배송 성과의 측정 지표는 고객이 요구한 날짜 및/또는 고객에게 약속한 날짜에 "정시에 완전하게" 배송된 주문의 백분율로 한다.	**PMG** 고객의 요청 및 고객에 대한 약속이 충족된 정시적이고 완전한 배송.	공급자의 정시적이고 완전한 배송, 생산 일정 달성, 창고의 정시적이고 완전한 배송, 운송서비스 제공자의 정시 배송.	**아직 정형화되지 않았음** 이들 지표는 배송 성과 목표를 보조하는 부서 단위 및/또는 진단용 측정 지표이다.	정시적이고 완전하게 배송된 고객 주문 / 고객 주문 총 건수. PMG 설문을 지침으로 사용.
	주문처리율	주문처리율의 측정 지표는 주문 접수 후 24시간 이내에 배송이 완료된 주문의 백분율로 한다. 많은 회사가 라인 품목 처리율을 대안적 측정 지표로 사용한다. 이 지표는 주문 접수시 "약속된" 시간 이내에 처리된 라인 품목의 백분율로 한다.	**확인된 바 없음** 대부분의 회사는 라인 품목 처리율의 경쟁력 등급에 대한 자체적인 내부 측정 수단을 가지고 있다.	예측의 정확성은 처리율 또는 공급품의 재고 보유 일수에 대한 레벨 2 관계에 배정되었다.	**아직 정형화되지 않았음** 이들 지표는 완전한 주문 처리율 성과 목표를 보조하는 부서 단위 및/또는 진단용 측정 지표이다.	정시 완전 배송이 완료된 고객 주문 품목.
	완전한 주문 처리	완전한 주문 처리의 측정 지표는 고객이 요청한 날짜에 "정시 완전" 배송된 주문의 백분율 및 구매 주문, 청구서 및 영수증이 완전한 일치한 경우로 한다.	**확인된 바 없음** 중요한 측정 지표이나, 양호한 통계적 벤치마크 비교치를 얻기가 어렵다.	배송 성과 구성요소 이외에도 공급자의 충족률 및 대고객 충족률이 있다.	**아직 정형화되지 않았음** 이들 지표는 완전한 주문 처리율 성과 목표를 보조하는 부서 단위 및/또는 진단용 측정 지표이다.	정시적이고 완전하게 배송되었고, 청구서상의 가격, 품목 및 수량, 포장 전표 및 고객 PO / 고객 주문의 총 건수가 완전히 일치된 고객 주문.

공급망의 대응성 공급망을 통해 고객에게 제품이 공급되는 속도.	주문 처리의 리드타임	주문 처리의 리드타임은 고객 서비스 파트에 주문의 접수된 시점부터 고객의 입하장소에 배송이 완료된 시점까지의 일수로 측정한다. 원래 "주문 생산품"에 대해서만 사용하기 위해 만들어졌으나 재고 및 주문 설계 품목까지 포함될 수 있도록 확대되었다.	**PMG** 주문 접수에서 주문 입력까지, 주문 입력에서 주문 배송까지, 주문 배송에서 주문 수령까지 및 전체 주문 처리 리드타임.	재고 품목의 경우 주문 접수에서 주문 입력까지, 주문 입력에서 주문 배송까지, 주문 배송에서 주문 수령까지. 주문 품목의 경우 주문 접수에서 주문 입력까지, 주문 입력에서 생산 완료 및 주문 배송까지, 주문 배송에서 주문 수령까지. 백오더 기간 레벨 2 분석에 사용되는 또 다른 빈도는 백오더 기간의 발생 빈도이다.	**아직 정형화되지 않았음** 이들 지표는 주문 처리 프로세스에 포함된 사이클타임을 보조하는 부서 단위 및/또는 진단용 측정 지표이다.	각 라인 품목 및/또는 각 고객 주문의 절대값[실제 배송 일자-주문 입력일자]. PMG 설문을 지침으로 사용.
공급망의 유연성 시장의 변화에 대응하여 경쟁 우위를 획득 또는 유지하기 위해 필요한 공급망의 민첩성.	공급망의 대응시간	공급망 대응 시간의 측정 지표는 공급망이 계획에 없던 상당한 수요의 증감에 비용 발생 없이 대응하는데 소요된 일수로 한다.	**확인된 바 없음** 중요한 측정 지표이나, 양호한 통계적 벤치마크 비교치를 얻기가 어렵다.	구매 리드타임 (주로 계약 기반); 주문 이행 리드타임	**아직 정형화되지 않았음** 이들 지표는 구매, 생산 및 주문관리의 사이클타임 또는 리드타임 개선을 보조하는 부서 단위 및/또는 진단용 측정 지표이다.	계약 품목의 원천에서의 리드타임 + 주문생산품의 생산주기 + 재고품목의 주문 처리 리드타임.
	생산의 유연성	생산의 유연성 측정 지표는 예상치 못하게 20% 증감한 주문량을 경우 비용 발생 없이 충족하는데 소요된 일수로 한다.	**PMG** 생산의 상방향 유연성.	생산에 필요한 인력, 자재, 생산용량을 조정하는데 소요되는 시간	**아직 정형화되지 않았음** 파악된 내용이 없음.	일화적 질의 기반의 활용, 스태핑 모델 및 공급자 계약. PMG 설문을 지침으로 사용.

출처 : © Copyright 2001 Pragmatek Consulting Group, Ltd.

<표 4-1 b> SCOR 측정 지표 템플릿 - 내부 관련 측정 지표

성과의 특성 또는 분류항목		레벨 1 성과 측정 지표	실무적 정의	벤치마크의 원천	주요 레벨 2 구성요소	주요 레벨 3 구성요소	전형적 질의
내부 관련	공급망 비용 공급망 운영과 관련된 비용.	제품원가	매출원가의 측정 지표는 제품 또는 서비스를 생산하기 위해 필요한 자재 및 임금의 직접비용이다.	**PMG 및 www.hoovers.com** 손익계산서의 매출원가를 참조하여 산업 전체 또는 기타 지정 경쟁자들의 중위수(중간값), 슈페리어(상위 20%에 속하는 값의 평균) 및 어드밴티지(중위수와 슈페리어의 중간값)를 계산한다.	자재비용, 생산의 직접비용 및 생산의 간접비용.	**아직 정형화되지 않았음** 단위비용 목표를 보조하는 부서 단위 및/또는 진단용 측정 지표이다.	자재의 비용센터 + 직접제조원가의 비용센터 + 간접제조원가의 비용센터.
		총 공급망 관리 비용	총 공급망 관리 비용의 측정 지표는 제품 및 서비스의 계획, 소싱 및 배송을 위한 직접비용 및 간접비용이다. 제조비용은 종종 제품원가 내에 포함되며, 반품 비용은 사후보증/반품처리비용에 포함된다.	PMG 주문관리 비용, 자재획득 비용, SC 관련 IT 비용, 재무 및 기획 관련 비용.	주문관리 비용, 자재획득비용, 재무 및 기획 관련 비용, MIS 비용 및 재고보유비용.	고객서비스 비용, 대외운송비용, 완제품 창고비용, 구매비용, 대내운송비용, 원자재창고비용, 수요기획 및 공급기획. 간접부문의 생산성은 레벨 3 측정 지표의 대안으로 사용된다. 즉, 자재획득비용(人時)을 구매주문으로 나눈 값이다.	레벨 3에 열거된 공급망 활동을 지원하는 비용센터를 매핑하고 이어 모두를 합산한다. PMG 설문을 지침으로 사용한다.
		SG&A 비용	판매비 및 일반관리비의 측정 지표는 제품 및 서비스에 대한 지원을 위한 판매비, 관리비, 설계비 및 연구소 비용 등의 간접비용이다.	**www.hoovers.com** 손익계산서의 매출원가를 참조하여 산업 전체 또는 기타 지정 경쟁자들의 중위수(중간값) 및 슈페리어(상위 20%에 속하는 값의 평균)를 계산한다.	매출, 간접비용.	**아직 정형화되지 않았음** 단위비용 목표를 보조하는 부서 단위 및/또는 진단용 측정 지표이다.	매출과 마케팅의 비용센터 + 관리의 비용센터 + 연구 및 설계의 비용센터.

	사후보증/반품처리비용	사후보증/반품처리비용의 측정 지표는 불량품, 계획정비 및 과다재고를 포함한 반품 관련 직접비용 및 간접비용이다. 여기에는 전체적인 역방향 물류 프로세스가 포함된다.	**확인된 바 없음** 중요한 측정 지표이나, 양호한 통계적 벤치마크 비교치를 얻기가 어렵다.	창고반품비용, 반품승인처리비용, 반품관리비용, 반품운송비용(고객으로부터의 대내 운송, 회사간 또는 공급자에 대한 대외 운송).	**아직 정형화되지 않았음** 사후보증 및 반품비용 목표를 보조하는 부서 단위 및/또는 진단용 측정 지표이다.	레벨 2에 열거된 공급망 활동을 지원하는 비용센터를 매핑하고 이어 모두를 합산한다.
공급망 자산관리 효율 수요 충족을 지원하기 위한 자산 관리에 있어 조직의 효율성. 여기에는 고정자본 및 운영자본 등 모든 자산의 관리가 포함된다.	현금회전 사이클타임	현금회전의 사이클타임의 측정 지표는 현금이 운영자본으로 묶이는 일수이다.	**PMG 및 www.hoovers.com** 외상매입금 상환기간, 재고 보유 일수 및 미수금(외상매출금) 회수기간.	외상매출금 회수기간, 재고 보유 일수 및 미수금(외상매출금) 회수기간.	외상매입금 액수, 자재원가, 외상매입금 상환기간, 재고가액, 제품원가, 미수금 액수, 매출, 외상매출금 회수기간.	[재고가액 / (제품원가 / 365)] + [미수금 액수 / (매출 / 365)] − [미지급금 가액 / (자재비용 / 365)]. PMG 설문을 지침으로 사용한다.
	공급의 재고 보유 일수	공급품 재고 보유 일수의 측정 지표는 현금이 재고의 형태로 묶이는 일수이다.	**PMG 및 www.hoovers.com** 원자재 재고 보유 일수, 재공품 재고 보유 일수, 완제품 재고 보유 일수. 마켓 가이드의 경우 산업 전체 또는 기타 지정 경쟁자들의 중위수(중간값), 슈페리어(상위 20%에 속하는 값의 평균) 및 어드밴티지(중위수와 슈페리어의 중간값)를 계산한다.	원자재 재고 보유 일수, 재공품 재고 보유 일수 및 완제품 재고 보유 일수.	각 레벨 2 재고 유형별 재고 분류는 조직마다 다르나 수량 및/또는 회전율을 기준으로 하는 것이 보통이다. 분류된 품목은 흔히 A 품목, B 품목, C 품목 및 D 품목 내지는 비활동 재고라 지칭된다.	분류별 재고가액 / (분류별 제품원가 / 365)
	자산회전	자산의 회전율은 매출을 운영자본 및 고정자본 모두를 포함한 총 자산으로 나눈 값이다.	**PMG 및 www.hoovers.com** 매출, 총 순자산. 마켓 가이드의 경우 산업 전체 또는 기타 지정 경쟁자들의 중위수(중간값), 슈페리어(상위 20%에 속하는 값의 평균) 및 어드밴티지(중위수와 슈페리어의 중간값)를 계산한다.	매출, 운영자본 및 고정자산.	레벨 2 측정 지표를 레벨 3 구성요소의 원천으로 사용한다.	매출액 / 총 순자산 가액

<표 4-1 c> SCOR 측정 지표 템플릿 - 주주 관련 측정 지표

성과의 특성 또는 분류항목	레벨 1 성과 측정 지표	실무적 정의	벤치마크의 원천	주요 레벨 2 구성요소	주요 레벨 3 구성요소	전형적 질의
수익성 비용 공제 후의 수익.	매출총이익	매출총이익은 제품원가를 매출액으로부터 차감하여 계산하며, 가장 흔히 매출액에 대한 백분율로 표시된다.	www.hoovers.com 매출, 제품원가. 마켓 가이드의 경우 산업 전체 또는 기타 지정 경쟁자들의 중위수(중간값), 슈페리어(상위 20%에 속하는 값의 평균) 및 어드밴티지(중위수와 슈페리어의 중간값)를 계산한다.	매출액, 제품원가.	레벨 2 측정 지표를 레벨 3 구성요소의 원천으로 사용한다.	(매출액 - 제품원가) / 매출액.
주주 관련	영업이익	영업이익(또는 마진)은 제품원가와 판매관리비를 매출액에서 차감하여 계산하며, 가장 흔히 매출액에 대한 백분율로 표시된다.	PMG 및 www.hoovers.com 매출, 제품원가 및 판매관리비. 마켓 가이드의 경우 산업 전체 또는 기타 지정 경쟁자들의 중위수(중간값), 슈페리어(상위 20%에 속하는 값의 평균) 및 어드밴티지(중위수와 슈페리어의 중간값)를 계산한다.	매출액, 제품원가, 판매관리비.	레벨 2 측정 지표를 레벨 3 구성요소의 원천으로 사용한다.	(매출액 - 제품원가 - 판매관리비) / 매출액.
	순이익	순영업이익(또는 마진)은 제품원가와 판매관리비와 세금을 매출액에서 차감하여 계산하며, 가장 흔히 매출액에 대한 백분율로 표시된다.	www.hoovers.com 매출, 제품원가, 판매관리비 및 세금. 마켓 가이드의 경우 산업 전체 또는 기타 지정 경쟁자들의 중위수(중간값), 슈	매출액, 제품원가, 판매관리비, 법인세.	레벨 2 측정 지표를 레벨 3 구성요소의 원천으로 사용한다.	(매출액 - 제품원가 - 판매관리비 - 세금) / 매출액.

			페리어(상위 20%에 속하는 값의 평균) 및 어드밴티지(중위수와 슈페리어의 중간값)를 계산한다.			
수익의 효율성	자산수익	자산수익은 순영업이익을 총 순자산으로 나누어 계산한다.	**www.hoovers.com** 순영업이익, 총 순자산.	매출액, 제품원가, 판매관리비, 법인세, 이자비용 및 총 순자산.	레벨 2 측정 지표를 레벨 3 구성요소의 원천으로 사용한다.	순영업이익 / 총 순자산
주당 지표	주당수익	주당수익은 보통주 보통주에 배정 가능한 조정수익을 희석된 가중평균 발행주식수로 나눈 수치이다.	**www.hoovers.com** 조정된 수익, 희석된 가중평균 발행주식수.	**아직 정형화되지 않았음** 확인된 내용이 없다.	**아직 정형화되지 않았음** 확인된 내용이 없다.	회사의 자체 공식을 사용.

출처 : © Copyright 2001 Pragmatek Consulting Group, Ltd.

- •배송 성과
- •라인 품목 처리율
- •완전한 주문 처리 비율
- •주문 처리의 리드타임
- •공급망의 대응 시간
- •제품의 유연성
- •제품원가
- •총 공급망 비용
- •판매비 및 일반관리비 (SGA)
- •보증/수익 프로세싱 비용
- •현금회전의 사이클타임
- •공급의 재고 보유 일수
- •자산 회전율
- •총이익
- •영업이익
- •순이익
- •자산수익률

첫날의 관성을 유지하는 동시에 일정의 실행에 있어 향후 중요하게 작용할 관계의 형성을 위해 Brian, Martha 및 Doris는 하루의 마감에 가름하여 친목 이벤트를 개최하였다. 그리고 지금까지 경험했던 중 최고의 방식으로 프로젝트가 출범할 수 있었다는데 대해 모두가 동의를 표하였다.

<표 4-2> Fowlers의 SCORcard 템플릿 양식.

	성과의 속성 또는 카테고리	레벨 1 성과 측정 지표	실제	패리티 통계적 샘플의 중위수	장점 패리티와 슈페리어의 중간값	슈페리어 모집단의 90%	패리티 갭 패리티-실제
외부	공급망 배송의 신뢰성	배송의 성과					
		라인 품목 처리율					
		완전한 주문 처리					
	공급망의 대응력	주문 처리의 리드타임					
	공급망의 유연성	공급망의 대응시간					
		생산의 유연성					
내부	공급망의 비용	제품원가					
		총 공급망 비용					
		SGA 비용					
		사후보증/반품처리비용					
	공급망 자산관리의 효율	현금회전 사이클타임					
		공급품의 재고 보유 일수					
		자산회전율					
주주	수익성	매출총이익					
		영업이익					
		순이익					
	수익의 효율성	자산수익률					

출처 : © Copyright 2001 Supply-Chain Council, Inc.

3. 측정 지표 및 벤치마크의 정의

제 2주차의 두 번째 작업일은 SCORcard의 공란에 데이터를 채우는 일로부터 시작되었다. 이 작업의 주 목적은 제 3주차(제 5장)에 실시될 검토 작업에 대비하여 실제 데이터 및 적절한 벤치마크 데이터를 수집하는데 필요한 계획을 수립하기 위함이었다. 벤치마크의 주요 원천으로는 두 가지를 들 수 있다. 첫째, Supply-Chain Council의 Performance Measurement Group(PMG)에 가입하면 통계적으로 유의한 공급망 데이터를 받아 볼 수 있다. 둘째, 일반에 공표되는 10K 재무 데이터를 Marketguide, Hoovers, Forbes 등의 원천으로부터 얻을 수 있다.

PMG 데이터는 고객과 관련된 측정 지표 및 특정 공급망에 고유한 내부 측정 지표를 채우기 위한 목적으로 사용되며, 10K 데이터는 표준화된 내부 및 주주 관련 측정 지표를 채우기 위한 목적으로 사용된다. 표준화된 데이터 원천 이외에도 사내의 원천으로부터 적절한 벤치마크 데이터를 구할 수도 있다.

가장 중요한 일반적 규칙은 벤치마크 데이터를 계산하는 것과 동일한 방식으로 실제 데이터를 계산해야 한다는 것이다. 이에 따라 오전 시간은 PMG 벤치마크 설문 항을 한 행씩 훑어 나가는 방식으로 진행된다. (질문 견본에 대해서는 pmgbenchmarking.com을 참조.) 팀은 SCOR 측정 지표의 정의를 공식으로 만들어 워크시트에 사용하고, 각각의 SCORcard 측정 지표에 사용될 실제 데이터 질의를 만들어 내야 하며, 그 다음 특정한 측정 지표로 사용될 실제 데이터를 수집하기에 가장 적절한 개인을 설계 팀원 중에서 찾아 내야 한다. 오후 시간에는 산업별 비교 스프레드시트를 만들기 위한 계획을 중점적으로 수립한다. 이 스프레드시트에는 전사적 차원의 수익성, 수익률 및 주가 변동 등 주주 관련 측정 지표로서 사용될 추가적인 실제 데이터와 벤치마크 데이터가 요약 정리된다(<표 4-3>). 비교표를 만들기 위한 첫 번째 단계는 hoovers.com에 접속하여 회사명을 검색하는 것이다. 검색 결과 화면에서 Financials를 클릭하면 회사의 분기별 손익계산서 및 대차대조표 요약 정보를 호출할 수 있다. 이어 Free 섹션에서 Annual Financials를 선택한다. 이제 필요한 주주 관련 데이터를 스프레드시트에 복사한다. 다른 회사를 검색하려면 화면 상단에 표시된 산업 그룹을 클릭한다. 비교표에 포함되어야 할 모든 상장회사별로 이러한 과정에 따라 데이터를 복사한다. 산업별 비교 목록에는 15-25개 정도의 회사 및 비즈니스 그룹 차원에서 경쟁 상황을 비교할 수 있도록 가능한 많은 산업이 포함되어야 한다. Fowlers의 경우, 재무 및 고객 주문 정보에 가장 손쉽게 접근할 수 있고 데이터 수집 작업을 도와 줄 풍부한 팀 자원을 보유하고 있는 경리 담당, 물류 담당 이사 및 고객 서비스 담당 이사가 PMG 데이터를 통합 수집하는 작업을 자원하였다. 이어 설계 팀이 PMG에 대한 단일 정보제출 창구로서 식품 및 기술제품 데이터를 취합하는 것으로 결정이 내려졌다.

  회사의 경리 담당이자 식품그룹 영업 및 마케팅 부사장이자 기술제품 그룹의 운영 부사장인 David Able이 산업별 비교 스프레드시트를 완성할 책임을 맡기로 하였다. 팀은 Fowlers가 hoovers.com의 "거대기업 업종"에 속한다는 사실을 알고 있었기 때문에 운영 그룹과의 보다 구체적인 비교를 위해 식품 및 컴퓨터 산업을 목록에 추가할 것을 요구하였다. 응용 프로그램 담당 이사는 실제 데이터 질의 및 수집 작업의 지원을 위해 확장 팀 자원을 투입한다는 계획을 수립하였다.

  팀이 생산해 내기로 한 핵심 산출물(제 3주차에 실시될 검토 과정을 위해 필요)은 다음과 같다 : 완전한 PMG 벤치마크 설문 양식, 완성된 산업별 비교 스프레드시트, 그리고 실제 질의 결과가 담긴 업데이트된 SCORcard.

<표 4-3> 견본 산업별 비교표 및 원 데이터

산업별 비교 - 컴퓨터 네트워크 산업 - Hoovers.com	매출액	판매 관리비	제품 원가	현금회전 사이클타임	공급품 재고보유일수	자산 회전율	매출총 이익	영업 이익	순영업 이익	자산 수익률
당사-3분기	55.4	40%	60%	151	106	0.84	40%	0%	4%	-0.1%
당사-2000	176.1	41%	47%	159	98	0.66	53%	12%	7%	7.8%
당사 연초부터 2001년 3분기까지	126.3	49%	61%	205	137	0.64	39%	-11%	-4%	-5.1%
Network Appliance, Inc.	1006.0	29%	40%	58	20	1.58	60%	31%	7%	49.1%
Dassault Systemes SA	546.0	57%	14%	91	0	1.17	86%	28%	16%	33.0%
The Titan Corporation	1033.0	25%	73%	105	12	2.23	27%	1%	-2%	3.3%
RadiSys Corporation	340.7	24%	66%	130	87	1.30	34%	10%	10%	12.9%
Convergys Corporation	2320.6	30%	55%	35	0	5.91	45%	16%	9%	70.0%
3COM	2820.9	64%	81%	39	32	1.61	19%	-45%	-34%	-54.9%
Enterasys Networks, Inc.	1071.5	66%	52%	106	64	1.08	48%	-18%	-57%	-15.0%
Jack Henry and Associates	345.5	19%	56%	94	0	2.68	44%	25%	16%	49.8%
Nevell, Inc.	1040.1	80%	32%	51	1	1.35	68%	-12%	-26%	-11.8%
Reynolds and Reynolds	1004.0	39%	44%	24	9	4.68	56%	17%	10%	60.0%
Cerner Corporation	404.5	71%	22%	149	9	1.87	78%	6%	26%	8.9%
The Black Box Corporation	827.0	26%	60%	79	38	4.13	40%	14%	8%	43.7%
Intergraph Corporation	690.5	40%	63%	86	21	2.44	37%	-3%	1%	-6.3%
Entrada Networks, Inc.	25.7	66%	67%	130	98	1.56	33%	-33%	-82%	-38.6%
Intange Technologies Corporation	233.6	35%	45%	197	102	1.03	55%	20%	6%	15.6%
Computer Networks, Inc	100.0	35%	52%	58	20	1.23	48%	13%	2%	12.0%
Networking Solutions 3분기	38.9	50%	47%	NA	NA	NA	53%	3%	NA	NA
Storage Solutions 3분기	16.5	17%	91%	NA	NA	NA	9%	-8%	NA	NA
업종 패리티	618	40%	55%	99	27	1.57	45%	8%	6%	8%
업종 평균	970	33%	43%	69	13	2.90	57%	17%	11%	30%
업종 슈페리어 - 90분위수	1321	25%	30%	38	0	4.24	70%	25%	16%	52%

원 데이터(백만)	매출액($)	판매관리비($)	제품원가($)	재고($)	외상매출금($)	총자산($)	매출총이익($)	영업이익($)	순영업이익($)
당사-3분기	55.4	22.3	33.3	38.6	45.5	262.3	22.1	-0.2	2.4
당사-2000	176.1	72	83.2	22.4	43.6	268.6	92.9	20.9	12
당사 연초부터 2001년 3분기까지	126.3	62.3	77.3	38.6	45.5	262.3	49	-13.3	-5
Network Appliance, Inc.	1006.0	292	402	22.5	187	636	604	312	75
Dassault Systemes SA	546.0	313.5	78.3	0	181	467	467.7	154.2	90
The Titan Corporation	1033.0	260.7	757	25.4	347	463.3	276	15.3	-18.7
RadiSys Corporation	340.7	82.9	223.8	53.2	68.2	262.8	116.9	34	32.6
Convergys Corporation	2320.6	685.5	1268.7	0	413	523.1	1051.9	366.4	215.5
3COM	2820.9	1814.6	2287.3	200.1	286.8	2334.8	533.6	-1281	-965.4
Enterasys Networks, Inc.	1071.5	711.2	558.4	98.2	210.9	1322.2	513.1	-198.1	-606
Jack Henry and Associates	345.5	65.9	193.9	0	117.1	172.1	151.6	85.7	55.6
Nevell, Inc.	1040.1	833	327.9	0.9	227	1027.4	712.2	-120.8	-272.9
Reynolds and Reynolds	1004.0	389.4	442.9	10.8	125	286.2	561.1	171.7	99.6
Cerner Corporation	404.5	288.8	90.1	2.2	188	288.5	314.4	25.6	105.3
The Black Box Corporation	827.0	216.2	493.9	51.1	160.9	267.3	333.1	116.9	64.2
Intergraph Corporation	690.5	275.9	438.2	25.3	178.9	377.5	252.3	-23.6	10.1
Entrada Networks, Inc.	25.7	17	17.2	4.6	4.4	22	8.5	-8.5	-21.2
Intange Technologies Corporation	233.6	81.5	105	29.3	80	301.1	128.6	47.1	14.3
Computer Networks, Inc	100.0	35	52	2.8	18.8	108.7	48	13	2.4
Networking Solutions 3분기	38.9	19.5	18.3	NA	NA	NA	20.6	1.1	NA
Storage Solutions 3분기	16.5	2.8	15	NA	NA	NA	1.5	-1.3	NA

출처: © Copyright 2001 Pragmatek Consulting Group, Ltd.

05

제3주 : 벤치마크, 경쟁력 요구사항 및 스티어링 팀의 1차 검토
- 데이터를 작업에 투입하기 시작

제 3주차 작업의 목적은 업종별 비교치, 측정 지표 점검 자료 및 PMG 벤치마크 설문(제 4장)을 위해 필요한 기타 정보 등 2주차에 수집된 데이터의 결과를 검토하는 것이다. 또한 스티어링 팀의 1차 검토가 예정되어 있으며, 검토 작업은 프로젝트 관리자와 설계 팀에서 선발된 팀원에 의해 실시된다.

1. 데이터 검토

제 1일의 일정은 제 2주차의 과제로 지정되었던 상세 점검 데이터 수집 결과(표 4-1a-c SCORcard의 맨 오른쪽 열)를 검토하는 작업으로 구성된다. 각 측정 지표별 책임자가 데이터 검토 작업을 주관하게 되며, 아울러 구하고자 하는 정보의 유형과 형식, 제반 가정 및 SCORcard에 기록될 데이터의 수집에 필요한 시간의 추정치를 조정해야 한다.

두 번째로 해야 할 일은 이전 주에 배정되어 완성된 벤치마크 데이터를 검토하는 작업이다. 이 작업을 위해 팀은 업종 비교 스프레드시트라는 양식을 사용한다(<표 4-3>). 이 시점이면 모든 실제 데이터가 기입되어 있어야 하고 또한 SCORcard의 내부 및 주주 관련 벤치마크란이 대부분 완성되어 있어야 한다. 데이터에 대한 검토가 끝나면 완성된 PMG 벤치마크 설문 자료를 제출하게 되며, 이는 SCORcard의 고객 관련 및 공급망 관련 벤치마크 데이터를 완성하기 위한 마지막 단계에 해당한다.

Fowlers 팀의 작업이 이 단계에 이르렀을 때, 회사의 경리 담당, 영업 및 마케팅 부사장(식품 그룹) 및 운영 부사장(기술제품 그룹)이 자신들의 조사 결과를 발표하겠다고 자원하였다(<표 5-1> 참조).

이들은 사내 데이터와 거대기업 관련 업종 요약 데이터를 취합한 다음 여기에 "식품/육류 제품" 업종 및 "미디어/영화", "텔레비전 및 뮤직 프로덕션 서비스 및 제품" 업종과 관련된 요약 데이터를 추가하였다. 이 작업이 완료되자 회사의 식품 및 기술제품과 관련하여 각각 의미있는 비교 수치가 정리되었다. 이들은 가장 최근에 수집된 실제 데이터를 사용하였으며, 예비적으로 공표된 금년도 데이터에 구애받지 않기로 하였다. 작업 팀은 Fowlers SCORcard의 각 부분에 수치를 채워 넣기는 하였으나 분석을 실시할 만한 시간적 여유는 거의 가질 수 없었다.([그림 5-1] 참조.)

데이터를 일차 조사해 본 결과, 그것만으로도 몇 가지 사실을 알 수 있었다. 첫째, 제품원가 및 SGA 비용과 관련된 많은 수치들을 살펴본 결과, 회사별로 표준화된 보고 방식이 존재하지 않는다는 것을 분명히 알 수 있었다. 영업이익은 비용을 비교할 수 있는 좋은 기준인 것처럼 보였다. 그러나 코치는 "우리가 가진 데이터만으로는 공급망 비용을 비교할 방법을 찾을 수 없다"라고 지적하였다. "제품원가와 SGA와 공급망 비용을 더하는 방법으로는 SCORcard에 사용될 측정 지표를 얻을 수가 없다. 공급망 비용은 활동을 기준으로 측정되어야 하며 다른 두 개의 카테고리로부터 가져와야 하는 수치도 있기 때문에 단순히 숫자를 더할 경우 어떤 비용들은 이중으로 계산될 것이다. PMG 설문의 결과를 기다렸다가 다시 작업을 시작해야 할 것이다.”

둘째, 197일이라는 현금회전 주기 측정치와 1.5라는 자산회전율 측정치는 금융계의 많은 사람들이 Fowlers에 대해 느끼고 있던 바를 확인해 주었다. 즉, Fowlers는 물리적 자산은 효과적으로 활용하고 있으나 현금자산은 제대로 관리하지 못하고 있었던 것이다.

셋째, 식품 그룹의 영업이익률 7%는 식품/육류 업종 평균에 비해 양호한 수준이었다. 기술제품 그룹의 경우에도 상황은 그와 유사했다. 그러나 모든 비즈니스 부문에서 매출이 감소하고 있었으며 수익은 전년에 비해 절반 수준에 불과했다. 프리미엄 제품에 프리미엄 가격을 매긴다는 전략은 더 이상 유지될 수 없었으며 사실상 일부 고객이 이탈하는 결과를 불러오고 있었다.

그러나 차트의 “패리티 기회” 부분을 살펴 보던 팀원들은 깜짝 놀라지 않을 수 없었다. 10억 달러의 매출을 올리고 있는 거대기업인 Fowlers가 기록한 7%의 영업이익률(7천만 달러)은 거대기업 업종 벤치마크 수준의 절반에 불과하였다. 영업이익 부문에서 패리티 수준을 달성하려면 추가적인 공급망 성과 개선을 통해 7천만 달러의 수익을 더 올려야 하는 상황이었다.

그 다음으로는 회사의 경리 담당, 물류 담당 이사 및 고객 서비스 담당이사가 순서를 이어 받았다. 이들은 기업 공급망 및 사후보증/반품 처리 비용에 대한 검토를 실시한 이외에도 SCORcard에 포함되지 않은 일부 데이터에 대한 검토를 실시하였다. 이를 통해 식품과 기술제품의 배송 성능이 전체적으로 22%라는 사실을 알게 되었으며, 이는 100건의 주문 중 22건만이 완전한 상태로 정시 배송된다는 뜻이

<표 5-1> Fowlers의 업종 비교 스프레드시트와 원 데이터

거대기업 업종	매출	SG&A	매출 원가	현금회전 사이클타임	공급품 재고 보유 일수	자산 회전율	매출총이익	영업이익	순영업이익	자산수익률
Fowlers-2001	1000.0	7%	86%	197	91	1.52	14%	7%	4%	10.7
National Servic Industries	563.3	32%	62%	48	20	0.63	38%	5%	5%	3.4
Maxxam Inc.	2448.0	7%	82%	120	82	0.54	18%	11%	1%	6.2
US Industries	3088.0	23%	66%	119	88	1.24	34%	11%	1%	13.1
Pacific Dunlop Ltd.	2120.4	30%	66%	132	105	1.59	34%	4%	-3%	4.8
Sequa Corporation	1773.1	14%	75%	127	102	1.37	25%	11%	1%	11.1
GenCorp Inc.	1047.0	4%	82%	95	78	1.05	18%	15%	12%	11.5
Olin Corporation	1549.0	9%	77%	82	66	1.84	23%	14%	5%	19.7%
Federal Signal Corporation	1106.1	20%	67%	103	78	1.49	33%	13%	5%	14.7%
Kawasaki Heavy Industries Ltd.	8394.8	12%	87%	253	137	1.13	13%	0%	-1%	0.4%
Valhi Inc.	1191.9	17%	63%	144	118	0.70	37%	20%	6%	10.5%
Pentair Inc.	2748.0	17%	82%	106	73	1.39	29%	12%	2%	12.3%
Tomkins PLC	5875.0	7%	81%	88	52	2.01	19%	12%	2%	17.5%
ITT Industries Inc.	4829.4	24%	62%	96	65	1.40	38%	14%	5%	15.1%
Six Continents PLC	5939.0	27%	49%	39	17	0.59	51%	24%	11%	10.7%
TRW Inc.	17321.0	9%	80%	42	23	1.40	20%	10%	3%	11.0%
Textron	13090.0	11%	73%	231	72	1.07	27%	16%	2%	12.7%
Johnson Controls Inc.	18427.0	9%	83%	42	14	2.48	17%	8%	3%	14.9%

Dover Corporation	5400.7	21%	60%	120	89	1.47	40%	19%	10%	21.4%
Ratheon Company	16895.0	10%	76%	123	54	0.84	24%	14%	1%	8.7%
ABB Ltd.	22967.0	19%	75%	170	68	0.99	25%	6%	6%	4.5%
RWE AG	48181.6	27%	68%	95	30	0.87	32%	6%	2%	3.6%
Emerson Electric	15479.6	20%	61%	104	74	1.37	39%	19%	7%	19.9%
Heneywell International	25652.0	12%	71%	111	75	1.36	29%	17%	6%	17.6%
United Technologies	26206.0	17%	69%	108	76	1.38	31%	14%	7%	14.3%
Koninklijke Philips Electronics NV	35658.0	17%	70%	106	73	1.31	31%	14%	25%	13.6%
Minnesota Mining and Manufacturing	16724.0	30%	46%	142	109	1.54	54%	23%	11%	26.8%
Vivendi Universal SA	40138.4	22%	62%	213	45	0.38	38%	16%	5%	4.5%
Siemens AG	86208.0	27%	66%	134	85	1.29	34%	7%	2%	6.6%
Tyco International Ltd.	34036.6	22%	53%	488	102	0.41	47%	25%	12%	7.7%
General Electric Company	129417.0	37%	34%	566	65	0.39	66%	29%	10%	8.7%
거대기업	100.0	30%	54%	291	78	0.67	46%	16%	11%	7.8%
식품-육류 제품 산업	100.0	13%	83%	49	52	2.13	17%	4%	3%	6.7%
매체-영화, TV 및 뮤직 프로덕션 서비스 및 제품 산업	100.0	55%	46%	83	19	0.67	54%	0%	-4%	-0.1%
다각화된 서비스-기타 비즈니스 서비스	100.0	35%	61%	48	17	1.33	39%	4%	0%	3.8%
업계 패리티	8396	17%	69%	119	74	1.31	31%	14%	5%	11%
업계 어드밴티지	24267	12%	61%	84	48	1.45	39%	19%	8%	15%
업계 슈페리어-90분위수	40138	7%	53%	48	23	1.59	47%	23%	11%	20%

	Fowlers와 업계 사이의 비교 - 원 데이터(백만)								
	매출액 ($)	판매관 리비($)	제품원가 ($)	재고($)	외상매 출금($)	총자산($)	매출총 이익($)	영업 이익($)	순영업 이익($)
Fowlers-2001	1000.0	70	860	215	371	656	140	70.0	35
National Servic Industries	563.3	182	351.2	19.2	89	898.4	212.1	30.1	27
Maxxam Inc.	2448.0	167.7	1999.3	451.3	453.9	4504	448.7	280	33.9
US Industries	3088.0	721	2040	494	517	2492	1048	327	36
Pacific Dunlop Ltd.	2120.4	629.5	1405.6	405.2	328.4	1773.2	714.8	85.3	-71.1
Sequa Corporation	1773.1	246.6	1334.7	373.7	266.8	1731.1	438.4	191.8	24
GenCorp Inc.	1047.0	40	855	182	135	1324	192	152	129
Olin Corporation	1549.0	132	1196	216	197	123	353	221	81
Federal Signal Corporation	1106.1	220.7	739.7	157.6	168	991.1	366.4	145.7	57.6
Kawasaki Heavy Industries Ltd.	8394.8	1040.9	7318.5	2743.1	3371.7	9875	1076.3	35.4	-81.7
Valhi Inc.	1191.9	201.7	753.3	243	183.9	2256.8	438.6	236.9	76.6
Pentair Inc.	2748.0	469.7	1952.5	392.5	468.1	2644	795.5	325.8	55.9
Tomkins PLC	5875.0	412.4	4780.7	677.6	1060.5	3906.5	1094.3	681.9	95.8
ITT Industries Inc.	4829.4	1141	2993.5	531.3	814.9	4611.4	1835.9	694.9	264.5
Six Continents PLC	5939.0	1617	2895	133	850	13399	3044	1427	676

TRW Inc.	17231.0	1557	13869	870	2328	16467	3362	1805	438
Textron	13090.0	1482	9534	1871	6791	16370	3446	2074	218
Johnson Controls Inc.	18427	1642.9	15307.3	577.6	2928.3	9911.5	3119.7	1476.8	478.3
Dover Corporation	5400.7	1124	3230.1	783.2	903.2	4892.1	2170.6	1046.6	519.6
Ratheon Company	16895	1740	12836	1908	4566	26777	4059	2319	141
ABB Ltd.	22967	4360	17222	3192	8328	30962	5745	1385	1443
RWE AG	48181.6	12814	32684	2721	12502	74224.7	15497.6	2683.6	1073.1
Emerson Electric	15479.6	3081.9	9410	1896.8	2551.2	15046.4	6069.6	2987.7	1031.8
Heneywell International	25652	3134	18095	3734	4623	25175	7557	4423	1659
United Technologies	26206	4473	18111	3756	4445	15364	8095	3622	1808
Koninklijke Philips Electronics NV	35658	5894	24837	4972	6122	36298	10821	4927	9043
Minnesota Mining and Manufacturing	16724	5064	7762	2312	2891	14522	8962	3898	1782
Vivendi Universal SA	40138.4	8935.1	24802.5	3032.1	21802.4	141965	15335.9	6400.8	2165.2
Siemens AG	86208	23209	57107	13284	18756	89298	29101	5892	2069
Tyco International Ltd.	34036.6	7324.5	18180	5101.3	3875	111287.3	15856.6	8532.1	3970.6
General Electric Company	129417	47437	44087	7812	188317	4370006	85330	37893	12735

거대기업	100	30	54.32	11.56	66.67	200	45.68	15.68	11.22
식품-육류 제품 산업	100	13.1	82.74	11.82	7.46	62.5	17.26	4.16	2.93
매체-영화, TV 및 뮤직 프로덕션 서비스 및 제품 산업	100	54.57	45.62	2.4	25.64	200	54.38	-0.19	-4.22
다각화된 서비스-기타 비즈니스 서비스	100	35.14	61.02	2.8	16.67	100	39.98	3.84	-0.36

[그림 5-1] Fowlers의 전사적 SCORcard

성과의 속성 또는 카테고리		레벨 1 성과 측정 지표	실제	패리티 통계적 표본의 평균치	어드밴티지 패리티와 슈페리어의 중간 값	슈페리어 모집단의 90분위수	패리티 갭 패리티−실제
대외	공급망의 배송 신뢰성	배송 성능					
		라인 품목 처리율					
		완전한 주문 처리					
	공급망의 대응력	주문 처리의 리드타임					
	공급망의 유연성	공급망의 대응 시간					
		제조의 유연성					
대내	공급망 비용	제품원가	86%	69%	61%	53%	
		총 공급망 비용	15.5%				
		SGA 비용	7%	17%	12%	7%	
		사후보증/반품 처리비용	0.7%				
	공급망 자산 관리의 효율	현금회전 사이클타임	197	119.0	84.0	48.0	
		공급품 재고 보유 일수	91	74	48	23	
		자산회전율	1.5	1.3	1.5	1.6	
주주	수익성	매출총이익	14%	31%	39%	47%	
		영업이익	7%	14%	19%	23%	
		순이익	4%	5%	8%	11%	
	반품의 효용성	자산수익률	10.7%	11%	15%	20%	

출처: © Copyright 2001 Supply-Chain Council, Inc.

었다. 라인 품목 처리율은 80%였고, 완전한 주문 처리 비율은 5%였으며, 주문 처리의 리드타임은 4.1일, 공급망의 대응 시간은 122일, 그리고 생산의 유연성은 60일로 조사되었다. 이들은 말하기를 다음 주까지는 각 그룹별 SCORcard에 기입될 데이터의 준비가 완료될 것이라 하였다. 전사적인 배송 데이터는 논의의 범위를 벗어나는 사항이었다.

이 시점에 다다르자 모두가 거의 말이 없었다. 고객과 관련된 난의 모든 측정치는 새로운 수치로 바뀌었으며, 팀이 전체적인 배송 성과에 대해 진정으로 고객의 관점에서 생각하기 시작한 것도 그 때가 처음이었다. 특히 팀이 마음에 걸려 한 부분은 배송 성과에 대한 큰 구도에 관한 부분이었다.

그 후에 진행된 논의는 어떤 면에서 마치 전형적인 고충상담사와의 면담과도 같았다. 데이터에 대해 부인하고, 절충점이 제시되고, 분노가 표출되는 과정이 있었으나, 결국은 수치로 제시된 사실을 받아들일 수밖에 없었다. 모든 팀원은 당장 방에서 뛰어 나가 문제를 해결하고 싶은 마음이었다. 이전에 수도 없이 그래 왔던 것처럼… 다행스럽게도 일과를 마감할 시간이 다 되었으며, 다음 날 일정에 의하면 또 다른 과제가 팀을 기다리고 있었다. 그리고 오늘 밤 푹 자고 나면 오늘 얻은 정보를 보다 객관적인 안목에서 바라 볼 수 있을 것이다. 팀은 회사가 필요로 하는 바로 그러한 종류의 개선을 이룰 수 있는 기회를 발견하였다.

2. 칩 분석 : 경쟁력 요구사항 분석

제 2일차의 일정은 경쟁력 요구사항에 대한 조사(일명 "칩 분석"이라 함) 및 스티어링 팀의 1차 검토를 위한 준비라는 두 가지 과제로 구성되어 있다.

(1) 칩 분석의 규칙

공급망의 성과는 4개의 속성으로 이루어져 있다(표 4-1a-c 측정지표 템플릿의 두 번째 열에 제시된 정의 참조).

1. 배송 성과
2. 유연성 및 대응력 (통합)
3. 공급망 비용
4. 자산관리의 효율성

칩 분석의 목적은 각 고객 또는 시장 채널별로 이러한 속성의 우선순위를 정하고, 회사가 각 속성별로 다른 공급자와의 관계에 있어 슈페리어 수준, 어드밴티지 수준 또는 패리티 수준 중 어느 성과 수준에서 업무를 수행할 필요가 있는지를 결정하는 것이다.

이때 주의할 점이 하나 있다. 팀은 각 고객 또는 시장 채널별로 슈페리어 수준에서 1개 그리고 어드밴티지 수준에서 1개의 성과 속성만을 설정할 수 있다. 다른 2개의 속성은 패리티 수준으로 설정되어야 한다.

끝으로 미래의 경쟁 상황과 관련하여 회사가 필요하다고 보는 요구사항을 결정하게 된다. 이 작업은 목표를 수립하기 위한 과정이 아니라, 미래의 치열한 경쟁 상황 하에서 어떻게 차별화를 기할 것인지를 중점적으로 연구하기 위한 전략적 분석이라 할 수 있다.

많은 기업들이 '시장의 리더로서 지켜야 할 규칙'(Michael Treacy와 Fred Wiersema 공저 The Discipline of Market Leaders)에 소개된 전략적 카테고리를 사용하고 있으며, 여기서는 전략의 탁월함, 고객 친화성 또는 제품 혁신을 전략의 추진을 위한 동력원으로 정의하고 있다. 칩 분석의 결과물은 회사의 전략 추진을 위해 도움이 되어야 한다. 분석이 끝날 무렵이면 팀은 각 공급망별 요구사항이 무엇인지에 대해 합의에 도달해 있어야 한다. 시간이 촉박할 경우, 각 칩에 수치 값을 배정하는 방법이 유용할 수 있다(슈페리어 3점, 어드밴티지 2점, 패리티 1점).

이 분석은 세 번 실시되어야 한다. 첫 번째로 설계 팀이 실시하고, 그 후 거의 즉각적으로 스티어링 팀이 실시하며, 세 번째 분석은 SCOR 프로세스가 전사적으로 파급된 후 각각의 관련 비즈니스 팀이 실시한다. 각각의 경우에 있어 코치는 측정 지표의 카테고리와 정의를 실무진과 함께 검토해야 하며, 단 이때 실제 데이터를 공개해서는 안 된다. 왜냐하면 사람들은 과연 전략적 이점이 얼마나 큰지를 확인하지도 않고 가장 큰 개선을 요하는 곳에 "슈페리어" 칩을 놓는 경향이 있기 때문이다.

Fowlers의 경우, 설계 팀이 칩 분석을 하는 동안 코치가 도움을 제공하였다([그림 5-2]). 팀은 범위 내에 포함되는 것으로 밝혀진 5개 채널(<표 3-5> 참조)을 기본적 출발점으로 가정했을 때 단지 3개 채널만이 진정으로 고유한 요구사항을 가지고 있다고 판정하였다. 또한 Fowlers의 미국 내 소매 시장을 조사한 결과, 제품 그룹과 무관하게 모두가 전체적으로 동일한 성과 요구사항을 가지고 있다는 사실이 밝혀졌다. 그와 마찬가지로, 미국 내 유통시장 및 미국 정부 또한 제품의 유형과 무관하게 유사한 요구사항을 가지고 있었다. 끝으로 미국 내 직판시장과 미국의 OEM/핵심 고객은 유사한 배송, 비용 및 재고 요구사항을 가진 하나의 그룹으로 분류되었다. 이 경우에도 제품간 구분의 필요성이 별로 없는 것으로 나타났다.

칩 분석의 결과는 명확하였다. 미국 내 소매 채널을 차별화하려면 Fowlers는 슈페리어급의 배송 성과를, 그리고 공급망 비용상의 장점 및 유연성과 자산 효율성 면에서 패리티급의 성과를 달성해야 했다.

<표 5-2> Fowlers의 경쟁력 요구사항 요약표

성과의 속성 또는 카테고리	관련된 레벨 1 성과 측정 지표	경쟁력 요구사항 S = 슈페리어 … 공급망 당 1개 카테고리 A = 어드밴티지 … 공급망 당 1개 카테고리 P = 패리티 … 공급망 당 2개 카테고리		
		미국 소매시장	미국 유통업자 시장 미국 정부	미국 대소비자 직판 시장 미국 OEM 핵심 고객
공급망의 배송 신뢰성 정확한 제품을 정확한 장소로 정확한 시간에 정확한 상태와 포장으로 정확한 수량을 정확한 문서와 함께 정확한 고객에게 공급할 수 있는 공급망의 성능	배송 성능 처리율 대체적 라인 품목 처리율을 여기에 기입 완전한 주문 처리 비율	S	P	P
공급망의 대응력 공급망이 제품을 고객에게 공급하는 속도	주문 처리의 리드타임			
공급망의 유연성 시장의 변화에 대응하여 경쟁 우위를 획득 또는 유지할 수 있는 공급망의 민첩성	공급망의 대응 시간	P	P	S
공급망의 유연성 시장의 변화에 대응하여 경쟁 우위를 획득 또는 유지할 수 있는 공급망의 민첩성	생산의 유연성			

공급망 비용 공급망 운영과 관련된 비용	총 공급망 비용 사후 보증 / 반품 처리 비용	A	S	A
공급망 자산 관리의 효율 수요의 충족을 위해 필요한 자산의 관리와 관련된 조직의 효율. 여기에는 고정자산과 유동자산을 포함한 모든 자산의 관리가 포함된다	현금회전 사이클타임 공급품 재고 보유 일수 자금 순환	P	A	P

미국 유통업자 및 정부 시장에서 차별화를 이루려면 Fowlers는 공급망 비용 측면에서 슈페리어급의 성과를, 자산의 효율성 측면에서 어드밴티지급의 성과를, 그리고 배송 성능 및 유연성과 대응력 측면에서 패리티급의 성과를 거두어야 했다.

요구사항이 까다로운 대소비자 직판 및 OEM/핵심 고객 부문에서 차별화를 이루어 내려면 Fowlers는 유연성과 대응력에 있어 슈페리어급의 성과를, 공급망 비용 측면에서 어드밴티지급 성과를, 그리고 배송 성능과 자산 효율성 측면에서 패리티급의 성과를 달성해야 했다.

3. 스티어링 팀의 1차 검토를 위한 준비

최초의 스티어링 팀 검토를 앞두고 고려해야 할 사항은 다음과 같다.

1. 프로젝트 관리자가 프레젠테이션을 총괄하고 준비하는 주무 책임자 역할을 담당해야 한다.
2. 프로젝트 관리자는 핵심 데이터를 책임지고 있는 스티어링 팀의 구성원들과 일대일 논의를 가져야 하며, 필요에 따라 상세 설명을 위해 호출할 수 있다.
3. 스티어링 팀 회의 과정에서 해결되어야 할 모든 루머, 반대 및 기타 문화적 문제에 대해 진솔한 논의가 있어야 한다.
4. 스티어링 팀의 검토에 대비하여 대변인을 선정해야 한다. David 말고도 많은 과제 수행 경험을 가진 설계 팀원에게 발언 기회를 부여할 수 있을 것이다.

스티어링 팀에서 1차 검토를 실시하는 전반적인 목적은 공급망 관련 측정 지표의 정의와 예비 점검 데이터에 대한 검토를 실시하고, 전체 스티어링 팀과 함께 경쟁력 요구사항에 관한 칩 분석을 실시하고, 업종별 예비 비교를 위한 표본 및 벤치마크 데이터에 대한 검토를 실시하고, 스티어링 팀의 2차 검토를 위한 기대 사항을 결정하기 위함이다.

회사의 경리 담당, 영업 및 마케팅 부사장(식품 그룹), 물류 담당 이사 및 고객 서비스 담당 이사가 David와 함께 첫 번째 스티어링 팀 검토에 대비한 준비 작업을 실시하였다. 이들이 수립한 일정 계획은 다음과 같다.

- 프로젝트 로드맵의 현 상태

- 재확인 커뮤니케이션 계획

- 스티어링팀과 함께 칩 분석 실시 설계 팀의 결과에 대한 검토

- 예비 공급망 측정 지표로 사용될 데이터의 검토 Fowlers의 전사적 SCORcard

- 오늘 무엇이 필요한지에 대한 의사결정

- 스티어링 팀의 2차 검토를 위한 기대 사항 결정

제4주 : SCORcard
– 경쟁력 요구사항과 실제 성과 사이의 차이 해소

스티어링 팀 회의의 주요 주제에 대한 보고가 적절히 실시된 후, 설계 팀은 제 4주차의 목표 달성을 위한 작업에 착수하였다. 제 4주차의 목표는 모든 SCORcard를 검토하고, 갭 계산 프로세스를 시작하고, 경쟁력 요구사항과 실제 성과 사이의 갭으로 인한 재무적 영향을 판정하는 작업으로 구성되어 있다.

1. SCORcard의 검토

SCORcard가 완성되려면 각 공급망의 각 측정 지표별 실제 데이터가 수집되어야 하며, 그와 더불어 모든 SCORcard에 대해 적절한 업종별 벤치마크, 경쟁력 요구사항 및 각 측정 지표별로 계산된 갭의 크기가 기입되어야 한다. 세상만사가 완벽하다면 전사적 차원에서부터 각 비즈니스 차원에 이르기까지 또는 전사적 차원에서부터 각 시장 부문에 이르기까지 SCORcard가 깔끔하게 계층화될 수 있을 것이다. 그러나 실제로도 그러하리라고 기대하기는 어려울 것이며, 4주차의 첫째 날 Fowlers의 설계 팀이 느낀 바 또한 그와 같았다. 설계 팀이 작성하기 시작한 3장의 SCORcard(전사, 식품, 기술제품) 각각에 대한 검토 프로세스가 모양을 갖추어 감에 따라, 데이터의 타당성을 확인하고 설계의 방향의 결정하기 위한 현실성 점검의 필요성이 대두되었다. 첫째 날에는 실제 데이터 열과 벤치마크 데이터 열에 관한 작업이 중점적으로 진행되었다.

회사의 경리 담당 및 물류 담당 이사가 주재한 전사적 SCORcard (<표 6-1>)에 대한 회의에서는 3가지 절충 사항이 논의되었다. 첫째, Fowlers의 조직 구조 내에 전사적인 고객 관련 데이터가 존재하지 않았다. 그러나 제품 그룹 차원의 데이터는 찾을 수 있었으며, 이전에 이러한 데이터를 조합한 결과 배송 성과, 라인 품목 처리율 등에 관하여 놀라운 결과가 도출된 바 있었다(제 4장 참조).

두 번째 절충안은 대차대조표 데이터가 회사 차원에서만 존재한다는 사실과 관련이 있었다. 이 정보를 제품 그룹별로 할당하려는 모든 노력은 대대적인 구조변경을 요하는 일이었다. 그 결과 팀은 제품 그룹 SCORcard의 "공급망 자산 관리 효율" 측정 지표를 공란으로 남겨 둘 수밖에 없었다.

셋째는 SCORcard가 제 3주차에 작성된 공급망 경쟁력 성과 요구사항과 동일한 방식으로 구성되어 있지 않았다는 것으로서, 이것이야말로 가장 큰 문제였다. 즉, SCORcard는 비즈니스를 기준으로 구성되어 있었는데, 그 이유는 데이터를 그러한 방식으로밖에는 구할 수 없었기 때문이었다. 한편 공급망 요구사항은 시장/고객 채널을 기준으로 결정되었는데, 그 이유는 팀이 달성하고자 했던 이상적 상태가 바로 그러한 모습이었기 때문이었다. 따라서 경쟁력 요구사항의 내용을 SCORcard로 옮긴다는 것이 참으로 어려운 상황이었다.

예를 들어, 식품 그룹은 식품 서비스, 소매점 및 정부 채널을 통해 제품을 공급하고 있으며, 그 각각의 채널이 요구하는 우선순위가 서로 다르다([그림 5-2]에 요약). 이와 같이 상이한 요구사항을 어떻게 한 장의 식품 그룹 SCORcard에 조화롭게 나타낼 수 있다는 말인가?

<표 6-1> Fowlers의 전사적 SCORcard

	성과의 속성 또는 카테고리	레벨 1 성과 측정 지표	실제	패리티 통계적 표본의 평균치	어드밴티지 패리티와 슈페리어의 중간 값	슈페리어 모집단의 90분위수	패리티 갭 패리티-실제	기회
대외	공급망의 배송 신뢰성	배송 성능		74.7%	85.0%	95.0%		$1,227,500
		라인 품목 처리율		92.0%	95.5%	99.0%		
		완전한 주문 처리		74.0%	81.0%	88.0%		
	공급망의 대응력	주문 처리의 리드타임		10일	6.5일	3일		재고의 가용성 및 배송의 신뢰성
	공급망의 유연성	공급망의 대응 시간		60일	45일	29일		
		제조의 유연성		42일	26일	10.8일		
대내	공급망 비용	제품원가	86%	69%	61%	53%	-17%	$58,600,000
		총 공급망 비용	15.5%	9.5%	6.7%	3.9%	-6%	
		SGA 비용	7%	17%	12%	7%	10%	
		사후보증/반품 처리비용	0.7%	1.5%	1.0%	0.5%	0.8%	$1,250,000
	공급망 자산 관리의 효율	현금회전 사이클타임	197	97.9	63.8	29.7	-99	$18,099,583
		공급품 재고 보유 일수	91	74	48	23	-18	
		자산회전율	1.5	2.5	4.7	7.0	-1.0	
주주	수익성	매출총이익	14%	31%	39%	47%	-17%	$79,177,083
		영업이익	7%	14%	19%	23%	-7%	
		순이익	4%	5%	8%	11%	-2%	
	반품의 효용성	자산수익률	10.7%	11%	15%	20%	-0.4%	

출처: © Copyright 2001 Supply-Chain Council, Inc.

특히 현금회전, 재고 및 자산 회전율 데이터는 전사적 SCORcard에만 포함되어 있는 실정이었다.

이에 대해 코치는 이렇게 말했다. "앞으로도 이러한 장애물은 계속 나타날 수 있습니다. 우리는 항상 완전한 데이터 또는 완벽한 조화 속에서 일할 수 있는 것은 아닙니다. 이제 어떻게 해야 할까요? 집에 돌아가서 숙제를 좀 더 하시겠습니까, 아니면 어느 한 방향을 정하고 밀어 붙이겠습니까?" 팀원들은 인내의 한계에 도달해 있었으며, 수 분간 논의를 진행한 결과 아마도 완벽한 해법을 찾기는 어려울 것이라는 결론을 내릴 수밖에 없었다. 따라서 그들은 소매 채널의 우선순위를 적용하기로 합의하였는데, 그 이유는 해당 운영 단위의 매출에서 소매 채널이 차지하는 비중이 가장 컸기 때문이었다.

영업 및 마케팅 부사장(식품 그룹)이 주재한 식품 그룹의 SCORcard에 대한 논의(<표 6-2>)에서는 4가지의 요점이 요약되었고 2가지 절충 사항이 검토되었다. 첫 번째 교훈으로 제시된 사항은 식품 그룹이 배송 성과 면에서는 탁월한 것으로 알려져 있으나 배송 성과와 주문 측정 지표의 개선에 보다 관심을 기울인다면 경쟁력 우위를 개선 내지 확대할 수 있을 것이라는 점이었다.

두 번째 교훈으로 제시된 사항은 공급망 비용 요인 중 대부분이 매출원가 비용 센터에 기인한다는 점이었다. 이러한 비용의 개별 구성 요소를 업종별 벤치마크와 비교해 보면 비용 절감을 위한 새로운 기회가 발견될 수 있을 것이며, 만일 그와 같이 된다면 이 사업부의 영업이익은 보다 납득할만한 수준으로 확대될 수 있을 것이다.

세 번째 교훈으로 제시된 사항은 식품 비즈니스 팀이 현금 회전의 효율을 개선하기 위해서는 우선적으로 분석을 위한 새로운 정보 처리 도구를 만들어 내는 동시에 새로운 ERP 시스템을보다 효과적으로 활용해야 한다는 것이었다.

네 번째 교훈으로 제시된 사항은 Fowlers, Inc.가 주주들이 기대하는 수준의 성과를 달성하려면 식품 그룹이 업종 평균과 동등한 수준 이상으로 영업이익을 개선해야 한다는 점이었다. 이를 위해서는 슈페리어급의 결과가 달성되어야 했다.

이와 같이 SCORcard 분석은 식품 비즈니스 팀원들이 탁월한 공급망 구축 전략을 구축함으로써 제품의 표시가격이 아닌 고객이 부담하는 총 비용을 통해 경쟁 우위를 확보할 수 있는 길을 열어 주었다.

첫 번째의 절충점은 시장/고객 채널의 성과 요구사항(칩 분석을 통해 결정된 우선순위)을 식품그룹 SCORcard에 어떻게 할당할 것인지에 관한 문제였다. 공급망 정의 매트릭스를 통해 4개의 잠재적 공급망(<표 3-5>)이 식별되었고 이어 확연히 구별되는 3개의 채널([그림 5-2])로 통합되기는 하였으나, 식품 그룹 비즈니스 팀은 소매시장의 SPAP(슈페리어/패리티/어드밴티지/패리티) 우선순위를SCORcard 갭 베이스라인에 적용하기로 합의하였다. 그 이유는 소매시장이 가장 규모가 크고 가장 수익성 높은 부문이었기 때문이다. 공급망 비용은 어느 부문을 막론하고 우선순위가 높은 항목이었으며, 대소비자 직판 시장 및 OEM/핵심 고객의 리드타임 요구사항에 대해서는 패리티 수준을 초과하는 경우 서비스 당 수수료를 청구하는 방식으로 처음부터 설정될 수 있었다.

두 번째 절충점은 전사적 차원에서 발견되었다. 자산관리의 효율성을 통한 경쟁력 증진의 기회는 정보 시스템과 재무제표를 통해 보다 정확한 활동 기반의 정의가 확인될 때까지 회사 전체에 대한 SCORcard를 통해 정의되어야 했다. 한편, 팀은 기회가 얼마나 큰지를 계산하기 위한 목적으로 전체 회사의 현금회전 및 재고 수치의 25%를 사용하기로 하였다.

기술제품 그룹에 관한 논의(<표 6-3>)는 David Able이 그룹의 운영 부사장 자격으로 주관하였으며, 3가지의 교훈이 요약되었고 2가지의 절충점에 대한 필요성이 검토되었다.

첫 번째 교훈의 요지는 이러했다. 몇 가지 제품의 제조를 아웃소싱하기로 한 결정으로 인해 최저 단가를 달성한다는 목표는 이루어졌으나, 대응력 및 유연성 측정 지표가 크게 저하되었고 그로 인해 재고 수준에도 영향이 있었다. 두 번째 교훈으로 제시된 사항은 이 회사가 "함께 비즈니스를 하기에 껄끄러운" 상대라는 고객의 불만사항이 서비스 신뢰성에 대한 새로운 측정 지표를 통해 경험적으로 증명되었다는 점이었다. 세 번째 교훈으로 제시된 사항은 공급망 비용을 통합해 본 결과 자재 조달 비용이 다른 모든 항목의 증가율을 앞서고 있다는 사실이 명확히 밝혀졌다는 점이었다. 한편, 자재비용에 포함되어 계산되는 것이 보통인 대내적 운송비용은 모든 사람이 알아 볼 수 있도록 별도로 분리하기로 하였다. 마지막 교훈으로 제시된 사항은 식품 그룹에 관한 교훈 중 하나와 유사하였다. 즉, 공급망 비용을 개선하고 운영자본의 활용도를 높이고 새로운 ERP 시스템을보다 효과적으로 활용한다면 영업이익이 극적으로 개선될 것이라는 점이 제시되었다.

식품 그룹과 마찬가지로 기술제품 그룹의 첫 번째 절충 요구사항은 시장/고객 채널의 성과 요구사항을 기술제품 SCORcard에 어떻게 할당할 것인지에 관한 문제였다. 기술제품 비즈니스 팀은 대소비자 직판 및 OEM/핵심 고객의 슈페리어/패리티/어드밴티지/패리티 우선순위를 SCORcard의 갭 베이스라인에 적용하기로 하였다. 두 번째 절충점은 자산 효율성 측면의 경쟁력 증진 기회가 정보 시스템 및 재무제표에 기초하여 전사적 차원에서 정의되어야 한다는 것이었다. 한편 기회의 갭을 계산함에 있어 David는 전체 회사의 현금회전 및 재고 가액의 45%라는 수치를 사용하였다. 이러한 제반 과정이 모두 완료되기까지는 하루가 꼬박 소요되었다.

2. 갭 분석

제 2일의 일정은 SCORcard의 갭 분석을 완료하기 위한 작업을 중심으로 진행되었다. 첫 번째 단계는 각 측정 지표별로 수학적 기회를 계산하는 일이었다. 이 작업은 패리티 갭과 경쟁력 요구사항 갭을 계산한 후, 각 측정 지표별로 해당 카테고리의 경쟁력 요구사항을 통해 결정된 벤치마크 수치에서 실제 성과를 차감하는 방식으로 진행되었다.

갭 분석 결과 음수가 나타났다는 것은 실제 성과가 벤치마크에 미치지 못했다는 의미이다(예를 들어, 실제 배송 성과인 78%와 경쟁력 요구사항인 92% 사이의 갭은 14%이다). 다음 단계는 각각의 갭 수치를 수익 잠재력으로 변환하는 과정이다. 가장 흔히 사용되는 측정 지표는 영업이익이다.

내부 측정 지표의 경우에는 계산 방법이 명료하지만 고객 관련 지표의 경우에는 주관이 개재될 수 있다. 설계 팀과 비즈니스 팀은 배송 성과, 대응력 및 유연성이 영업이익에 미치는 예상 효과를 기본적으로 어떻게 계산할 것인지에 대해 합의를 도출해야만 한다. 이 부분은 과학이라기보다는 기술에 가깝다고 보아야 하나, 그럼에도 몇 가지 통용되는 방법론이 존재한다.

- 상실된 기회의 측정치. 제품이 미처 준비되지 않은 관계로 주문 입력 이전에 상실된 매출액을 계산한다.

- 취소된 주문의 측정치. 부실한 배송 성과로 인해 주문이 취소되고 그로 인해 주문 입력 이후에 상실된 매출액을 계산한다.

- 시장점유율 측정치. 고객과 관련된 측정 지표 측면에서 경쟁 우위를 달성함으로 인해 유발되는 매출액의 증가분을 추정한다.

모든 접근 방법이 각각 장단점을 가지고 있기 때문에 사용된 가정과 재무적 분석의 세부 사항을 빠짐없이 기록하고 아울러 예비적 수치의 검증과 관련하여 도움을 받을 수 있는 스티어링 팀 또는 비즈니스 팀의 구성원을 파악하는 것이 중요하다.

Fowlers의 경우, 설계 팀이 갭 분석을 자체적으로 실시하기로 하였으며, 영업이익 추정치를 사용하여 모든 기회를 현금 가치로 환산하기로 하였다. 이러한 과정을 통해 SCORcard의 "기회" 열에 수치가 기입되고 또한 합산될 수 있을 것이다. 팀이 내린 또 다른 결정 사항으로는 다음과 같은 것들이 있다.

- 모든 배송의 신뢰성 측정 지표를 그룹화하되, 이때 "상실된 기회" 및 "취소된 주문" 계산 방식을 사용한다. 상세한 계산을 위해서는 매출액 증가분의 추정치에 매출총이익율을 곱한 값을 계산해야 했으며, 이러한 방법으로 영업이익 증진 기회를 산출할 수 있었다.
- 공급망의 대응력 및 유연성 카테고리에 속하는 기회를 활용함으로써 신뢰성 및 현금회전 관련성과를 개선한다.
- 공급망 비용 카테고리를 그룹화하고, 총 공급망 비용과 사후 보증/반품 처리 비용 측정 지표를 기초로 기회를 계산한다.
- 현금회전 측정 지표를 기초로 공급망 자산 관리의 효율을 계산한다. 이 데이터는 전사적 차원에서만 존재하기 때문에, 먼저 전사적인 운영자본과 자본비용을 곱하고 이렇게 산출된 값을 각 제품 그룹별로 총 매출의 비율과 곱하는 방법을 사용하여 값을 계산한다.
- 수익성 관련 난의 수치를 SCORcard 상의 총 영업이익 증가액으로 사용한다.

식품 및 기술제품 그룹의 갭 분석에 사용된 가정은 다음과 같다(<표6-2> 및 <표6-3>).

- 식품의 배송 신뢰성 계산을 위해 14%의 매출총이익률을 적용할 경우, 주문 접수 지점에서 제품의 가용성을 높임으로써 매출이 1% 증가하는 것으로 가정하였다. 그 1%는 상실되거나 취소된 주문에 관한 분석에 기초한 수치로서, 고객 서비스 부서에서 1주일에 걸쳐 계산해 낸 결과였다.

- 기술제품 그룹 또한 동일한 분석 방법을 사용하였으며, 13%의 매출총이익률을 적용할 때 매출이 1.5% 증가하는 것으로 가정하였다.

- 총 공급망 비용은 자재 조달, 주문 관리, MIS 비용, 계획 수립, 재무 및 관리, 그리고 재고 보유 비용에 할당된 비용 센터에 기초하여 계산되었다. 재고 보유 비용 및 사후보증/반품 처리 비용은 이중 계산을 피하기 위해 기회 열에서 삭제되었다.

- 사후보증/반품 처리 비용은 반품거래, 창고 보관 및 운송에 소요되는 비용 센터에 기초하여 계산되었다.

<표 6-2> 경쟁력 요구사항이 기입된 Fowlers의 식품 SCORcard

성과의 속성 또는 카테고리		레벨 1 성과 측정 지표	실제	패리티 통계적 표본의 평균치	어드밴티지 패리티와 슈페리어의 중간 값	슈페리어 모집단의 90분위수	유사기업대비 성과차 패리티−실제	목표기업대비 성과차	기회
대외	공급망의 배송 신뢰성	배송 성능	68.4%	74.7%	85.0%	95.0%	−6.3%	−26.6%	$350,000
		라인 품목 처리율	91.0%	92.0%	95.5%	99.0%	−1.0%	−8.0%	
		완전한 주문 처리	35.0%	74.0%	81.0%	88.0%	−39.0%	−53.0%	
	공급망의 대응력	주문 처리의 리드타임	5일	10일	6.5일	3일	5일	5일	재고의 가용성 및 배송의 신뢰성
	공급망의 유연성	공급망의 대응 시간	90일	60일	45일	29일	−30일	−30일	
		제조의 유연성	61일	42일	26일	10.8일	−19일	−19일	
대내	공급망 비용	제품원가	86%	69%	61%	53%	−17%	−25%	$25,750,000
		총 공급망 비용	17.0%	9.5%	6.7%	3.9%	−7.5%	−10.3%	
		SGA 비용	7%	17%	12%	7%	10%	5%	
		사후보증/반품 처리비용	1.5%	1.5%	1.0%	0.5%	0.0%	−0.5%	$1,250,000
	공급망 자산 관리의 효율	현금회전 사이클타임*	197	97.9	63.8	29.7	−99.1	−99.1	$6,464,137
		공급품 재고 보유 일수*	91	74	48	23	−17.4	−17.4	
		자산회전율* 전사적 데이터 * 0.25	1.5	2.5	4.7	7.0	−1.0	1.0	
주주	수익성	매출총이익	14%	31%	39%	47%	−17%	−8%	$33,814,137
		영업이익	7%	14%	19%	23%	−7%	−5%	
		순이익							
	반품의 효용성	자산수익률							

* 외상매출금 및 재고 가액의 전사적 총계를 할당하기 위한 비율

<표 6-3> Fowlers의 기술제품 SCORcard

성과의 속성 또는 카테고리		레벨 1 성과 측정 지표	실제	패리티 통계적 표본의 평균치	어드밴티지 패리티와 슈페리어의 중간 값	슈페리어 모집단의 90분위수	유사기업대비 성과차 패리티−실제	목표기업대 비성과차	기회
대외	공급망의 배송 신뢰성	배송 성능	10%	74.7%	85.0%	95.0%	−64.7%	−64.7%	$877,500
		라인 품목 처리율	85.0%	92.0%	95.5%	99.0%	−7.0%	−7.0%	
		완전한 주문 처리	1.0%	74.0%	81.0%	88.0%	−73.0%	−73.0%	
	공급망의 대응력	주문 처리의 리드타임	8일	10일	6.5일	3일	2일	−5일	재고의 가용성 및 배송의 신뢰성
	공급망의 유연성	공급망의 대응 시간	110일	60일	45일	29일	−50일	−81일	
		제조의 유연성	58일	42일	26일	10.8일	−16일	−47.2일	
대내	공급망 비용	제품원가	87%	69%	61%	53%	−18%	−26%	$32,850,000
		총 공급망 비용	14%	9.5%	6.7%	3.9%	−4.5%	−7.3%	
		SGA 비용	7%	17%	12%	7%	10.1%	5.1%	
		사후보증/반품 처리비용	0.7%	1.5%	1.0%	0.5%	0.8%	0.3%	$0
	공급망 자산 관리의 효율	현금회전 사이클타임*	197	97.9	63.8	29.7	−99.1	−99.1	$11,635,446
		공급품 재고 보유 일수*	91	74	48	23	−17.4	−17.4	
		자산회전율* 전사적 데이터 * 0.45	1.5	2.5	4.7	7.0	1.0	1.0	
주주	수익성	매출총이익	13%	31%	39%	47%	−18%		$45,362,946
		영업이익	6%	14%	19%	23%	−8%		
		순이익							
	반품의 효용성	자산수익률							

* 외상매출금 및 재고 가액의 전사적 총계를 할당하기 위한 비율

전사적으로 운영 자본이 5억 1천 4백만 달러이고 자본비용이 10%에 달하는 Fowlers가 기대할 수 있는 잠재적인 경제적 이익의 크기는 5천 1백 40만 달러로 계산되었다. 그리고 각 부문이 총 매출액에 기여하는 비중에 기초하여 이 수치 중 25%는 식품 그룹에, 그리고 45%는 기술제품 그룹에 할당되었다.

다음 주차의 작업을 위해 팀에 배정된 숙제는 계산된 수치 및 그러한 수치의 기초가 되는 상세한 가정(이 부분이 더욱 중요)에 대한 검증을 도와 줄 스티어링 팀원과 확장 팀원을 물색하는 일이었다. 그리고 스티어링 팀이 제 2차 검토를 실시할 수 있도록 공급망의 개선을 위한 합리적인 비즈니스 케이스를 취합 분석하는 작업이 두 번째 숙제로 제시되었다.

3단계

자재 흐름의 설계

제5주 : 자재 흐름의 현 상태 조사 및 스티어링 팀의 2차 검토
- 분석단계에서 실행 단계로

제 5주는 SCOR 프로젝트의 정보 수집 및 분석 단계가 종료되고 제 3단계인 공급망 설계가 시작되는 분기점이라 할 수 있다. 구체적으로 설계 팀은 현재의 자재 흐름을 분석하여 물류의 유형을 판정하는 작업을 시작하게 된다. 이 단계는 보통 프로젝트에 있어 가장 재미있는 부분이며 또한 가장 큰 개선의 잠재성이 내재되어 있는 과정이다. 이번 주의 목표는 SCORcard 갭 분석을 포함하여 공급망과 관련된 제반 기회를 요약하는 작업을 완료하고 현재의 자재 흐름을 파악하는 작업을 시작하는 것이다. 여기에는 SCOR 레벨 2 분류 체계(원자재, 재공품, 완제품 또는 반송품, 그리고 재고생산 품목, 주문설계 품목 및 주문생산 품목)에 대한 학습 과정이 포함되어 있다. 또 다른 목표는 자재의 흐름에 대한 보다 상세한 관점을 수립하는 것이다. 마지막으로 스티어링 팀의 두 번째 검토에 대비한 준비를 해야 한다.

1. 갭 분석 결과의 검증 및 스티어링 팀의 두 번째 검토에 대비한 준비

제 1일의 첫 번째 일정에 따라 각 분임 팀에게 SCORcard 갭 분석 결과를 검토 및 검증하는 작업이 배정되며, 여기에는 가정의 수정, 계산 및 검증을 위한 자원의 탐색 등이 포함된다. 전체 설계 팀은 각 측정 지표의 가치 및 SCORcard 상에 계산된 전체 기회에 대해 합의가 이루어질 때까지 충분한 질문을 제기해야 한다.

두 번째 일정은 스티어링 팀의 2차 검토시 프레젠테이션을 담당할 설계 팀원을 선정하는 작업이다. 세 번째, 즉 마지막 일정은 스티어링 팀의 검토에 앞서 예행연습을 실시하는 과정으로 짜여져 있다.

SCORcard 갭 분석은 비즈니스 컨텍스트 요약표 및 프로젝트 헌장(부록 A와 B)과 더불어 전체적인 비즈니스 케이스를 구성하게 되며, 이는 공급망 개선을 위한 전략적 활동이 지속적으로 전개될 수 있는 바탕이 된다.

스티어링 팀의 검토 대상으로는 다음과 같은 사항들이 있다.

- 프로젝트 로드맵의 상태
- 공급망별로 종합적인 경쟁력 요구사항을 검토
- 회사 전체 및 제품 그룹의 SCORcard에 대한 검토 (<표 6-1>,<표 6-3>)
- 갭 분석 및 기회 요약 결과 검토
- 스티어링 팀의 3차 검토를 위한 기대 사항 정리

Fowlers의 경우, 스티어링 팀의 검토에 대비하여 준비를 하는 과정에서 수치나 가정을 검증한 결과 크게 변경해야 할 부분은 없는 것으로 밝혀졌다. 그러나 이 과정에서 변화 관리를 위한 몇 가지 단계가 필요하다는 사실이 밝혀졌다. 분임 팀에서 각각의 SCORcard 및 핵심 검증 자원에 대해 세심하게 자원 계획을 수립한 결과, 이 단계를 위해 소요되는 시간을 사전적으로 관리할 수 있었다.

(1) 변화의 관리 : 거부에 대한 대처

설계 팀이 첫 번째 단계의 작업 결과를 조직 전체에 통지했을 때 사람들이 어떠한 반응을 보일 것인지를 가히 짐작할 수 있을 것이다. 수치가 잘못되었다, 현 상태가 그렇게 나쁠 턱이 없다 등등…

기술제품 및 식품 비즈니스 팀 앞으로 SCORcard 갭 분석의 결과를 통보하자 예측했던 대로 숫자에 대한 의문이 제기되기 시작하였다. 이러한 상황은 거의 모든 프로젝트에서 발생한다. 따라서 각 제품 그룹의 비즈니스 리더가 프레젠테이션을 통해 데이터를 설명하고 검증 자료를 준비하는 것이 중요하다. 이렇게 함으로써 숫자가 실제로 정확하다는 믿음을 심어 줄 수 있고 문제의 본질에 신속히 다가갈 수 있다.

(2) 변화의 관리 : 책임 전가

두 번째 단계에서 나타나는 반응은 책임의 전가이다. 결과에 대해 책임을 인정하기보다는 타인의 책임으로 돌리려 하는 것은 인지상정이다. 갭 분석에 대한 개인적 관점을 공유하고 경쟁력 측면을 사실적으로 검토하는 것이 가능하도록 설계 팀원을 배치한다면 비즈니스 단위 리더들이 이 단계를 신속히 수행하고 편리한 만능 도피처인 "하지만 우리는 다르다"라는 변명을 넘어서는데 있어 도움이 될 것이다.

(3) 변화의 관리 : 수치의 기정사실화

세 번째 반응은 분석 결과에 대한 인정과 실제적인 문제 해결 사이의 경계를 흐리는 행동이다. 기회를 인정하는 것만으로는 아무런 개선도 이루어질 수 없다. 이 시점이면 비즈니스 팀은 벤치마크 및 경쟁력 요구사항에 대한 이해를 바탕으로 공급망 개선의 가치에 흥미를 갖게 되며, 수치상으로는 개선이 신속히 진행될 수 있다. 그러나 회사의 예측치에 절감액을 포함시키고 전사적으로 공표하기에는 아직 시기가 너무 이르다. 변화의 진정한 가치는 다음 단계부터 나타날 것이다.

제 2단계를 마무리하면서 Fowlers의 프로젝트 팀은 몇 가지 중요한 성과를 달성하였다. 첫째, SCORcard 분석 및 검증 활동의 주된 목적이 산출물을 완성하여 보고하기 위한 것이 아니라 변화를 관리하기 위함이라는 사실을 알게 되었다. 둘째, 설계 팀으로부터 검증 자원에게로 지식이 성공적으로 이전되었다.

2. 3단계의시작 : 자재 흐름의 설계

프로젝트의 세 번째 단계에서는 공급망 설계에 관한 내용을 주로 다루게 된다. 달리 말하면 SCORcard상에 계산된 측정치의 갭을 메우기 위해 필요한 조직, 프로세스, 인력 및 기술상의 변화를 파악하기 위한 작업이라 할 수 있다. 설계 작업은 2단계 과정으로 진행된다.

첫째, 설계 팀은 물리적인 자재의 흐름을 중점 분석할 것이다. 일차적인 산출물로는 현재의 자재 흐름, 연결이 단절된 부분 및 전체적인 기회에 대한 분석, 자재 흐름 전략 및 적절한 모범사례, 그리고 목표 자재 흐름이 있다.

둘째, 팀은 목표에 부합하는 제반 방법론을 찾아 내고 작업 및 정보의 흐름과 관련된 프로세스와 시스템을 조사할 것이다. 주된 산출물로는 작업 및 정보 흐름의 현 상태, 간접부문에 대한 분석, 목표하는 작업 및 정보의 흐름, 그리고 생산성에 미치는 영향의 요약 등을 들 수 있다.

설계 단계가 완료될 무렵이면 프로젝트 팀은 자재, 작업 및 정보의 흐름을 통합하고 그 가치를 평가하고 변화의 우선순위를 정하게 된다. 이 과정 중에는 프로젝트 헌장에도 표시되어 있듯이(부록 B) 12주에 걸쳐 진행되는 24가지의 설계 과정이 포함되어 있다. 주요 참여자로는 임원 후원자, 프로젝트 관리자, 설계 팀, 그리고 운송, 데이터 및 프로세스 단계에 대한 점검을 담당할 확장 팀원들이 있다.

프로젝트 헌장에도 기록되어 있듯이 스티어링 팀 평가의 기초가 될 마일스톤으로 다음과 같은 7가지가 제시되어 있다: 1) 현재의 자재 흐름 및 연결이 단절된 프로세스, 2) 자재 흐름의 단절, 3) 예비적 기회, 4) 목표 자재 흐름 권고안, 5) 간접부문의 작업 및 정보 흐름에 대한 분석, 6) 비즈니스의 청사진으로 사용될 작업 및 정보 흐름의 베이스라인, 7) 작업 및 정보 흐름의 개선을 통한 생산성 증진 기회.

이러한 설계 작업은 공급망 개선을 위한 프로젝트 포트폴리오의 기초로 활용될 수 있으며, 6개월 이내에 추가 비용 없이 투자 수익을 증진시켜 주고 1년 후에는 2-6배 수익 증대 효과를 가져다 줄 수 있다. 이러한 프로젝트 포트폴리오(제 19장에서 상세히 논의)에 포함된 제반 작업은 24 내지 36개월에 걸쳐 진행된다.

3. 자재 흐름의 현 상태에 대한 조사

이번 주의 2일차 일정은 SCOR 레벨 2 프로세스에 대한 학습 및 자재 흐름의 현 상태를 매핑하는 작업으로 구성되어 있다. 설계 팀은 1) 적절한 세부 수준을 결정하고, 2) 지리적 맵을 작성하는 동시에 SCOR 레벨 2 프로세스 유형을 사용하여 각 물리적 현장의 특성을 규정하고, 3) 자재 흐름 효율 스프레드시트를 작성한다는 3가지 과제를 처리해야 한다.

4. SCOR 레벨 2 프로세스 유형에 대한 설명

SCOR 모델 버전 5.0은 5개의 레벨 1 프로세스 카테고리(계획, 조달, 제조, 배송 및 반품)를 12개의 공급망 실행 프로세스 유형 및 5개의 계획 프로세스 유형으로 구분한다([그림 7-1] 참조).

레벨 2 요인은 물품의 유형 및 자재를 한 곳에서 다른 곳으로 이송하기 위한 후속 프로세스와 관련되어 있다.

(1) 조달

레벨 2 프로세스 유형 중 조달(재고상품의 조달(S1), 주문생산품의 조달(S2) 및 주문설계품의 조달(S3))은 회사가 어떻게 원자재와 완제품을 구매하는지와 관련된 특성을 규정해 준다. 조달 프로세스 유형을 결정하는 주요 요인으로는 계획, 제조 및 배송 프로세스로부터 유발되는 제반사건, 그리고 구매 주문이 발주될 당시 공급자의 수중에 있는 자재의 상태를 들 수 있다.

S1(재고상품의 보유)은 일반적으로 계획, 제조 및 배송 기능으로부터 제기되는 예측 요구사항에 의해 촉발되며, 공급자는 구매 주문이 있기 전에 완제품의 형태로 상품을 보유하게 된다. S2(주문생산)는 보통 특정 고객의 주문에 포함된 제조 또는 배송 관련 요구사항에 의해 촉발되며, 공급자는 구매 주문에 대응하여 원자재 또는 반제품을 완성품으로 변환시킨다. S3(주문설계)은 특정 고객의 주문 및 제조 또는 배송 기능으로부터의 제공되는 설계 규격에 의해 촉발되는 경우가 가장 흔하다. 이러한 경우 구매 주문이 접수되기 전에 자격을 갖춘 공급자가 파악되어 있어야 하고, 구매 주문 수량은 특정한 고객 주문에 따라 달라지며, 보통 단 한 번만 실행된다는 특징이 있다.

흔히 특정한 원자재 또는 완제품의 공급 방식은 제품의 수명주기가 진행됨에 따라 이러한 각각의 프로세스 유형을 거쳐 진화한다. 또한 어느 특정 현장에서 한 가지, 두 가지 또는 세 가지의 조달 프로세스 유형을 모두 사용하는 경우도 흔히 볼 수 있다.

[그림 7-1] SCOR 레벨 2 프로세스 유형

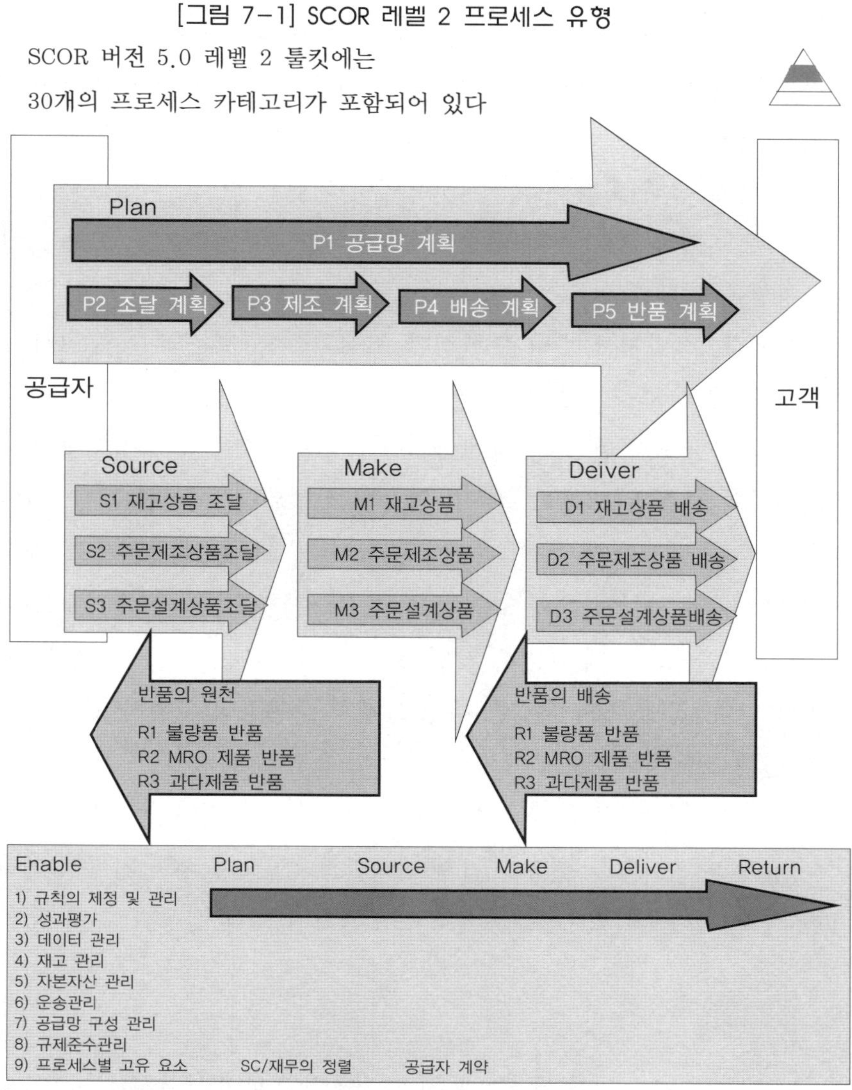

출처 : © Copyright 2001 Supply-Chain Council, Inc.

(2) 제조

레벨 2 프로세스 유형 중 제조(재고생산 품목(M1), 주문생산 품목(M2) 및 주문설계 품목(M3))는 회사가 어떻게 원자재(RM)를 재공품(WIP)으로 그리고 완제품(FG) 상태로 변환하는지를 규정해 준다. 변환 과정은 일반적으로 제조 현장에서 진행되나, 창고에서 진행되는 경우도 있다. 제조 프로세스 유형을 결정하는 핵심 요인은 계획 또는 배송 단계의 제반 사건이라 할 수 있으며, 고객의 주문이 접수되는 시점의 자재 상태 또한 주요 결정 요인이 된다.

M1은 일반적으로 계획 기능으로부터 제기되는 예측 또는 보충 요구사항에 의해 촉발된다. 변환 프로세스는 고객의 주문이 있기 전에 실행된다. 작업지시 수량은 특정한 고객의 주문 수량과는 무관하며, 흔히 경제적 보충 주문량과 연관되어 있다. M2는 일반적으로 배송 기능의 관할 사항인 특정 고객의 주문에 의해 촉발된다. 원자재 또는 반제품의 변환은 고객의 주문이 있을시 실행된다. 이러한 경우, 작업 지시 수량은 고객의 주문 수량과 동일하다. M3은 일반적으로 배송 기능의 관할 사항인 특정 고객의 주문 요구사항 및 설계 규격에 의해 촉발된다. 제조 설계 규격은 작업 지시가 전달되기 전에 완성되어 있어야 한다. 작업 지시 수량은 특정 고객의 주문량와 무관하며, 보통 1회 실행으로 종료된다.

원자재의 경우, WIP 품목은 제품의 수명주기가 진행됨에 따라 이러한 각각의 프로세스 유형을 거쳐 진화할 수 있으며, 하나의 현장에서 한 가지, 두 가지 또는 모든 제조 프로세스 유형을 사용할 수도 있다.

(3) 배송

레벨 2 프로세스 유형 중 배송(재고생산 품목의 배송(D1), 주문생산 품목의 배송(D2) 및 주문설계 품목의 배송(D3))은 회사가 고객의 주문에 대응하여 어떻게 완제품을 처리하는지를 규정해 준다. 배송 프로세스는 흔히 창고 현장에서 진행되나, 제조업자 또는 공급자가 직접 배송하는 경우에도 적용될 수 있다. 배송 프로세스 유형을 결정하는 핵심 요인은 계획 단계 또는 고객으로부터 유발되는 사건이며, 고객의 주문이 접수된 시점의 자재 상태 또한 중요한 요인이 된다.

D1은 일반적으로 고객의 주문이 있기 전에 계획 단계에서 미리 제품을 Enable하는 방식으로 완제품을 보유하기 위한 재고량 예측 활동에 의해 촉발된다. 재고의 수량은 특정 고객의 주문 수량과 무관하다. D2는 일반적으로 완제품과 관련된 특정 고객의 주문 요구사항에 의해 촉발되며, 이러한 경우 변환, 조립 또는 구성 작업에 관한 계획은 고객의 주문이 접수된 이후 실시된다. 매출 주문 수량은 고객 주문 수량과 동일하다. D3은 특정한 고객의 주문 요구사항 및 설계 또는 제조 규격에 의해 촉발되며, 이러한 규격은 판매 주문이 있기 전에 정립되어 있어야 한다. 판매 주문 수량은 고객의 주문 수량과 동일하며, 보통 1회 실행으로 종료된다. 완제품 품목은 제품의 수명주기가 진행됨에 따라 이러한 각각의 프로세스 유형을 거쳐 진화할 수 있으며, 하나의 현장에서 한 가지, 두 가지 또는 모든 제조 프로세스 유형을 사용할 수도 있다.

(4) 반품

레벨 2 프로세스 유형 중 반품(불량 제품의 반품(R1), 정비, 수리 및 총점검 정비를 위한 제품의 반품(MRO)(R2) 및 과다 제품의 반품(R3)은 회사가 고객의 반품 승인에 대응하여 자사의 완제품을 어떻게 반송하는지를 규정해 준다. 반품 프로세스는 흔히 창고 현장에서 진행되나, 제조업자 또는 공급자가 직접 배송하는 경우에도 적용될 수 있다.

반품 프로세스의 유형은 고객으로부터의 반품(DRx) 및 공급자에 대한 반품(SRx)이라는 2가지 관점에 따라 구분될 수 있다. 반품 프로세스를 결정하는 핵심 요인으로는 계획 과정에서 고객으로부터 제기되는 사건 및 고객의 주문이 접수된 시점의 자재 상태를 들 수 있다.

R1은 고객이 제기하는 사후보증 요청에 의해 소규모로 촉발되기도 하고, 계획 반품 조치의 일환으로서 내부적으로 유발되는 제품 리콜에 의해 대규모로 촉발되기도 한다. R2는 계획된 반품 일정에 규정된 계획정비 관련 사건에 의해 촉발되거나 아니면 설계, 정비 또는 기타 기술 관련 자원에 의해 유발되는 비계획적 정비 사건에 의해 촉발된다. R3은 특정 고객과의 계약에 기초한 계획 재고 반품에 의해 촉발되거나 또는 진열 공간의 확보를 위한 카테고리별 관리 데이터에 기초한 비계획적 재고 반품 조치에 의해 촉발된다.

(5) 계획

공급망 계획(P1)은 실제 수요 데이터를 수집하고 주어진 공급망 여건 하에서 공급 계획을 생성하는 프로세스이다. 이는 공급망 프로젝트 범위 매트릭스에 정의된 바와 같다(<표 3-5> 참조). 기본적 단계에 필요한 사항은 다음과 같다.

- 단위별 예측 및 마케팅 및 판매 이벤트를 위한 조정
- 재고, 생산 용량, 운송 등과 같은 자원의 가용성에 기초하여 예측에 대한 제한요소로 작용하는 공급 계획
- 수요/공급의 예외적 상황이 해결되고 시스템 상에서 업데이트되도록 하기 위한 균형 조정 조치

이러한 계획 프로세스 유형은 판매의 모범사례 및 운영 계획과 가장 밀접히 연관되어 있다.

　자원 계획(P2)은 총 자재 요구사항을 위에서 생성된 P1 제한부 예측치와 비교한 후, P3에 기초하여 자재 요구사항 계획을 수립함으로써 납품가 및 재고 목표가 충족되도록 하기 위한 프로세스이다. 이 과정은 구매자가 현재의 주문, 재고 및 미래의 요구사항에 기초하여 얼마나 많은 제품을 구입해야 할지를 알려 주는 자재 불출 일정으로 변환된다. 이 작업은 자재명세서상의 품목에 기초하여 실시되며 공급자 또는 기초상품 유형별로 통합될 수 있다. 계획 프로세스의 유형은 자재 요구사항 계획의 모범사례와 가장 깊은 관련성을 가지고 있다.

　제조 계획(P3)은 실제 생산 지시와 P4로부터의 보충 주문을 더한 수치를 앞에서 도출된 P1 제한부 예측치와 비교한 후, 서비스, 비용 및 재고 목표를 달성하기 위한 마스터 생산 일정 계획을 수립하는 프로세스이다. 이 계획은 품목별로 얼마나 많은 제품이 필요한지를 구매(또는 기초상품) 관리자에게 알려 주는 자재 요구사항(P2) 및 전 제품별로 얼마나 많은 수량이 배송일 까지 생산되어야 하는지를 공장의 일정 계획 담당자에게 알려 주는 마스터 생산 일정으로 변환된다. 제조 계획은 각 공장 단위별로 수립되며 지역별로 또는 기타의 지역 유형별로 통합될 수 있다. 이러한 계획 프로세스 유형은 마스터 생산 일정의 모범사례와 가장 밀접히 연관되어 있다.

　배송 계획(P4)은 실제 발주된 주문을 앞에서 도출된 P1 제한부 예측치와 비교한 후, 서비스, 비용 및 재고 목표의 충족을 위한 유통 자원 계획을 수립하는 프로세스이다. 이 계획은 일반적으로 얼마나 많은 제품을 계획해야 하는지를 공장 관리자에게 알려 주는 보충 요구사항(P3)으로 변환되는 동시에 주문에 대비하여 준비해야 하는 재고의 수량을 알 수 있도록 해 준다. P4는 각 창고의 보관 장소별로 수립되며, 지역별로 또는 기타의 지역 유형별로 통합될 수 있다. 이러한 계획 프로세스 유형은 유통 요구사항 계획의 모범사례와 가장 밀접히 연관되어 있다.

반품 계획(P5)은 계획된 반품 수량을 합산한 후, 서비스, 비용 및 재고 목표의 충족을 위한 반품 자원 계획을 생성하는 프로세스이다. 이 계획은 일반적으로 계획된 반품 수량 및 알려진 미계획 반송품의 유형, 수량 및 일정을 제조, 정비 및 물류 팀에게 알려 주는 반품 요구사항으로 변환된다. P5는 각 창고 및 정비 반품 장소별로 수립되며 지역별로 또는 기타의 지역 유형별로 통합될 수 있다.

(6) 세부 수준

자재 흐름 분석의 첫 번째 작업은 어느 정도 수준의 세부 수준을 가지고 매핑을 해야 비효율을 발견해 내기에 적당한지를 결정하는 것이다. 올바른 수준을 결정하기 위한 몇 가지 기준을 제시하면 다음과 같다.

현 상태를 매핑할 때에는 공급망 정의 매트릭스(<표 3-4>)의 행 또는 제품을 기준으로 자재의 흐름을 매핑하는 것이 손쉬울 때가 많으며, 열 또는 고객을 기준으로 하는 방법은 적절하지 못하다. 그 이유는 물리적 장소, 원자재 및 주요 공급자가 열보다는 행을 기준으로 그룹화되어 있는 경우가 많기 때문이다.

둘째, SCORcard 데이터는 맵에 계층화되어 표시되어야 한다. 이 주제에 대한 내용은 자재 흐름 효율 요약 단원에서 보다 자세히 설명될 것이다(제 7장 및 8장).

세 번째 요인은 매핑 프로세스의 효율이라는 측면에서 가장 중요한 요소라 할 수 있는 매핑될 제품의 수준이다. SKU 차원에서 자재의 흐름을 매핑할 경우 제품 계열 차원에서 흐름을 매핑하는 방식에 비해 작업량이 크게 늘어나게 되며, 또한 제품 라인이나 그룹 차원에서 매핑하는 것에 비하면 훨씬 더 많은 작업을 필요로 하게 된다. 어느 정도의 수준이 적당할 것인가? 서비스 수준, 운송 비용, 리드타임(사이클타임)

및 재고 보유 일수와 관련된 전술적 및 전략적 비효율을 지적해 낼 수 있
는 가장 높은 수준을 사용하는 것이 올바른 방법이다.

✈ Fowlers Inc.의 현재 상태 매핑

Fowlers의 설계 팀은 식품 자재의 흐름에 내재된 비효율을 나타내기 위해
서는 두 개의 맵이 필요하다고 판단하였다. 첫 번째 맵은 상품별 주요 식품
공급자(신선농산물, 포장식품, 가공식품의 계약 제조업체), 제조 지역(아이오
와주 Des Moines, 위스콘신주 Madison, 미네소타주 Minneapolis) 및 제품
계열별로 매핑된 회사의 유통 지역(오레곤주 Portland, 조지아주 Atlanta, 펜
실베니아주 Harrisburg, 뉴멕시코주 Santa Fe)으로 구성되어 있었다.

두 번째 맵의 경우, 첫 번째 층에는 Fowlers의 유통 지역이 표시되었고,
두 번째 층에는 식품 고객 채널 판매 데이터(소매, 유통, 대소비자 직판 및
정부)를 지역별로 분류 표시되었다.

또한 설계 팀은 기술제품 그룹에 대해서도 두 개의 맵을 작성하였다. 첫
번째 맵에는 상품 유형별 핵심 공급자(수지, 포장, 광학 매체와 컴퓨터 하드
웨어를 공급하는 계약 생산업자), 제품 계열별(CD-ROM 복제, 주문처리 및
생명주기 관리)로 매핑된 제조 지역(캘리포니아주 San Jose, 일리노이즈주
Chicago, 미네소타주 Saint Paul, 테네시주 Memphis) 및 제품 계열별(광학
드라이브 및 광학 매체)로 매핑된 유통 지역이 표시되어 있었다. 기술 제품의
지역별 요약 상황은 [그림 7-2]에 제시되어 있다.

두 번째 맵의 경우에는 첫 번째 층에 Fowlers의 유통 지역이 포함되었고
두 번째 층에는 고객 채널 판매 데이터(소매 및 OEM/핵심 고객)가 지역별로
분류 표시되어 있었다.

5. 지리적 맵

세부도 수준이 정의되면 맵의 작성을 시작할 수 있다. SCORcard
작성 프로세스(제 5장)에서와 마찬가지로 설계 팀은 적절한 분임조로
분할되었으며, 경험, 변화관리를 통해 얻을 수 있는 가치의 제품 그룹

별 비중 및 맵의 완성을 위해 필요한 작업량 안분 원칙에 따라 분임 팀을 구성하였다. 물리적 지역이 먼저 맵에 표시되고 이어 제품 계열별 지역간 이동 경로가 표시되는 것이 보통의 순서이다.

맵을 작성할 때에는 기본적으로 자재 이동의 유형(대내, 회사간, 대외 및 반품)을 기준으로 하는 방법과 공급망을 기준으로 하는 두 가지 방법 중 하나가 사용된다.

공급자를 매핑할 때에는 각 상품 유형별로 몇몇 최상위권 공급자가 소재한 물리적 장소를 매핑하는 것이 가장 흔한 방법이다. 운송 경로에 관한 정확한 데이터를 구하기 위한 한 가지 전략은 분임 팀을 하나 정하여 운임 청구서를 수집하고 취합하는 작업을 전담하도록 하는 것이다. 운임 청구서에는 품목, 수량, 판매가, 운송비, 배송의 사이클 타임, 원 출발점 및 목적지와 같은 중요한 세부 항목이 들어 있다. 일부 운송업체의 경우 이러한 데이터 중 많은 부분을 전자적으로 입수하는 것이 가능하다.

Fowlers의 사례를 보면 기술제품의 지리적 맵에 4개 제품 계열과 관련된 자재의 흐름이 요약되어 있으며, 자재는 공급자의 소재지로부터 제조 현장 및 창고가 있는 곳으로 이동하게 된다([그림 7-3]). 또한 이 맵에는 모든 창고-창고간 및 창고-제조현장간 이동이 강조 표시되어 있다. 반품의 흐름은 여기에 매핑하지 않고 대신 고객 관련 맵에 표시하였다. 끝으로 광학 매체와 드라이브의 수입 장소인 시애틀과 로스앤젤레스가 맵에 표시되었다.

[그림 7. 2] 기술제품의 지리적 맵 - 장소

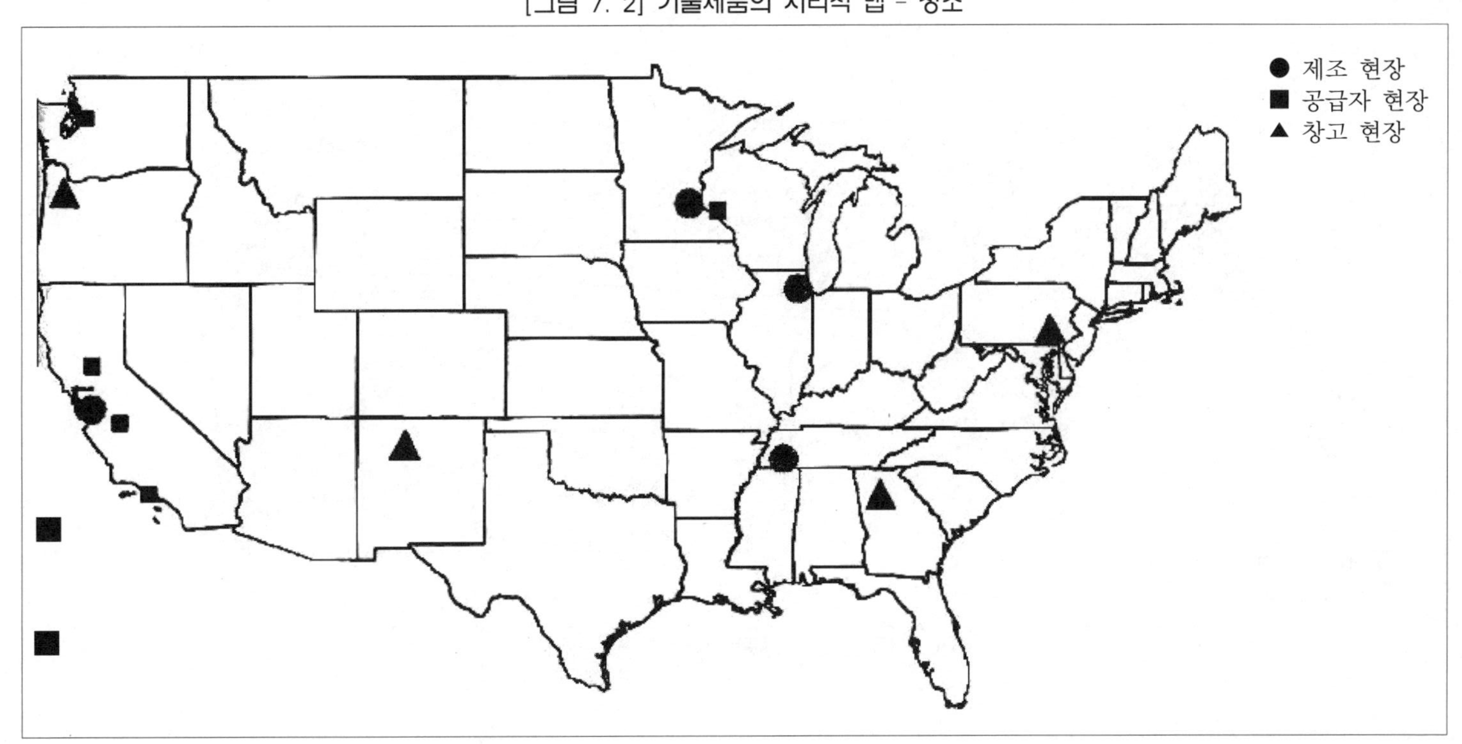

[그림 7-3] 기술제품의 지리적 맵 - 흐름

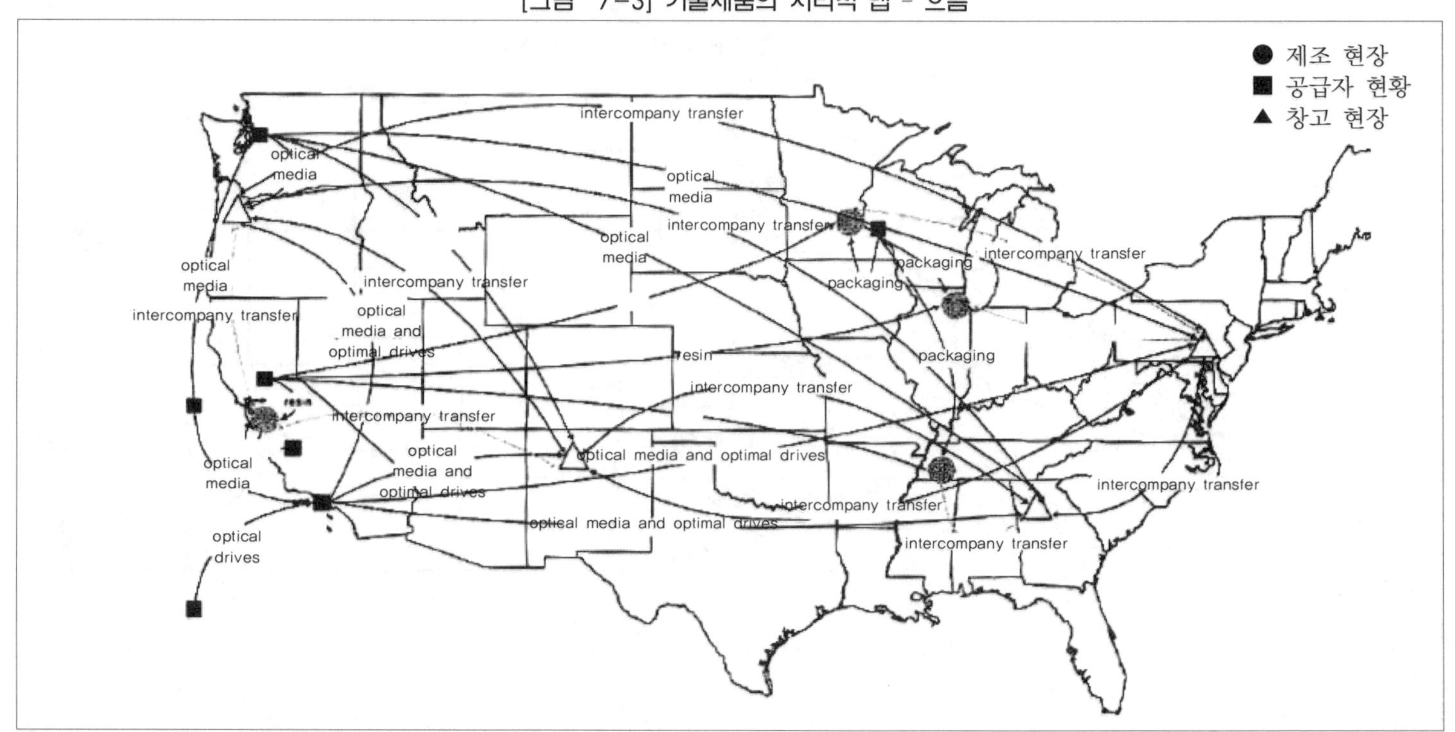

6. 지역 관련 레벨 2 프로세스

다음 단계는 지리적 맵의 각 지역별로 현재 사용 중인 SCOR 레벨 2 프로세스 유형을 파악하는 작업이다. 이 작업은 해당 지역을 어느 프로세스 카테고리(조달, 제조, 배송 및/또는 반품)에 포함시키는 것이 적절한지를 판정하는 것으로부터 시작된다. 두 번째 단계는 프로세스 유형(재고생산 품목, 주문설계 품목, 불량품, 과다재고 및 MRO)을 결정하는 작업이다. 전형적인 제조 장소는 S1, S2, M1 및 D2에 해당하는 프로필을 가지고 있다.

이 경우에 D2는 고객의 정확한 주문이 있을 때 제조업체의 창고에서 고객의 규격에 맞추어 진행되는 직접 배송을 지칭한다. 모든 장소가 모든 프로세스 카테고리에 해당하는 것은 아니다. 예를 들어 계획 및 배송 보충 주문에 대해 제조 현장에서 공급이 이루어지는 경우, 창고는 D1과 D2 프로필만을 가지고 있을 수도 있다. 만일 위의 창고에서 완제품의 계약 생산업자 앞으로 구매 주문까지도 발주된다면 S1, D1 및 D2 프로필에 해당할 수 있다.

Fowlers의 경우, 제조 현장에서 조달, 제조 및 배송 기능 모두를 활용하고 있었으며, 반품에 관해서는 단지 R1 만을 활용하고 있었다. 그 구성을 살펴 본 결과, 수지 및 포장 제품의 주요 공급자는 S2, 공학 매체와 광학 드라이브를 공급하는 계약 생산업자는 S1, CD-ROM 복제, 주문 처리 및 생명주기 관리는 M2, CD-ROM 복제, 주문 처리 및 생명주기 관리를 위한 대 소비자 직접 배송은 D2의 범주에 포함시킬 수 있었다. 또한 Fowlers의 유통 거점에서 취급되는 주요 기술제품 중 광학 드라이브 및 광학 매체는 S2 및 D1의 범주에 포함시킬 수 있었다. SCOR 사용자들이 사용하는 또 다른 공통적 도구로는 쓰레드 다이어그램이 있다. 이 방법을 사용하면 자재의 흐름에 관하여 보다 프로세스 지향적인 그림을 얻을 수 있다. 어느 방법을 사용하여 분석을 실시할 것인지는 궁극적으로 팀이 결정할 사항이다.

7. 자재 흐름의 효율

현 상태 분석의 제 3단계는 자재 흐름의 효율을 스프레드시트로 작성하는 작업으로서, 처음 2개 단계가 완료된 후 시작하는 것이 보통이다. 이 작업은 각 지역별로 주요 SCOR 레벨 2 측정 지표를 수집하고 분석하기 위한 목적으로 실시된다.

공급망의 레벨 2 측정 지표로는 다음과 같은 것들이 있다(표 4-1a-c의 측정 지표 양식 참조).

- 공급자의 정시 및 완벽 배송
- 원자재 공급품의 재고 보유 일수(현장 보관 재고와 운송 중인 재고 모두 포함)
- 대내 운송 비용 합계
- 백오더 기간
- 실제 및 계약상의 수치에 기초한 공급원의 리드타임

제조의 레벨 2 측정 지표로는 다음과 같은 것들이 있다.

- 생산 일정의 준수 또는 정시 배송
- 원자재, 재공품, 완제품 및 반품 형태의 공급품 재고 보유 일수 (현장 보관 재고와 운송 중인 재고 모두 포함)
- 회사의 제반 거점 사이에서 이루어지는 운송 비용의 합계
- 제조의 리드타임(실제 값 및 시스템 설정 값)

유통센터의 레벨 2 측정 지표로는 다음과 같은 것들이 있다.

- 주문의 정시 배송
- 원자재, 반품, 재공품 및 완제품 형태의 공급품 재고 보유 일수 (현장 보관 재고와 운송 중인 재고 모두 포함)
- 대외 배송 및 반품을 위한 운송 비용 합계
- 백오더 기간
- 주문의 Drop To Ship 리드타임

Fowlers의 경우, 운송비 지출의 세부내역을 작성하고 자재 흐름 효율 스프레드시트를 작성하는 작업이 주말까지의 숙제로 부여되었다. 프로젝트 팀원들은 이 단계의 작업량이 SCORcard 작성 단계에 훨씬 더 많아졌다는 것을 확연히 느낄 수 있었다.

08

제6주 : 자재 흐름 효율의 현 상태 요약
– 자재의 흐름에 대한 완전한 이해

　이번 주에 설계 팀은 공급망 내부의 자재 흐름을 상식과 사실이라는 두 가지 관점에서 살펴보게 될 것이다. 공급자와 고객을 하나씩 추가하는 식으로 확대되어 온 공급망은 면밀히 설계된 공급망에 비해 전략적인 요소가 부족하고 보다 사건 지향적이라 할 수 있다. 상식과 사실은 공급망 전략이 자재 흐름의 효율과 부합하도록 하기 위해 필요하다. 공급망의 자재 흐름이 어떻게 전략 및 방법과 연결되는지에 대한 거시적 문제를 조망할 때에는 상식을 동원해야 할 것이다. 이 부분은 상당히 재미가 있다. 반면 회사가 어떻게 운송 및 재고 관련 비용을 활용하여 서비스 수준을 충족하는지에 관한 미시적 문제를 다룰 때에는 사실을 참조해야 할 것이다. 이 부분은 데이터 집약적이라 할 수 있다.

　이번 주에 얼마나 많은 작업이 진행될 수 있을 것인지는 운송 관련 데이터의 수집이 얼마나 용이할 것인지, 재고의 구성은 재무적 관점에서 얼마나 정교한지, 그리고 대내 운송에 대한 접근 방법은 무엇인지에 따라 달라질 것이다. 설계 팀이 지리적 맵과 쓰레드 다이어그램(제 7장)을 작성함을 계기로 회사가 비로소 자사의 자재 운송 과정이 얼마나 효율적인지에 관해 최초로 종합적인 시각을 갖게 되는 경우가 많다. 자재 흐름의 효율을 요약하는 작업은 사상 처음으로 시간의 가치를 효율로 환산해 보는 경험이 될 수도 있다. 지금이 바로 운송부서 및 물류서비스 제공자가 제공하는 모든 혜택을 현금 가치로 따져 볼 때이다.

1. 전반적인 자재 흐름의 효율에 대한 검토 및 지리적 맵의 수정

지리적 맵을 이용해 자재의 흐름을 평가하는 방식은 많은 설계 팀이 선호하는 방법이다. 이 방법을 사용하면 숲을 전체적으로 조망하기에는 편리하나, 하나의 문제를 다른 문제와 비교하기 위해 상대적인 가치를 할당하는 능력은 제한된다.

한편, 각각의 자재 흐름 문제를 그 자체로 해결하려 하는 것은 본능적인 반응이라 할 수 있다. 이는 나무 하나하나를 살피는 경우에 해당하며, 가장 중요하다 할 수 있는 전체 시스템의 효율을 놓치게 된다는 맹점을 안고 있다. 결국 우리가 필요로 하는 것은 이 두 가지 사이의 균형이다. 예를 들어 유통센터와 고객의 소재지 사이의 배송 관계를 점대점 방식으로 표시한 지리적 맵을 작성하면 현존하는 비효율 요소를 눈으로 볼 수 있다([그림 8-1]).

이와 같은 맵은 임원 보고용으로 사용하기에 적합한 강력한 그래픽 도표 중 하나이다. 회사간 배송 및 대내배송에 대해서도 이와 유사한 맵이 만들어질 수 있다. 그러나 이러한 종류의 맵은 궁극의 질문, 즉 만일 이 부분을 고치면 어떠한 일이 일어날 것인지를 알아 내고자 할 때 필요한 세부적 사항을 제시하지 못한다. 이러한 배경을 바탕으로, 제 1일의 일정은 전적으로 자재 흐름 효율 스프레드시트를 검토하는 작업에 할애된다.

2. 자재 흐름 효율 스프레드시트

이 스프레드시트(<표 8-1>)는 지역명, 매출, 창고 비용, 운송 비용, 재고 가치, 정시 배송 성과, 리드타임 및 반품 프로필이라는 주요 요소로 구성되어 있다. 이 스프레드시트 요약표는 글자 그대로 요약 정보이다. 그러나 각 구성요소별로 완전한 세부 자료가 뒷받침되고 있다. 매출 데이터는 해당 지역으로부터 출발하는 배송품의 실제 매출 가액을 말한다.

경우에 따라서는 배송 목적지별 배송 건수 및 고객의 수 등 그 외의 세부적 사항도 분석 과정에 포함될 수 있을 것이다. 자재의 보관 및 처리 비용은 창고 비용 데이터 난에 집계되며, 원자재/재공품 및 완제품이라는 두 가지의 재고 유형이 스프레드시트 상에 표시되어 있다. 운송 비용 데이터는 공급자로부터의 대내 운송 비용, 회사간 운송 비용(지역간 물품의 이동) 및 고객에 대한 대외 운송 비용이라는 3개의 카테고리로 구분되어 집계된다. 또한 물품 이동의 효율을 평가하기 위해 각 카테고리별로 액수, 중량 및 배송 건수라는 기타 세부 정보가 수집된다. 고객 주문을 완료하기 위해 필요한 배송 건당 비용 및 배송 건수는 이와 관련된 품질 측정 지표를 위한 중요 요소이다. 재고 데이터는 원자재, 재공품 및 완제품이라는 카테고리로 분류된다. 또한 재고 보유 일수의 계산을 위해서는 각 유형별로 연간 매출원가(COGS)를 알아야 한다. 정시 배송 성과는 대내 배송 및 대외 배송 모두에 대해 계산된다. 많은 회사가 완전한 배송 및 라인 품목 처리율을 추적한다. 리드타임은 모든 대내(구매) 주문, 회사간(이전) 주문 및 대외(판매) 주문에 대해 계산된다. 스프레드시트의 이 부분을 작성하기 위해 수집된 데이터 중에는 완전한 주문의 처리를 위해 소요된 기간과 백오더 기간이 포함되어 있다. 반품 데이터 중에는 반품된 매출의 총 현금 가액, 재고의 가액 및 연간 COGS에 기초한 재고 보유 일수, 그리고 반품 화물의 중량 및 관련 비용이 포함되어 있다.

[그림 8-1] 대외 배송 요약도

출처 : © Copyright 2000 Pragmatek Consulting Group, Ltd.

<표 8-1> 자재 흐름 효율 스프레드시트

장소	매출	창고비용		운송 비용				재고				정시		리드타임			반품		
		RM 및 WIP	FG		대내	회사간	대외		RM	WIP	FG	대내 입하	대외 선적	대내 주문	회사간 주문	대외 주문	가액	재고	대내 운송 비용
				가액				재고 가액											
				파운드				COGS 가액											
				가액/파운드				일수											

출처 : © Copyright 2000 Pragmatek Consulting Group, Ltd.

이번 주의 작업이 마무리될 무렵이면 많은 설계 팀원들이 SCOR의 측정 지표가 어떻게 연쇄적으로 계층화되고 전형적인 물류 측정 지표가 손익계산서와 어떻게 연관되어 있는지를 최초로 깨닫게 될 것이다. 예를 들어, 총 공급망 비용은 주문 관리 비용, 자재 획득 비용, 계획 비용, 정보 시스템 비용 및 재고 보유 비용과 연결되어 있다. 주문 관리 비용은 고객 서비스 비용, 대외 운송 비용 및 완제품 창고 비용과 연결된다.(연쇄적 계층화에 대해서는 이전에 논의된 <표 4-1a-c> SCOR 매트릭스 양식의 레벨 2 및 레벨 3 구성 요소를 참조한다.)

✦ Fowlers의 자재 흐름 스프레드시트 검토

Fowlers의 경우, 이 스프레드시트 작성 작업은 지금까지의 프로젝트 수행 기간 중 가장 숙제가 많았던 주차에 실시되었다. 따라서 코치는 검토 작업을 두 부분으로 구분하여 실시할 것을 제안하였다. 첫 번째 부분은 스프레드시트에 실제 기록된 내용을 단순히 검토하는 작업이었다. 실상 중요하다 할 수 있는 두 번째 부분은 예전부터 알고 있었으나 잊고 있었던 지식과 새로운 조사 결과를 통해 얻은 중요한 교훈을 목록으로 작성하는 작업이었다. 이 두 번째 작업은 제7주차에 시작될 연결 단절 분석(<표 8-2> 기술제품의 자재 흐름 효율 스프레드시트)을 위해 필요한 사고방식을 갖추기 위한 시작점이라 할 수 있다.

기술제품 그룹이 소재한 위치는 지난 주에 작성된 지리적 맵과 일치한다. 첫 번째 4개 지역은 회사의 지역 유통센터를 나타내며, 마지막 4개 지역은 제조 거점을 나타낸다. 매출은 지역별로 집계되었다. 이러한 제조 거점은 CD-ROM 복제, 주문 처리 및 생명주기 관리 서비스의 대 OEM 채널 직판 매출 등의 기능을 지원한다. 유통 센터는 광학 드라이브와 매체의 대 소매 채널 직판 기능을 지원한다. 숫자를 합산한 결과 2001년도에 4억 5천만 달러의 수익이 계상된 것으로 밝혀졌으며, 그 중 1억 5천만 달러는 OEM 매출로부터 그리고 3억 달러는 소매 매출로부터 창출되었음을 알 수 있었다. ([그림 8-2] 기술제품 매출지역을 보면 판매 지역이 어떻게 특정 유통 센터와 연결되는지를 알 수 있다.)

유통 센터의 창고 비용은 완제품 취급에 관한 비용만으로 국한되었으며, 제조 현장의 경우 완제품 및 원자재/재공품 카테고리에 속하는 비용이 누계되었다. 전체적인 창고 비용은 810만 달러로서 매출의 1.8%에 해당하였으며, 대부분의 비용(13%)은 완제품 카테고리에서 발생하였다.

유통 센터의 운송 비용에는 모든 종류의 운송이 포함되어 있었다. 대내 운송의 출발점은 주로 일본과 태평양 지역에 집중되어 있었고, 회사간 운송은 유통 센터와 제조 현장 사이의 자재 이동과 관련이 있었으며, 대외 운송 항목에는 지역 내외를 불문하고 고객에 대한 모든 운송이 포함되었다. 제조 현장과 관련된 대내 운송 비용 및 회사간 운송 비용은 OEM 고객이 대외 운송비를 지불한다는 유사점을 가지고 있었다. 전체적인 운송 비용은 2460만 달러(고객이 지불하는 운임 제외)로서 매출의 5.4%에 달하였다.

유통 센터의 재고 가액은 완제품으로만 국한되었다. 그와는 대조적으로 제조 현장에서는 원자재와 재공품만을 보관하고 있었다. 유통 센터는 제조 현장에서 필요로 하는 광학 매체를 공급하는 원천이었다. 완제품 매체는 공장에 입하되는 즉시 원자재로 재분류되었다. 전체적인 재고 가액은 모두 9730만 달러였다. 연간 3억 9천만 달러의 매출원가에 대비해 볼 때 이는 91일분의 공급량에 해당하는 수치였다.

정시 배송 성과는 구매 주문 또는 이동 주문에 의한 대내 입하 및 이동 주문 또는 판매 주문의 대외 선적이라는 두 가지 카테고리로 구분하여 측정되었다. 두 가지 경우에 모두 원 데이터는 실제 주문 자체에 기초하고 있다. 배송 성능에 관한 전체 SCORcard 측정 지표를 얻으려면 공식에 대입할 정시 및 완벽 배송 관련 데이터가 있어야 한다.

대내 입하 배송의 정시 납품 성과는 계속 낮은 수준에 머물러 있었으며, OEM 그룹에 대한 대외 배송 성과는 업계 최고의 수준이었다. 유통 센터의 제품 관련 서비스는 배송의 신뢰성이라는 중요한 요소 및 기술제품 그룹과 함께 사업을 하기가 힘들다는 인식에 영향을 미치는 요인이다. 스프레드시트의 구조를 보면 리드타임 데이터가 대내(구매 주문), 회사간(이동 주문) 및 대외(판매 주문)이라는 3개의 카테고리로 구분되어 집계된다는 것을 알

<표 8-2> 기술 제품의 자재 흐름 효율 스프레드시트 (달러 및 파운드는 백만 단위. 달러/파운드는 단 단위)

장소	매출	창고 비용 RM 및 WIP	창고 비용 FG	운송 비용 구분	운송 비용 대내	운송 비용 회사간	운송 비용 대외	재고 구분	재고 RM	재고 WIP	재고 FG	정시 대내 입하	정시 대외 선적	리드타임 대내 주문	리드타임 회사간 주문	리드타임 대외 주문	반품 가액	반품 재고	반품 대내 운송 비용
Santa Fe				가액	$2.28	$0.85	$2.10	재고 가액	$0.0	$0.0	$22.0							$20.0	$0.25
	$82.0	$0.00	$0.87	파운드	5.4	4.3	5.5	COGS 가액	$0.0	$0.0	$86.1	67%	69%	62	3	5	$19	$86.1	1.2
				가액/파운드	$0.42	$0.20	$0.38	일수	—	—	93							85	$0.21
Harris burg				가액	$1.92	$0.72	$1.76	재고 가액	$0.0	$0.0	$20.0							$16.8	$0.24
	$70	$0.00	$1.04	파운드	4.5	3.6	4.6	COGS 가액	$0.0	$0.0	$73.5	59%	75%	59	4	4	$16	$73.5	1.0
				가액/파운드	$0.43	$0.20	$0.38	일수	—	—	99							83	$0.24
Atlanta				가액	$2.07	$0.77	$1.90	재고 가액	$0.0	$0.0	$18.5							$17.9	$0.23
	$75	$0.00	$0.97	파운드	4.9	4.0	5.0	COGS 가액	$0.0	$0.0	$78.8	61%	77%	72	3	5	$17	$78.8	1.1
				가액/파운드	$0.42	$0.19	$0.38	일수	—	—	86							83	$0.21
Portland				가액	$2.00	$0.77	$1.80	재고 가액	$0.0	$0.0	$18.6							$17.9	$0.20
	$73	$0.00	$1.03	파운드	4.7	3.9	4.9	COGS 가액	$0.0	$0.0	$76.7	66%	71%	69	3	5	$17	$76.7	0.9
				가액/파운드	$0.43	$0.20	$0.37	일수	—	—	89							85	$0.22
San Jose				가액	$1.50	$0.58	$0.00	재고 가액	$6.0	$0.02	$0.0							—	—
	$56	$0.84	$0.73	파운드	3.6	2.9	0.0	COGS 가액	$27.7	$2.0	$0.0	50%	95%	62	3	4	NA	—	—
				가액/파운드	$0.42	$0.20	-	일수	79	4	—							—	—
Chicago				가액	$0.60	$0.23	$0.00	재고 가액	$3.1	$0.02	$0.0							—	—
	$23	$0.35	$0.30	파운드	1.4	1.2	0.0	COGS 가액	$9.2	$1.1	$0.0	67%	96%	63	3	4	NA	—	—
				가액/파운드	$0.43	$0.19	—	일수	123	5	—							—	—
St. Paul				가액	$0.60	$0.24	$0.00	재고 가액	$2.8	$0.02	$0.0							—	—
	$22	$0.33	$0.29	파운드	1.3	1.1	0.0	COGS 가액	$9.0	$1.1	$0.0	70%	97%	61	3	4	NA	—	—
				가액/파운드	$0.46	$0.22	—	일수	114	7	—							—	—
Memphis				가액	$1.30	$0.51	$0.00	재고 가액	$6.2	$0.02	$0.0							—	—
	$49	$0.74	$0.64	파운드	3.1	2.6	0.0	COGS 가액	$23.0	$2.0	$0.0	59%	98%	64	3	4	NA	—	—
				가액/파운드	$0.42	$0.20	—	일수	98	4	—							—	—
총계		$2.25	$5.85		$12.3	$4.7	$7.6		$18.1	$0.1	$79.1							$72.5	$0.9
% 총계	$450,000	0.5%	1.3%		28.9	23.6	20.0		$68.9	$6.1	$315.0						$69.0	$315.1	$4.2

[그림 8-2] 기술 제품의 판매 지역

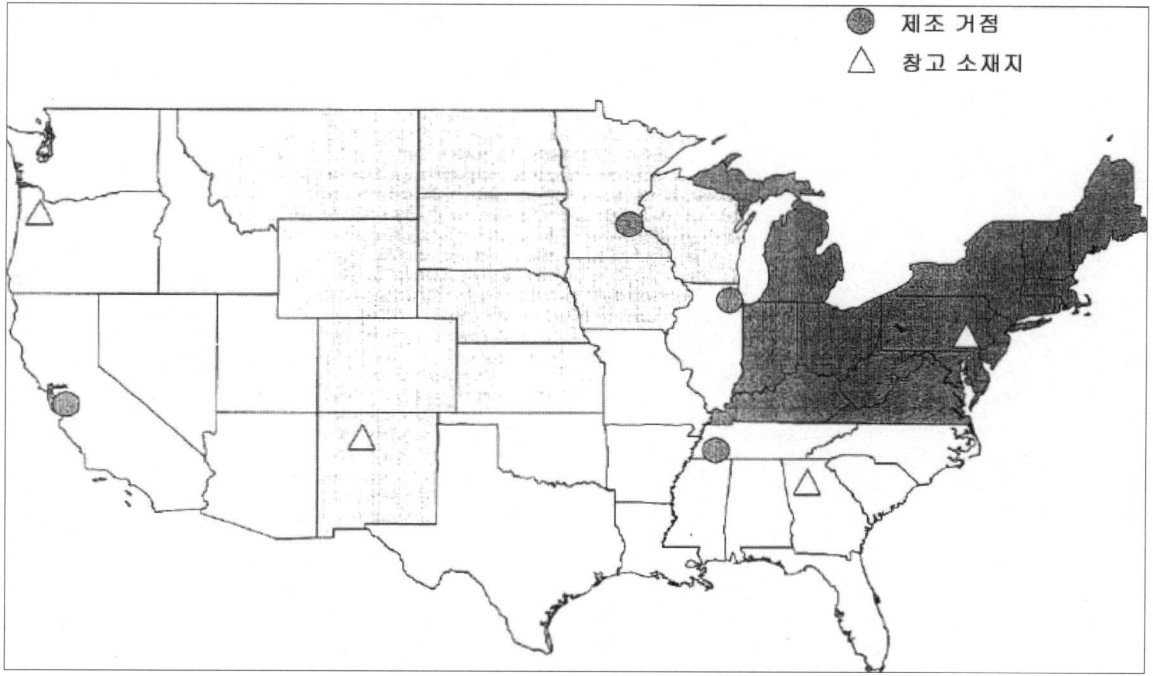

수 있다. 이들 데이터는 완전한 주문의 처리 및 백오더를 통틀어 주문의 완료를 위해 소요된 전체 일수를 나타낸다.

끝으로 반품 데이터 카테고리에는 반품된 매출의 총액, 재고의 가액 및 연간 COGS에 기초한 재고 보유 일수, 그리고 비용, 중량 및 중량 당 비용을 포함한 반품 운임 관련 세부사항이 포함되어 있다. 반품된 제품의 총 가액은 6천 9백만 달러이고, 이는 유통 센터의 매출 가액의 23%에 달하는 수준이었다. 재고의 가치를 나타내는 7250만 달러는 판매 가액과 총이익률을 곱하여 계산되었다. 운송 비용 420만 달러는 매출의 0.9%에 해당한다.

이러한 정보를 통합하는 과정에서 설계 팀은 지나치게 상세하거나 지나치게 간결한 맵, 고객 데이터의 부재, SCOR 관련 용어인 S1, M1, D1 등에 대한 혼동 등과 같은 전형적인 문제들을 겪어야만 했다. 그러나 그들은 작업을 계속해 나갔으며, 각 경로와 지역별로 측정 지표 데이터를 정제해 나갔다. 또한 그들은 매출원가로부터 회사간 운송 비용과 대내 운송 비용을 도출하는데 있어서도 어려움을 겪었으며, 이는 어느 회사에서든 공통적으로 나타나는 문제였다. 더욱이 그들은 공급자 관련 측정 지표가 전체적으로 일관성 있는 방식으로 계산되지 않았다는 사실을 발견하였다. 이는 백오더 기간에 대해서도 마찬가지였다. 그럼에도 그들은 자신들의 계산 결과를 검증하고 연결이 단절된 부분과 측정 지표가 누락된 부분을 기록해 둠으로써 이번 주차의 프로세스를 완결할 수 있었다.

Fowlers의 자재 흐름과 관련하여 이들이 새로이 알아 낸 사항을 요약하면 다음과 같다.

- 운송비용이 전체 공급망 비용 중 6.3%가 넘는 비중을 차지하고 있었으며, 공급망 비용은 회사의 총 비용 중 14%를 차지하고 있었다. 파운드 당 비용은 급배송 및 항공 운송이 거의 표준 관행처럼 굳어진 결과로 인해 어떠한 영향이 나타났는지를 여실히 보여 주고 있었다. 만일 제조 현장으로부터 배송되는 물품에 대해 고객이 지불하는 배송 비용까지 추가되었다면 계수가 더욱 나쁘게 나타났을 것이다.
- 반품 관련 성과에는 어느 정도 감춰진 부분이 있다고 보아야 하며, 그 이유는 대차대조표 상에 표시된 재고 가액이 상각 및 처분액이 조정된

액수로 계상되어 있기 때문이다. 간단히 말해 반품에 관해서는 충분한 양의 직접적 데이터가 수집되지 못하였다. 한편, 모두가 한 눈에 알 수 있도록(반품의 종류에 관계 없이) 운송 비용이 합계된 것은 이번이 처음이었다. 조사를 통해 밝혀진 또 다른 사실은 반송품의 운송 비용이 두 가지 종류의 비용으로 구성되어 있다는 것이었다. 그 중 하나는 제품을 최초의 반송처로 이송하기 위한 비용이고, 다른 하나는 물품을 최종 장소로 옮기기 위한 회사간 이동에 소요되는 비용이었다.

- 각각의 현장은 일정 범위 내에서 자체적인 생산 일정과 배송 요구사항에 따라 대내 자재 운송의 방식을 지정할 수 있는 여지를 가지고 있었다. 공급자는 동일한 자재를 복수의 운송 방법을 사용하여 복수의 Fowlers 현장으로 운송하고 있었으며, 비용이 많이 소요되는 항공운송도 빈번히 이용되고 있었다.

- 소매 부문의 경우 오랜 기간 형성된 비공식적인 관례로서 "무료 운송" 서비스가 제공되고 있었다. 이러한 관행은 이러저러한 문제를 무마하고 매매를 성사시키거나 소매업자를 달래기 위한 방법으로서 시작되었으나, 종국에는 운송 방식 또는 소요 배송 시간과 무관하게 당연한 것으로 치부되기에 이르렀다. 이는 Fowlers가 높은 운송 비용의 악순환에 빠져들게 된 하나의 원인으로 작용하였다. 비용을 절감하고자 하는 시도는 결국 배송 성과의 저하로 이어졌으며, 대규모의 외상매출금과 느린 현금회전 주기가 초래되는 원인이 되었다.

- 새로운 1단계 ERP 시스템이 제대로 정착되지 못한 관계로 팀은 재고, 비용 및 주문 상태에 대한 기본적 분석 보고서를 입수할 수 없었으며, 이로 인해 문제 해결 활동이 근본 원인에 대한 사전 예방식 대처라기보다는 사건 중심적으로 진행될 수밖에 없었다.

- 제품의 수명주기가 6개월에 불과한 상황에서(전자제품 분야에서 이러한 경우가 흔함) 리드타임이 60일을 초과함으로 인해 재고 계획이 불가능하다는 문제가 대두되었다. 팀은 그것이 무엇을 의미하는지를 익히 알 수 있었다. 사업부의 입장에서는 전체 수명주기에 걸쳐 필요한 제품의 총 수량을 추측에 의존하여 산정할 수밖에 없었으며, 조정을 할 수 있는 기회라고는 불과 한두 번에 불과하였다.

3. 연결 단절 분석 계획수립

자재 흐름의 단절 상황을 파악하기 위한 노력은 변화 관리에 있어 중대한 도약의 발판이 될 수 있는 컨텐츠 가치와 기회를 제공한다. 컨텐츠 가치란 정립된 문제해결 기법을 사용하여 공급망 개선의 기회의 가치를 발견하고 평가하는 프로세스를 말한다. 변화 관리의 가치란 더 많은 사람들이 설계 프로세스에 참여함으로 인해 활용될 수 있는 장점을 말한다. 이러한 종류의 브레인스토밍 활동에는 최다 50명까지 참여할 수 있다. 제 2일의 일정은 주로 자재 흐름 요약표를 완성하고 연결 단절 분석을 준비하는 과정으로 구성되어 있다.

연결 단절 분석을 준비하기 위한 첫 번째 단계는 브레인스토밍 팀을 구성하는 것이다. 이 팀은 설계 팀원 및 기타 전문가들로 구성되어야 하며, 이들 전문가는 각종 자재 흐름의 현장 및 경로에 소속되어 있고 어디에 문제가 내재되어 있는지를 잘 알고 있는 사람들이어야 한다. 두 번째 단계는 브레인스토밍 회의 일정을 수립하고 초청장을 작성하는 일이다.

끝으로 자재 흐름 효율 요약표와 관련하여 미제로 남아 있는 모든 숙제를 완료할 책임자를 지정한다.

브레인스토밍 회의 일정에 포함될 사항은 다음과 같다.

- SCOR 교육에 참여하지 못했던 사람들에게 SCORcard 갭 분석에 대해 설명하고, 현 상태의 자재 흐름 맵을 검토하고, 현재의 자재 흐름 효율 요약 상황을 검토하기 위한 1시간의 사전 회의
- 구체적인 장소 및 경로별로 연결 단절 지점에 관한 브레인스토밍을 실시
- 연결 단절 부위를 유사 원인별 그룹으로 분류하고, 각 분류 항목별로 문제 기술서를 명확히 정의
- 전체 팀과 함께 문제 기술서를 검토
- 문서에 기록

제7주 : 자재 흐름 단절 분석 및 스티어링 팀의 3차 검토
– 부가적 가치를 창출하고 전사적인 참여를 유도

50, 20, 1,000 그리고 15이라는 숫자의 공통점은 무엇일까? 이 숫자들은 자재 흐름 연결 단절에 관한 성공적인 브레인스토밍의 전형적 결과를 나타낸다. 이러한 브레인스토밍은 회사 내부적으로 또는 고객에게로 재화를 운송하는 일과 관련된 모든 쟁점, 비효율 및 부수적 문제들을 찾아 내기 위해 실시된다.

50은 하루 정도가 소요되는 이 회의에 참여하는 전형적인 인원수를 나타낸다. 20은 한 사람이 한 시간동안 브레인스토밍할 수 있는 문제 또는 쟁점의 수를 나타낸다. 1,000은 전체 팀원이 같은 한 시간동안 도출할 수 있는 쟁점 또는 문제의 수를 나타낸다. 15는 전술한 1,000개의 쟁점 또는 문제를 공통되는 주제로 묶었을 때 대략 몇 가지의 고유한 주제로 분류되는지를 나타낸다. 달리 말하면 15개의 핵심 주제에 관한 근본 원인을 탐색할 경우 1,000개의 인지된 문제들을 해결할 수 있는 길을 찾을 수 있다는 이야기다.

일반적인 원칙상, 위에 언급된 15개의 고유한 문제를 해결할 경우 최소한 공급망을 통해 창출되는 매출액의 3% 이상 수익의 개선을 이루어 낼 수 있는 것으로 평가된다. 이는 매출액을 기준으로 1억 달러에 상당하는 물량을 처리하는 공급망을 대상으로 팀 브레인스토밍을 실시할 경우, 보통 3백만 달러에 이르는 총 비용 절감 기회를 찾을 수 있다는 뜻이다.

7주차의 목표는 연결 단절 분석의 완료, 즉 물고기뼈 분석을 통해 공통된 문제에 대한 근본 원인을 찾아내고, 3차 스티어링 팀 검토에 대비한 준비를 마치는 것이다. 이러한 과정을 통해 우리는 사상 처음으로 SCORcard상의 수치 갭(회사, 기술 그룹 및 식품 그룹 SCORcard의 마지막 3개 열 - 표 6-1 내지 6-3)과 장기간에 걸쳐 공급망 내부에 축적된 비효율의 원인 사이의 관계를 살펴보게 될 것이다.

1. 브레인스토밍 회의의 준비

충실하게 계획된 브레인스토밍 회의는 프로젝트의 기대사항에 대한 공통의 이해를 제고하고 신속하고 효과적으로 데이터를 수집하고 팀워크에 대한 긍정적 분위기를 조성할 수 있는 지름길이다. 또한 모든 참여자가 향후의 일정과 경로에 대해 알 수 있도록 해 주는 동시에 설계 팀에 속하지 않은 사람들에게 프로젝트의 구성 및 속도에 대한 감을 제공한다. 아울러 변화 관리 책임자들이 프로젝트의 가치를 관련 부서에 전파할 수 있는 힘을 부여한다.

충실한 브레인스토밍 회의를 구성하는 요소는 다음 5가지로 요약될 수 있다.

1. 적절한 참석 대상자 목록
2. 초청, 프로젝트 개요 및 행사 준비 지침이 포함된 효과적인 커뮤니케이션
3. 사전 정의된 브레인스토밍 카테고리

4. 적절한 장소

5. 설계 팀과 함께 목표 자재 흐름 상태 수립 과정을 이끌어 갈 리
   더들의 사전 역할 설정

(1) 피초청자

매일 및 매주 단위로 상시 발생하는 자재의 이동의 모든 측면에 대
한 세부 사항을 자세히 알고 있는 사람을 선택한다. 즉, SCOR 모델에
포함된 프로세스 카테고리를 사용하여 구매 주문, 작업 지시 및 판매
주문 차원의 문제를 지적해 낼 수 있는 사람을 찾아 내야 한다. 이 단
계에서 가장 중요한 사항은 가능한 많은 문제와 사례를 찾아 내는 것
이다. 한편 조직 내에서 너무 고위직에 속하는 사람을 선택하지 않도
록 한다. 고위 관리자가 참여할 경우 종합적인 목록을 도출하는데 있
어 어려움이 가중되며, 구체적 사례를 적시하기 어려워지는 경우가
많다. 사례는 근본 원인 분석을 실시하기 위한 필수 요소이다.

(2) 효과적인 커뮤니케이션

초청장에는 활동의 목적, 준비사항 안내, 시간, 장소 등의 기본적
사항이 명확히 표현되어 있어야 한다. 초청장은 1-2주 전에 참석자에
게 전달되어야 한다. 그보다 늦게 전달될 경우 프로젝트의 기획이 부
실하다는 인상을 줄 수 있으며 개인의 준비 작업이 소홀해질 수 있다.
본 행사 이전에 SCOR 개요 설명회를 개최할 경우, 참여자들이 프
로젝트에 대해 전반적으로 이해할 수 있는 기회가 될 수 있을 뿐 아
니라 SCORcard 갭 분석, 현 상태의 지리적 맵, 그리고 자재 흐름 효
율 요약 스프레드시트를 통해 어떠한 주요 결과물이 도출될 것인지를
대한 상황 보고서를 제공할 수 있다.

(3) 사전 정의된 브레인스토밍 카테고리

논의할 주제의 카테고리를 사전에 설정한다면 참여자들이 세부적인 결과물을 보다 신속히 도출해 낼 수 있을 것이다. 카테고리를 선택하는 방법은 한 가지로 정해져 있는 것이 아니다. SCOR 프로세스 카테고리(계획, 조달, 제조, 배송, 반품 및 Enable)를 사용하는 것도 한 가지 방법이 될 수 있다. 아니면 매출, 창고 비용, 운송비용, 재고, 정시 배송율, 리드타임 및 반품과 같은 자재 흐름 스프레드시트(<표 8-1>)의 내용에 기초한 물리적 장소 및 측정 지표를 사용할 수도 있다.

(4) 적절한 장소

이상적인 장소는 모든 참석자가 앉을 수 있도록 충분한 극장식 좌석이 마련되어 있는 널찍한 사각형의 실내이다. 카테고리별 라벨은 벽면의 높은 곳에 부착하되 실내의 4개벽을 모두 이용하여 동일한 간격으로 배치해야 한다. 방이 좁을 경우 활동을 효과적으로 진행하기 어렵다.

(5) 사전 정의된 리더의 역할

브레인스토밍이 진행되는 동안 설계 팀원들은 마치 교사가 학생에게 지식을 전달하듯이 공식화된 역할을 수행한다. 프로젝트 관리자는 진행자 역할을 맡아 모든 단계마다 일정과 지침을 점검한다. 또한 속도 조절자, 갈등 조정자, 그리고 모두를 위한 일반적인 역할 모델로서의 역할을 수행한다.

또 다른 설계 팀원에게는 각 카테고리별로 브레인스토밍의 진행을 촉진하는 역할이 부여된다. 일단 개별적인 주제가 적절한 카테고리별로 배정되고 나면 각 진행자는 분임 팀원들과 함께 유사한 주제를 그룹으로 묶고, 그룹별로 문제 기술서를 정의하고, 기회를 평가하는 작업을 수행한다.

2. 브레인스토밍의 실시

Fowlers의 브레인스토밍 팀은 팀의 이름을 "연결 단절 분석 팀"이라 정하였다. 팀원 중에는 전체 설계 팀원, COO인 Brian Dowell, 제품 개발 관리자, 구매자/기획자, 고객 서비스 담당자, 회계 담당자, 마케팅 분석자, 자재 기획자, 관련 공장 관리자, 판매 관리자, 기술제품 및 식품 그룹의 제품 라인 관리자, 응용 프로그램 그룹 소속의 구매, 주문관리, 기획, 유통 및 제조 관련 기능별 전문가, 운송 관리자, 수입/수출 관리자, 기업 물류 파트의 창고 관리자, 시장 조사분석자, 각 제품 계열별 예측 분석자, 그리고 회사의 마케팅 그룹 소속의 비즈니스 개발 관리자가 포함되어 있었다. 모두 합해 40명이 명단에 등재되었다.

논의 대상 카테고리는 계획, 조달, 제조, 배송, 반품 및 Enable이라는 항목으로 구분되었다. 기본적인 논리는 사람들로 하여금 각 카테고리별로 제반 업무가 어떻게 구성되어야 이상적일 것인지를 도출해 내도록 한다는 것이었다. 회의 진행의 첫 번째 규칙은 연결 단절 지점을 발견한 사람이 그로 인해 측정 지표에 미치는 영향까지도 밝혀 내야 한다는 것이었다. 이 작업은 자재 흐름 효율 스프레드시트, 위치도 및 제반 측정 지표를 사용하여 수행되었다.

계획 카테고리에는 판매 및 운영 기획, 단위 예측, 자재 요구사항 기획, 마스터 생산 일정, 분배 요구사항 기획, 주요 부품의 계획정비 일정, 장기적 생산용량, 공급 기획의 문제 등이 포함된다.

조달 카테고리에는 요청 및 구매 주문, 개별 출고 일정 계획, 공급자에 대한 대금 지불, 단기적 자재의 가용성, 대내 운송, 원자재 재고 문제 등이 포함된다.

제조 카테고리에는 생산 라인 일정 계획, 제조 및 테스트, 포장, 창고로 배송되는 물품의 출하, 회사간 운송, 재공품 재고, 활용, 제품 수율, 단기적 생산용량의 문제 등이 포함된다.

배송 카테고리에는 견적 및 조회를 비롯한 주문의 처리, 주문의 입력 및 확인, 재고의 할당 문제 등이 포함된다. 또한 주문의 통합, 적재량 확충, 대고객 운송 경로, 접수, 수거, 적하, 고객 현장에서의 하차, 설치, 청구 등의 창고 관련 문제들이 포함된다.

반품 카테고리에는 사후보증을 위한 반송, 제품 리콜, 유통 경로를 따라 운송되는 과다재고 반송품, 정비, 수리 및 총점검 정비 품목의 반송 등이 포함된다.

Enable 카테고리에는 정보와 관계 등의 요인 이외에도 공급망의 기획과 실행을 효과적으로 개선하는 일과 관련된 제반 문제들이 포함된다. 비즈니스 규칙, 성과 관리, 데이터 수집, 자본자산, 운송, 네트워크 구성, 규제 요구사항, 규제준수 등은 모두 Enable 카테고리에 포함되는 사항들이다.

기획 담당 이사가 계획 카테고리의 팀 리더로 선임되었다. 조달 카테고리는 구매 이사가 담당하기로 하였고, 제조와 관련된 논의는 제조 담당 이사가 담당하기로 하였으며, 배송과 관련된 사항은 물류/고객 서비스 담당 이사가 주관하기로 하였다. 반송에 관한 논의는 경리 담당이 책임을 지기로 하였다. 그리고 식품 그룹의 영업 및 마케팅 부사장이 응용 프로그램 담당 이사의 지원을 받아 Enable 카테고리를 담당하기로 하였다. 진행자 역할은 David Able이 담당하기로 하였으며, 코치는 논의 도중 필요할 때마다 역할 모델을 하기 위해 대기하기로 하였다.

✒ Fowlers의 연결 단절 분석 브레인스토밍

Fowlers의 연결 단절 분석을 위한 일정은 5개의 라인 품목별로 구성되어 있었으며, 다음과 같은 방식으로 진행되었다.

1. 소개. David가 일정, 실내 배치 상황, 브레인스토밍 카테고리 등의 사항에 대해 개략적으로 설명한 후 카테고리별 진행자를 소개한다.

2. 초기 브레인스토밍. David가 브레인스토밍 활동을 시작을 선언하고 참석자들로 하여금 이미 알고 있는 개별 연결 단절 지점 및 문제들을 우선 취합하도록 한다. 모든 참석자는 점착성 메모지 패드를 지참해야 한다. 참석자들은 한 시간에 걸쳐 가능한 많은 연결 단절 사례를 기록해야 하며, 메모지 한 장당 한 건만을 기입하도록 한다. 각 구성원은 최소한 20개의 연결 단절 사례를 제시해야 한다. 연결 단절 사례를 기록할 때에는 문제를 정확히 기술하고, 완전한 문장을 사용하고, 실제 사례(품목의 목록, 공급자, 고객 등)에 대한 참조를 제공하고, 추정 빈도(일일, 주간, 월간 등)를 표시하고, 작성자의 이니셜을 표기해야 한다.

3. 카테고리의 구성. 진행자는 각 카테고리별로 지식과 경험을 갖춘 사람들을 배정한다. 이어 각 카테고리 분임 팀별로 2시간에 걸쳐 제시된 연결 단절 사례를 읽은 후 적절한 방식으로 그룹화한다. 그 다음 분임 팀원들은 앞에서 분류한 각각의 그룹을 정확히 대변하는 문제 기술서를 작성하는 작업을 시작하게 된다. 이상적인 문제 기술서는 보통 3개 문장의 조합, 즉 문제에 대한 기술, 사례에 대한 기술, 그리고 자재 흐름 효율 요약표에 영향을 미치는 측정 지표의 목록으로 구성된다.

4. 질의응답을 통한 검토. 진행자는 각 카테고리별 분임 팀의 문제 기술서에 대해 전체 그룹이 참여하는 질의응답식 검토 과정을 진행한다. 이 과정을 위해 1시간 9분을 배정한다.

5. 문서화. 각 카테고리별 분임 팀 리더는 각 카테고리별로 연결 단절 사례의 묶음 및 개별 연결 단절 사례를 문서에 기록한다. 점착성 메모지에 적절한 라벨이 표시되어 있는지를 확인한 후 그 내용을 전자적 형태로 입력하는 작업은David가 담당하였다. 분류 항목을 간단하고 효과적으로 관리하는 방법 중 하나는 각각의 주요 카테고리마다 번호를 부여하고, 각 하위 카테고리에는 소수점을 찍은 후 번호를 부여하고, 각각의 개별 연결 단절 사례에는 또 그 다음 자리에 소수점과 함께 번호를 부여하는 방식이다(예를 들

어, 계획 카테고리의 연결 단절 사례에는 1.1.1, 1.1.2 와 같은 식으로 번호가 부여될 것이다).

Fowlers의 경우, 연결 단절 분석을 실시한 결과 전술한 6개의 브레인스토밍 카테고리와 함께 모두 838개의 개별 연결 단절 사례가 수집되었고, 32개의 연결 단절 그룹에 대해 자체적인 문제 기술서가 작성되었다. 일례로 계획 카테고리의 경우에는 다음과 같은 8개의 연결 단절 그룹에 대해 문제 기술서가 작성되었고, 그 안에 258개의 개별 연결 단절 사례가 포함되어 있었다.

- 1.1에는 신뢰성 있는 시장 정보의 부재, 부정확한 수요 신호, 품목의 증식 및 미흡한 데이터 무결성으로 인해 제품 관련 예측치가 부정확하게 산출되고, 그에 따라 재고가 과다해지는 동시에 매출 기회가 상실되는 상황에 관한 문제 기술서가 포함되어 있었다. 예를 들면, CDR 품목 7890987에 대한 예측치는 과소하게 산출된 반면 PC 카드 품목 3443939의 예측치는 과다했던 것으로 밝혀졌다. 이러한 요인은 예측의 정확성, 매출, 정시성과, 운송비용 및 재고와 같은 측정 지표에 영향을 미친 것으로 밝혀졌다.
- 1.2에는 부서간 커뮤니케이션 및 조정의 비효율성 및 기업의 목표와 목적이 모호해지고 있는 상황에 관한 문제 기술서가 포함되어 있었다. 예를 들어 구매가격차이(PPV) 및 제조가격 차이를 통해 관리되는 단가 목표와 서비스, 재고 수준, 창고 및 운송 비용을 중시하는 물류 목표 사이의 조정 기능이 정립되어 있지 않았다. 이러한 요인은 매출, 정시 배송 성과 및 재고와 같은 측정 지표에 영향을 미친 것으로 밝혀졌다.
- 1.3에는 신제품 출시의 우선순위가 명확히 정의되고 전달되지 못함으로 인해 매출이 저하되고 제품 개발을 위한 자원이 부적절하게 할당되는 상황에 관한 문제 기술서가 포함되어 있었다. 예를 들어, 메모리 카드 품목 1325644의 개발 기간은 너무 오래 지연되었고 매뉴얼 품목 1299987은 버전 변경으로 인해 진부화된 것으로 조사되었다. 이러한 요인은 신규 매출의 순 증가액, 재고 및 잠재적 성장률과 같은 측정 지표에 영향을 미친 것으로 밝혀졌다.
- 1.4에는 제조, 구매 주문 처리 및 계획 기능 사이에 복수의 기술 플랫폼

이 존재하는 관계로 MRP의 오류가 발생하고 공급자와 공장 사이의 우선순위가 일정하게 유지되지 못하며 복수의 공장에서 제품을 생산해야 할 경우 배송상의 비효율이 발생한다는 문제가 제시되어 있었다. 일례로 물량의 감소가 예측되어 작업 지시가 축소되었음에도 CDR 구매 주문이 발주된 경우가 있었다. 이러한 요인은 COGS 및 재고와 같은 측정 지표에 영향을 미친 것으로 밝혀졌다.

- 1.5에는 회사의 재무 계획과 사업 단위별 계획을 조정해 줄 판매 및 운영 계획이 수립되어 있지 않다는 사실이 제시되어 있었다. 예를 들어, 단위 비용을 중시하는 제조 부문의 생산 계획, 마케팅 영업 계획, 판매 예측 및 보상 계획 등 운영 단위별 계획이 서로 상이하였다. 이러한 요인은 매출, 운송 비용, 창고 비용, 정시 성과 및 리드타임과 같은 측정 지표에 영향을 미친 것으로 밝혀졌다.

- 1.6에는 적절한 판촉 계획의 리드타임에 대한 정의가 없고 계획이 변경되었을 때 모든 관계자에 대한 커뮤니케이션이 이루어지지 않는다는 점이 문제로 기술되어 있었다. 그러한 예로는 판촉이 확대, 축소, 취소 또는 지연되었을 때 리드타임이 지켜지지 않는 품목을 들 수 있다. 이러한 요인은 매출, 재고, 창고 비용 및 운송 비용에 영향을 미친 것으로 밝혀졌다.

- 1.7에는 창고간 운송 및/또는 재고의 균형 조정에 있어 비효율이 존재하며, 그로 인해 리드타임이 길어지고 재고가 비효율적으로 사용된다는 점이 문제로 기술되어 있었다. 이에 대한 사례로는 백오더 상황에서 재고를 보충하기 위해 완제품 품목 7587878을 Santa Fe에서 Portland로 운송하는 경우가 제시되어 있었다. 이러한 요인은 매출, 재고, 운송 비용 및 창고 비용에 영향을 미친 것으로 밝혀졌다.

- 1.8에는 구매 가격 편차 목표, 수요 요구사항, 공급자의 최소 주문 수량, 그리고 제조 부문의 경제적 주문량이 서로 일치하지 않는 관계로 공급 계획의 수립이 어렵다는 점이 문제로 기술되어 있었다. 예를 들어, 구매자 123의 PPV 목표를 달성하기 위해서는 최소 주문 수량인 365일분의 재고를 보유해야 하나, 동 품목의 매출 예상치는 20%의 감소를 예고하고 있었다. 이러한 요인은 재고와 COGS에 영향을 미친 것으로 밝혀졌다.

여기에 1.1-부정확한 단위 예측과 관련된 개별 연결 단절 사례가 몇 가지 제시되어 있다.

1.1.1 신제품 예측의 부정확성 및 기회의 상실
1.1.2 신제품 관련 예측의 부정확성
1.1.3 신제품 예측에 관한 더 나은 시장 정보
1.1.4 제품 계열 차원에서의 예측치가 개별 SKU의 변동이라는 측면에서 별 도움이 되지 못한다
1.1.5 신제품 성장률이 매출 예산 및 예측치에 통합되어 있다
1.1.6 신제품 개발시 매출 예측치에 대한 의존도가 너무 높다
1.1.7 수리용 부품에 대한 예측이 별도의 수요 항목으로서 실시되지 않고 있다
1.1.8 품목 마스터 데이터 설정상의 오류로 인해 공장 또는 공급업체로 계획이 전달되지 못하는 결과가 초래된다
1.1.9 현장 예측, 마케팅 예측 및 공급망 예측이 각각이며 책임 관계가 분명치 못하다
1.1.10 최종 고객에게 판매되는 부분을 확인할 수 없으며, 딜러에 대한 판매 또한 반품으로 인해 불분명한 상태이다

이 날 중으로 취합되어야 할 많은 양의 데이터를 문서화하는 방법에 대해서는 <표 9-1>을 참조한다.

3. 물고기뼈 분석

힘든 분석을 막 끝낸 설계 팀에게 금주 제 2일차의 첫 번째 일정에 따라 부여된 과제는 브레인스토밍 카테고리의 경계와는 무관하게 유사한 문제 기술서를 통합하는 작업이었다. 예를 들어 부실한 재고 계획과 관련된 문제는 계획, 조달, 배송, 그리고 아마도 다른 몇 개의 카테고리 내에서 공통적으로 발견될 것으로 보는 것이 타당할 것이다. 설계 팀은 통합의 결과가 적절한지를 판정해야 했으며, 이어 변경 사항이 반영되도록 통합된 문제 기술서를 다시 작성해야 했다. 바로 이 장면에서 구체적인 사례가 중요한 요소로 대두된다.

<표 9-1> 연결 단절 요약 템플릿

1.1 카테고리 1에 속하는 연결 단절 그룹의 문제 항목을 여기에 기입	
연결의 단절 또는 그 원인에 대한 기술	ID
그룹 1에 속하는 개별적 연결 단절 문제를 여기에 기입	1.1.1
그룹 1에 속하는 개별적 연결 단절 문제를 여기에 기입	1.1.2
1.2 카테고리 1의 두 번째 연결 단절 그룹의 문제 항목을 여기에 기입	
연결의 단절 또는 그 원인에 대한 기술	ID
그룹 2에 속하는 개별적 연결 단절 문제를 여기에 기입	1.2.1
그룹 2에 속하는 개별적 연결 단절 문제를 여기에 기입	1.2.2
1.3 카테고리 1의 세 번째 연결 단절 그룹의 문제 항목을 여기에 기입	
연결의 단절 또는 그 원인에 대한 기술	ID
그룹 3에 속하는 개별적 연결 단절 문제를 여기에 기입	1.3.1
그룹 3에 속하는 개별적 연결 단절 문제를 여기에 기입	1.3.2

출처: © Copyright 2000 Pragmatek Consulting Group, Ltd.

　의심스러울 경우, 나중에 통합할 기회가 또 있을 것이므로 문제를 별개의 사항으로 남겨 둔다. 또한 변경 사항을 추적할 수 있도록 원래의 문서 번호를 통합된 문제 기술서에 포함시킨다. 이렇게 해 두면 나중에 팀이 물고기뼈 다이어그램을 만들 때 유용하게 사용할 수 있다. Fowlers의 경우, 32개였던 연결 단절 그룹이 다음과 같은 12개의 고유한 문제 항목으로 통합되었다.

1. 부정확한 예측. 이 문제는 부실하게 정의된 방법론, 모델링 기법의 활용도 저조, 그리고 훈련되지 않은 인력에 기인한다.

2. 일관성 없는 공급망 관리 방법. 이 문제는 주로 일부 공급자의 전술적 측면과 관련이 있다.

3. 이질적 시스템. 이 문제는 부실한 통합 내지는 전사적 자원관리

시스템의 계획 및 예측 기능을 제대로 활용하지 못하는 경우라 정의되었다.

4. 미흡한 데이터 무결성. 이 문제는 공급자, 품목 및 고객 마스터 데이터를 효과적으로 관리하지 못하는 경우라 정의되었다.

5. 공급자의 유연성 결여. 이 문제는 재고생산 품목 및 주문생산 품목과 관련하여 공급업체가 단기 수요의 변동에 대응하지 못하는 경우라 정의되었다.

6. 요행에 의한 제품 생명주기 관리. 이 문제는 제품이 발표되는 시점부터 상업화를 거쳐 퇴역에 이를 때까지의 모든 비즈니스 수명주기에 대한 관리 프로세스가 효과적이지 못한 경우라 정의되었다.

7. 부실한 재고 계획. 이 문제는 재고 수준에 관한 전술적 관리 및 공장 또는 공급자에 대한 보충 주문이 대증적으로 이루어지는 경우라 정의되었다.

8. 영업 및 운영 계획의 부재. 이 문제는 새로운 수요와 공급 계획이 사업계획과 통합되도록 함으로써 재무적 목표와 부합하도록 해 주는 프로세스의 결여라 정의되었다.

9. 대증식 물류 계획 및 실행. 이 문제는 재화의 물리적 이동과 관련되어 있다.

10. 규율 없는 주문 관리. 이 문제 항목에는 주문의 입력을 통해 이루어지는 조회 및 견적, 그리고 재고의 할당 등이 포함되어 있다.

11. 공식적 반품 관리의 부재. 이 문제 항목에는 물류 프로세스의 역방향으로 흐르는 재화의 이동 및 승인 프로세스 정책 등이 관련된 포함되어 있다.

12. 부실한 재고 관리 방법.

통합 작업이 종료된 후 David Able은 적당한 Fowlers 설계 팀원을 골라 모든 문제 기술서를 전달하고 근본 원인과 기회에 대한 분석을 모두 주관하도록 하였다. 팀이 몇 개나 되고 문제의 개수는 몇 개인지에 따라 여러 건의 문제를 리더에게 할당해야 하는 경우도 있을 것이다. 리더는 작업이 완료되고 검증되도록 할 책임을 진다.

이제 물고기뼈 분석 시트([그림 9-1])가 그려진 빈 양식을 모두에게 배포한다. 각 문제 기술서는 물고기의 머리에 해당한다. 어느 한 그룹을 선택하여 상세한 근본 원인 분석을 실시하는 방법에 대한 시범을 보인 후, 각각의 원인별로 두 번째 계층의 가지로 진행하도록 한다. 전날 작성한 문제 기술서를 사용하되, 선택된 그룹에 대한 분석이 원활히 진행되도록 모든 조치를 취한다. 브레인스토밍 카테고리, 원래의 문제 기술서 그리고 개별 연결 단절 사례로부터 적절한 수준의 상세도 차원에서 자료를 수집하여 원인-결과 방식으로 뼈 부분을 채워 나간다. 끝으로 설계 팀의 카테고리별 리더들에게 다음 일정이 시작되기 전까지 물고기뼈 분석을 완료하기 위한 계획을 수립하도록 한다. 한편, 물고기의 모습이 정확히 만들어질 수 있도록 필요한 모든 자원을 활용하도록 한다.

[그림 9-1] 물고기뼈 분석 양식

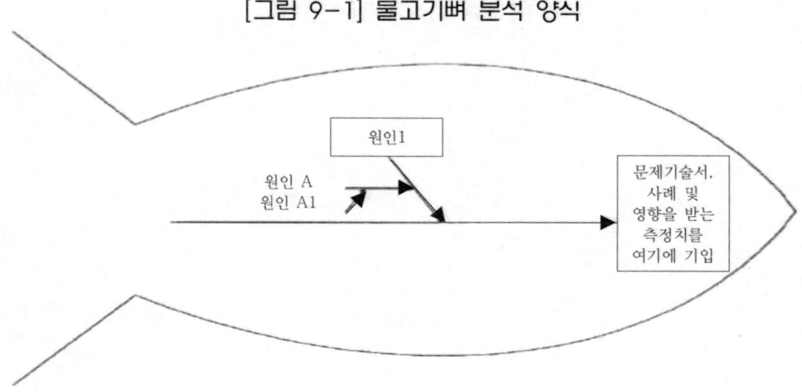

4. 스티어링 팀의 3차 검토 실시

다음 일정에 따라 스티어링 팀의 3차 검토를 준비 및 실시한다.

- 프로젝트 로드맵의 현 상태

- 연결 단절 프로세스에 관한 교육

- 연결 단절의 개념을 팀원들에게 소개

- 연결 단절 관련 통계치의 공유

- 그룹별 문제 기술서 검토

- 오늘 필요한 의사결정 사항 결정

- 스티어링 팀의 4차 검토를 위한 기대 사항

제8주 : 연결 중단 및 기회 분석
– 큰 물고기에 비유된 문제의 파악과 해결

어려운 과제를 부여받은 설계 팀은 마치 자신들이 거센 물결을 거슬러 올라가는 물고기와 같다고 느꼈을지도 모른다. 작업을 완료한 팀원들이 실제적으로 제시한 명제들을 몇 가지 예시하면 다음과 같다.

• 물고기는 공급망과 관련된 문제를 의미한다. 이러한 문제는 실제보다 과장되기 마련이고, 다른 사람에게 전달될 때마다 점점 더 커지는 속성이 있다.

• 큰 물고기는 큰 절감 기회를 의미하며, 작은 물고기는 작은 절감 기회를 의미한다. 아마도 작은 물고기를 잡는 쪽이 더 쉬울 것이다.

• 뼈를 모두 발라낸다 함은 문제를 해결한다는 뜻이다.

• 원하는 물고기를 잡으려면 그에 맞는 장비를 갖추어야 한다.

• 기회 분석이란 단지 뼈에 살을 붙여 나가는 일일 뿐이다. 타이밍이 결정적으로 중요하다는 것을 잊어서는 안 된다.

이번 주에는 브레인스토밍 분임 팀과 여타 자원 전문가에게 각자 관련된 문제에 대한 물고기뼈 분석을 완료하라는 과제가 주어질 것이다. 각 분임 팀은 효과적인 문제 해결 기법을 사용하여 분석을 실시한 후 각자의 조사 결과를 나머지 팀원들과 함께 검토하고, 이러한 바탕 위에 비용 절감의 기회를 계산하는 작업을 시작할 것이다.

구체적으로 제 8주차의 목표는 물고기뼈 분석 결과를 점검하고 정제한 후 전체적인 기회의 분석 및 우선순위 결정을 위한 작업에 착수하는 것이다.

1. 물고기뼈 분석 결과의 검토 및 정제

제1일에 실시될 검토 및 정제 프로세스는 기회 분석을 시작하기 전에 문제를 통합(혹자는 이를 일컬어 물고기떼라 한다)할 수 있는 또한 번의 기회가 된다. 이 프로세스는 3개의 기본적 단계로 구성되며, 그 목적은 고유한 문제의 정의를 도출함으로써 잠재적 절감 효과를 과다 추정하게 될 위험을 최소화하는 것이다.

첫 번째 단계는 각 분임 팀별로 물고기뼈 차트를 검토하는 작업으로 구성되며, 이때 머리 부분에 해당하는 문제 기술서에서부터 시작하여 한 단계씩 아래쪽 가지로 진행하게 된다. 이러한 과정에서 모든 변화(또한 그러한 변화의 배경)가 논의되어야 하며 아울러 분석 프로세스에 사용될 모든 자원이 파악되어야 한다.

두 번째 단계는 인과관계 분석 결과의 세부 사항에 기초하여 물고기를 통합 또는 확장하는 작업으로 구성된다. 의심스러운 부분이 있을 경우, 해당 문제와 관련된 사례를 첨부한다. 이 단계의 목적은 각각의 물고기가 고유한 문제를 대표하는 동시에 재무적으로 분석이 가능하도록 하는 것으로서, 이 시점에 이르면 프로세스의 진행이 기예적인 측면에 크게 의존하게 된다.

세 번째 단계는 각각의 물고기뼈 문제 기술서가 원래의 브레인스토밍 카테고리로 역추적될 수 있는지, 그리고 한 발 더 나아가 개별적 연결 단절점 및 사례에 대한 역추적이 가능한지를 검증하는 과정이다.

Fowlers의 경우, 지난주에 숙제로 배정된 12마리의 물고기에 대한 물고기뼈 분석 및 정제 프로세스를 완료한 결과 물고기의 수가 8마리로 통합되었다. "부정확한 예측" 및 "부실한 재고 계획"은 "영업 및 운영 계획의 부재"와 통합되어 "부실한 계획"이라는 단순화된 제목을 가진 새로운 물고기가 되었다.

"일관성 없는 공급망 관리 방법"은 "경직된 공급자의 유연성 및 대응력"과 통합되어 단순하게 "공급 관리"로 변하였다.

"부실한 재고 관리 방법"은 "대증적 물류 계획 및 실행"으로 변경되었다. 나머지 물고기뼈 다이어그램(이질적 시스템, 미흡한 데이터 무결성, 복불복식 제품 생명주기 관리, 규율 없는 주문 관리, 공식적 반품 관리의 부재)은 모두 그대로 유지되었다.

Fowlers에서 작성한 최종 목록은 다음과 같다.

- 부실한 계획
- 공급 관리
- 이질적 시스템
- 미흡한 데이터 무결성
- 복불복식 제품 생명주기 관리
- 대증적 물류 계획 및 실행
- 규율 없는 주문 관리
- 공식적 반품 관리의 부재

이때 주의할 점은 주요 문제 항목와 각 뼛가지 사이의 인과관계를 이해해야 한다는 것이다. ([그림 10-1]은 부실한 계획에 관한 물고기 뼈의 예이다.)

나중에 부실한 계획이라는 항목으로 통합된 3마리의 물고기를 회고해 보면 1차적 원인 계층과 2차적 원인 계층을 막론하고 중복되는 부분이 많았었다는 것을 알 수 있다. 이러한 통합 작업은 기회 분석 작업을 보다 단순화해 주고 예상 절감액의 정확성을 보다 높여 준다.

2. 기회 분석의 시작

제 2일차에 실시될 설계 작업의 목적은 기회의 계량화 프로세스에 관한 팀 교육을 실시하고, 적절한 문서화 도구를 찾아 내고, 테스트 시나리오를 만드는 방법을 예시하고, 다음 주에 부여될 숙제의 내용을 명확히 전달하는 것이다. 즉, 기회 분석을 완료하기 위한 과정이라 할 수 있다.

계량화 프로세스는 다음과 같은 5대 원칙에 따라 진행된다.

- 원칙 1. 최소한 분임 팀은 물고기를 제거함으로써 얻을 수 있는 가치를 자재 흐름 효율 스프레드시트(<표 8-2>)로부터 도출된 장소 및 측정치를 이용하여 판정해야 한다.

- 원칙 2. 회계기간 중 매출이 일정하다고 가정함으로써 예상 성장의 영향을 배제한다. 일반적으로 절감액을 표시할 때에는 연 단위로 환산된 수치를 사용한다. 문제가 해결되고 매출이 증가함으로 인해 수익이 개선되는 부분을 포함시키는 것은 허용된다.

- 원칙 3. 현실성 있는 절감 예측치를 사용해야 한다. 스티어링 팀, 그리고 궁극적으로 최고경영자 팀은 적절한 안전 완충 장치를 수

[그림 10-1] 부실한 계획의 물고기뼈 차트

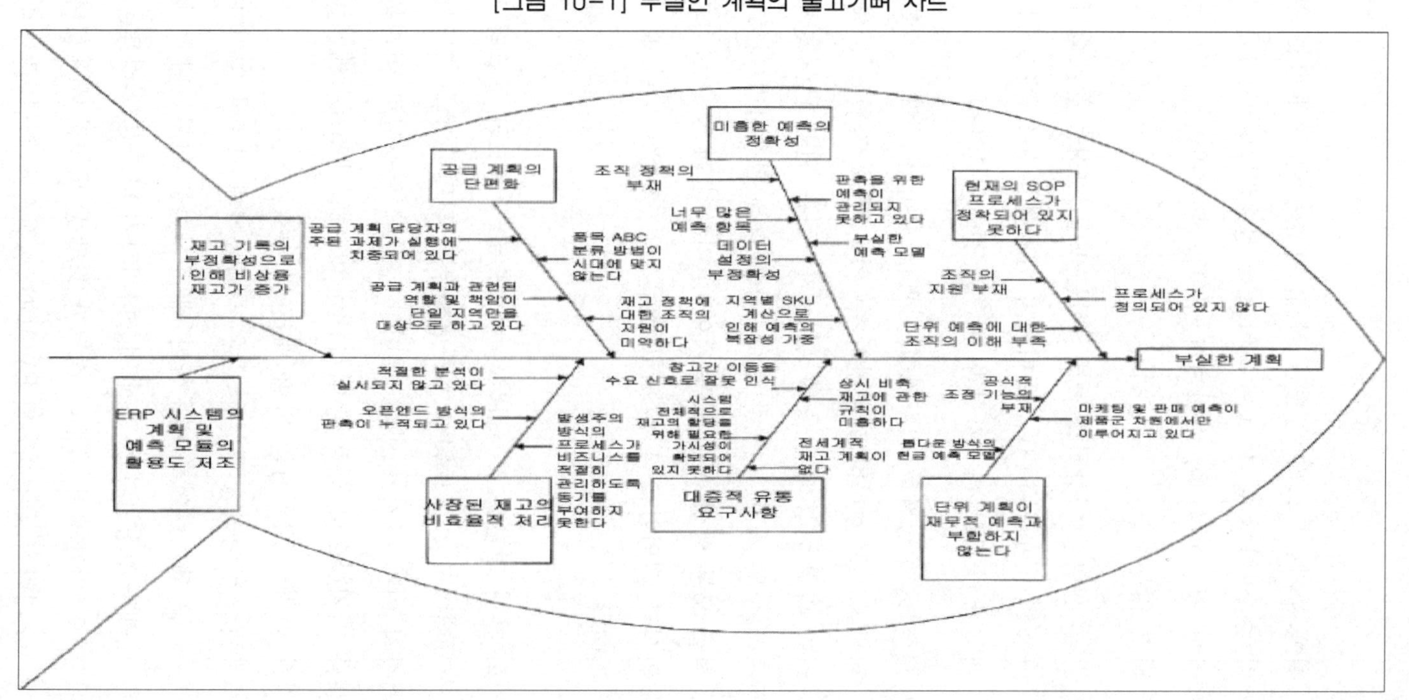

치에 추가함으로써 '약속은 적게, 이행은 더 크게'라는 원칙을 지킬 수 있어야 한다. 보수적이고 현실주의적인 시각을 유지하는 것이 정상이다. 이 시점에서 수치를 부풀리려는 시도는 도움이 되지 않는다.

- 원칙 4. 절감 예상치를 뒷받침하는 모든 가정을 문서화한다. 이는 가장 중요한 원칙이다. 스티어링 팀에서 의문을 제기하는 부분은 대체로 숫자보다는 가정과 관련된 것들이 많다.

- 원칙 5. 추정치를 스티어링 팀과 공유하기 전에 숫자와 가정을 객관적으로 검사하고 비판할 수 있는 검증 자원을 물색한다. 이러한 과정을 통해 얻을 수 있는 가치로는 변화 관리 능력과 컨텐츠라는 두 가지를 들 수 있다. 검증 팀을 활용하면 이 두 가지 목적을 모두 달성할 수 있을 것이며, 이로써 더 많은 사람들이 참여 의식과 책임감을 갖게 되고 컨텐츠의 정확성 또한 보다 향상될 것이다.

기회 분석 결과를 문서화하는 방법으로는 정교한 공급망 모델링이나 시뮬레이션 소프트웨어 도구에서부터 간단한 스프레드시트에 이르기까지 여러 가지가 있다. 어떠한 경우에든 정말로 어려운 부분은 문제를 제거함으로 인해 손익계산서 및 대차대조표상에 얼마만큼의 가치가 반영될 것인지를 밝혀 내는 일이다.

프로세스의 이러한 부분은 많은 사람들에게 거북한 일이다. 프로젝트 팀원 중 엔지니어를 비롯하여 세부 사항을 다루는데 익숙한 사람들은 기회를 추정한다는 일에 적응하기까지 다소간 어려움을 겪게 마련이다. 이 단계에서 아무리 정교한 모델링 도구를 사용한다 하더라도 WAG(대략적 추정치) 및 SWAG(어림짐작에 의한 근사치)에 의존

할 수밖에 없는 경우가 빈번히 발생할 수밖에 없다. 따라서 당분간은 십만 달러 내지 오만 달러 단위 정도는 대략 반올림 처리할 수밖에 없다는 사실을 편하게 받아들여야 할 것이다. 경우에 따라서는 물고기의 전체 가치를 평가하는 쪽에 보다 큰 관심을 집중하기도 한다. 모든 가정이 문서화되기만 한다면 양쪽 방법은 모두 타당성을 가질 수 있다.

<표 10-1>은 적당한 복잡성이 내포된 기회 스프레드시트의 한 예이다. 이 스프레드시트는 기본적으로 3개 열로 구성되어 있다.

- 베이스라인은 SCORcard 및 자재 흐름 스프레드시트(표 8-1)에 표시된 실제 데이터를 나타낸다.
- 테스트 시나리오는 문제가 제거되었을 때 예상되는 영향을 나타낸다.
- 변화 난에는 변화의 추정치를 입력한다.

표의 행 부분은 OR 레벨 2 카테고리에 준하여 주문 처리 서비스의 수준, 리드타임, 비용, 운영자본 및 수익으로 구성되어 있다.

이 스프레드시트는 비용 센터와 재고의 조직구조가 어떻게 할당되는지에 따라 각 프로젝트마다 약간씩 모양새가 달라질 수 있다. 또한 프로젝트에 따라서는 적절한 지역 및 성과 카테고리의 변화를 보여주기 위해 자재 흐름 효율 스프레드시트(<표 8-2>)를 사용하는 경우도 있다.

단, 작업의 흐름 및 정보의 흐름과 관련된 문제(고객 서비스 비용, 구매 비용 및 계획 비용과 같은 항목이 여기에 해당)를 둘러싸고 물고기 내지는 **뼈**의 모양을 추정하느라 시간을 허비하지 않도록 한다.

한다. 설계의 다음 단계에서는 구매 주문, 작업 주문, 판매 주문, 반품 승인, 예측 및 보충 등의 작업을 처리하기 위해 필요한 간접적 노동의 생산성을 중점적으로 다루게 된다. 창고 비용과 관련된 사항은 그러한 시설을 이동 또는 제거하는 과정에서 노무비와 물리적 비용이 모두 수반되기 때문에 다소 모호해질 수 있다. 만일 기회의 중점 대상이 창고일 경우, 창고를 자재 흐름과 관련된 기회 평가의 일부로 본다. 만일 기회의 중점 대상이 프로세스의 생산성 개선일 경우, 작업 및 정보 흐름에 대한 분석이 시작될 때까지 분석을 유예한다.

<표 10-1> 기회 스프레드시트의 예.

	A	B	C	D	E	F	G	H	I	J
1		베이스라인				테스트 시나리오				
2										
3	간접부문 요약			개/주문 당				개/주문 당	변화(비율)	변화(금액)
4	매출	$450,000,000				$450,250,000			0.00%	$　250,000
5	주문	1,326,632		$339.20		1,326,632		$339.39	0.00%	0
6	총 주문 품목	1,340,900,800		$0.34		1,340,900,800		$0.34	0.00%	0
7	구매 주문	35,678		$9,809.97		35,678		$9,809.82	0.00%	0
8	총 구매 품목	10,457,862		$33.47		10,457,862		$33.45	0.00%	0
9										
10	서비스 수준								변화(비율)	
11	공급자 처리율	62.4%				62.4%			0.00%	
12	주문 처리율	84.7%				84.7%			0.00%	
13										
14	주문 처리의 리드타임								일수	
15	재계획 시간	0.0				0.0			0	
16	주문처리시간	6.8				6.8			0	
17	대외운송시간	3.0				3.0			0	
18	물품 조달의 총 리드타임	63.8	100.0%			63.8	100.0%		일수	제품믹스 변화
19	S1 일수, 전체 중 %	30.0	46.0%			30.0	46.0%		0	0%
20	S2 일수, 전체 중 %	90.0	52.0%			90.0	52.0%		0	0%
21	S3 일수, 전체 중 %	160.0	2.0%			160.0	2.0%		0	0%
22										

				개당:			개당:	변화(비율)	변화(금액)
23	제조 및 판매 비용								
24	COGS 재료비	77.8%	$350,000,000	$33.47	77.7%	$349,780,760	$33.45	0.00%	$ (219,240)
25	COGS 노무비 및 회사간 운송비	9.9%	$44,700,000	$0.03	9.0%	$40,625,000	$0.03	0.00%	$ (4,075,000)
26									
27	공급망 비용								
28	주문관리비용	3.2%	$14,350,000	$0.01	3.3%	$14,878,000	$0.01	변화(비율)	변화(금액)
29	고객 서비스	0.0%		$0.00	0.0%	$0	$0.00	0.00%	$ —
30	FG 창고	1.3%	$5,850,000	$0.00	1.3%	$5,850,000	$0.00	0.00%	$ —
31	대외 및 반품 운송	1.9%	$8,500,000	$0.01	1.9%	$9,028,000	$0.01	0.00%	$ 528,000
32				개당:			개당:		
33	자재 조달	3.2%	$14,550,000	$1.39	2.8%	$12,720,000	$1.22	변화(비율)	변화(금액)
34	구매	0.0%		$0.00	0.0%	−$210,000	−$0.02	0.00%	$ (210,000)
35	RM 창고비	0.5%	$2,250,000	$0.22	0.5%	$2,250,000	$0.22	0.00%	$ —
36	대내 운송비	2.7%	$12,300,000	$1.18	2.4%	$10,680,000	$1.02	0.00%	$ (1,620,000)
37									
38									
39	영업마진에 대한 영향(%)	94.1%			1.3%				
40	영업마진에 대한 영향(금액)				$ 5,831,573				
41							변화(비율)		
42	상각 (%)	−16.00%			−16.00%			0.00%	
43	상각 (금액)	$ —			(72,040,000)				
44									
45	수익에 대한 영향 총계				$ (66,208,427)				
46									
47	자산								

						변화(비율)	일수 변화
48	운영자본	91.0	$97,300,000	91.0	$97,300,000		
49	재고, 일수-금액	34.4	$33,000,000	34.4	$33,000,000	0.00%	0
50	외상매입금, 일수-금액	140.0	$172,600,000	140.0	$172,600,000	0.00%	0
51	외상매출금, 일수-금액	196.6	$236,900,000	196.6	$236,900,000	0.00%	0
52	운영자본 총계, 일수-금액						
53							
54	운영자본에 대한 영향(%)			0.0%			운영자본
55	운영자본에 대한 영향(금액)			0%	0%		10%

출처: ©Copyright 2000 Pragmatek Consulting Group, Ltd.

11 제9주 : 기회의 요약, 목표자재 흐름의 시작, 스티어링 팀의 4차 검토
– 모든 기회의 취합

이전에 논의된 바와 같이 공급망을 통해 이루어지는 매출액의 3%에 상당하는 수익 개선 효과가 기대된다는 말은 최고경영진 및 이사회 앞에서 발표할 프레젠테이션용 데이터가 준비되기 전에 대략 추정할 수 있는 일반적인 수치가 그 정도라는 뜻이다. 이는 매출 1억 달러당 추가적으로 3백만 달러의 수익이 더 발생할 수 있다는 의미이다. 이 말은 충분히 재고할 가치가 있다.

그러나 공급망과 관련된 조직의 역량에 따라 어떤 팀은 이 법칙이 맞지 않는다는 사실을 발견하게 될 수도 있다. 회사의 공급망 관리 능력이 뛰어날수록 발견 및 분석 프로세스를 통해 발견할 수 있는 기회의 크기가 3%에 미치지 못할 가능성이 높아진다. 반면 성숙도가 떨어지는 회사의 경우 그 이상의 기회가 발견될 수도 있을 것이다. 몇 가지 기본적 질문 항목에 대비하여 회사의 상태를 평가해 보면 이러한 성숙도 수준을 사전에 측정할 수 있다([그림 11-1]). '예'라는 답이 더 많이 나올수록 역량이 높다고 볼 수 있다.

[그림 11-1] 공급망 역량 매트릭스

	목표-공급망 전략	설계	관리 및 측정
조직	조직의 공급망 전략/방향이 자세히 설명되고 전달되었는가? 외부의 위협 및 기회 그리고 내부적인 강점과 약점에 비추어 볼 때 공급망 전략이 타당한가? 이 공급망 전략에 기초하여 조직이 필요로 하는 산출물과 각 산출물로부터 기대되는 성과 수준이 결정되고 전달되었는가?	공식적 조직 구조를통해 공급망 전략이 지원되고 시스템의 효율이 증진될 수 있는가? 모든 관련 기능이 제대로 정착되어 있는가? 모든 기능이 필요한가? 기능간 입력 및 출력 요소의 현재 흐름이 적절한가?	고객 관련, 내부 관련 및 주주 관련 성과가 측정되고 있는가? 적절한 공급망 성과요구사항, 우선순위 및 목표가 설정되었는가? 자원이 적절히 할당되고 있는가?
프로세스	계획, 조달, 제조, 배송 및 반품 프로세스와 관련된 제반 목표가 고객/조직의 요구사항과 연결되어 있는가? 공급망과 관련된 계획 및 실행을 뒷받침할 적절한 Enable 프로세스가 정착되어 있는가?	현행 프로세스가 계획, 조달, 제조, 배송 및 반품 프로세스와 관련된 목표를 달성하기 위해 가장 효율적/효과적인 계획, 조달, 제조, 배송 및 반품 프로세스라 할 수 있는가?	계획, 조달, 제조, 배송 및 반품 프로세스 하위 목표가 적절히 설정되어 있는가? 계획, 조달, 제조, 배송 및 반품 프로세스의 성과가 관리되고 있는가? 각 계획, 조달, 제조, 배송 및 반품 프로세스에 충분한 자원이 할당되어 있는가? 계획, 조달, 제조, 배송 및 반품 프로세스 단계 사이의 연결점이 관리되고 있는가?
인력/작업	작업의 산출물 및 표준이 계획, 조달, 제조, 배송 및 반품 프로세스의 요구사항과 연결되어 있는가? (또한 조직 계층에 따라 순차적으로 연결되어 있는가?)	계획, 조달, 제조, 배송 및 반품 프로세스의 요구사항이 작업에적절히 반영되어 있는가? 작업이 논리적 순서에 따라 단계적으로 진행되는가?	작업 수행자가 작업의 목표(자신이 만들어 내야 할 산출물 및 충족해야 할 기준)를 이해하고 있는가? 작업 수행자가 충분한 자원, 명확한 신호 및 우선순위,

		지원 정책 및 절차가 개발되어 있는가? 작업 환경이 양호한가?	그리고 논리적 직무 설계에 따라 행동하는가? 작업 수행자에게 작업 목표와 관련하여 보상이 제공되는가? 작업 수행자가 자신이 목표를 충족하고 있다는 것을 알고 있는가? 작업 수행자가 작업목표의 달성을 위해 필요한 지식/기술을 가지고 있는가? 작업 수행자가 위의5개 질문에 대해 "예"라고 답할 수 있는 환경에 속해 있는 경우, 작업 수행자가 작업 목표를 달성하기 위해 필요한 물리적, 정신적 및 감성적 역량을 가지고 있는가?
기술	기술 목표가 고객/조직의 요구사항과 연결되어 있는가? 기술 목표가 계획, 조달, 제조, 배송 및 반품 프로세스 및 인력/작업을 지원하는가?	계획, 조달, 제조, 배송 및 반품 프로세스의 달성을 위해 가장 효율적/효과적인 기술이 적용되고 있는가?	적절한 기술적 하위 목표가 설정되어 있는가? 기술 관련 성과가 관리되고 있는가? 기술의 효과적 사용을 지원하기에 충분한 자원이 할당되어 있는가? 기술과 경영이 잘 조화되어 있는가?

그렇다면 공급망 관리와 관련된 회사의 기본적 문화에 대한 조사 작업을 가장 먼저 시작해야 하는 이유는 무엇일까? 그것은 두 가지 이유로써 설명될 수 있다. 첫째, 프로세스 주기 중 지금이 전술한 문제를 손쉽게 평가를 할 수 있는 적기이기 때문이다. 둘째, 이 작업은 재미가 있기 때문에 상당한 어려움과 좌절감이 수반될 수도 있는 이번 주의 첫 번째 과제로서 적당하다고 볼 수 있다.

기회를 평가한다는 과제는 설계 팀원들이 예산 작업 분야에 관해 얼마나 많은 경험을 가지고 있는지에 따라 간단한 일이 될 수도 있고 머리아픈 문제가 될 수도 있다. 어쨌든 기회에 대한 평가 결과는 잘 해 봐야 대략적인 추정치에 그칠 수밖에 없을 것이다. 다가오는 제 9주차에는 기회 분석의 결과를 검토 및 정제하고, 우선순위를 결정하고, 목표 자재 흐름을 구상하는 작업을 시작하고, 스티어링 팀의 4차 검토에 대비한 준비를 하는 과정이 뒤를 이을 것이다.

1. 기회 분석 작업의 완료

기회 분석 작업은 제반 가정 및 그에 부수되는 재무 및 서비스 관련 수치의 검토와 정제, 컨텐츠 및 변화관리의 가치에 대한 추가적 검증을 실시할 자원의 파악, 상기한 사항의 우선순위 설정이라는 3개 단계를 거쳐 완료된다. 이러한 제반 활동은 제 1일과 그 다음 날 중 수 시간에 걸쳐 진행된다.

(1) 가정의 검토 및 정제

각 기회 분석 스프레드시트(<표 10-1>)는 정제 프로세스를 필요로 한다. 정제 프로세스는 가정의 건전성, 정확성 및 적절성 그리고 후속 계산에 초점이 맞추어져 있다. 이 과정을 거치는 동안 여러분은 브레인스토밍

세션 이래로 사용된 모든 가정을 기록(제 9장)해 두기를 잘 했다고 생각할 것이다.

제반 가정을 서면으로 기록하는 일은 단지 형식의 문제일 뿐이며 기록을 잘 하는 비결이 따로 있는 것은 아니다. 각 스프레드시트(또는 기회의 물고기)마다 자체적인 가정의 목록이 첨부되어야 한다. 또한 그 내용 중에 품목 번호 또는 유형별 번호(RM, WIP, FG 또는 반품), 예측 수량(시장점유율, 지리적 구획, 단위 수량 또는 단위 예측 등의 데이터를 이용해 계산), 비용 또는 매출에 대한 영향(단위 당 비용 또는 단위 당 마진을 이용해 계산), 배송의 신뢰성, 리드타임 및 필요한 비즈니스 조건이 포함되어야 한다. 그러한 가정을 모두 기입하려면 한 개의 문단 정도가 필요할 것이다.

그러한 문단으로부터 수치(기회의 크기)를 도출하는 것은 단순한 계산의 문제이다. 만일 수치가 이상하다고 생각되더라도(이 작업을 하다보면 일종의 감을 느낄 수 있다) 숫자를 바꿔서는 안 된다. 가정을 바꿔야 한다.

가정의 종류는 여러 가지가 있을 수 있다. 그 중 한 종류는 직접적 또는 간접적 카테고리에 해당하는 비용 절감 또는 생산성 개선의 영향과 관련이 있다. 또 다른 종류의 가정은 배송의 신뢰성이 제고됨에 따라 기회의 상실이 줄어들거나 순수하게 성장이 촉진됨으로써 매출이 어떻게 변화하는지를 설명해 준다. 또 다른 종류의 가정은 리드타임과 배송 성과(재고, 외상매입금 및/또는 외상매출금 등의 지표를 통해 측정)가 운영자본에 미치는 영향을 설명해 준다. 전술한 가정 기술 문단에 여러 종류의 가정이 포함되는 것은 흔한 일이다.

Fowlers의 경우, 팀은 "부실한 계획" 물고기(<표 11-1>)에서부터 작업을 시작하였다. 팀원들은 이 물고기를 "제거"함으로써 6가지의 중요한 수익성 증진 기회를 발견할 수 있었다. 이러한 기회와 관련된 가정은 해당 수치가 기록된 행의 마지막 열에 기재되어 있으며, 그 내용은 아래에 요약된 바와 같다.

1. 주문 기회가 상실되는 경우를 줄인다. 주문 기회의 상실, 즉 자재가 즉각 가용하지 않은 관계로 놓쳐 버린 주문은 금액 기준으로 총 주문 금액의 1%, 또는 건수를 기준으로 26,532건에 이르는 것으로 계산되었다. 주문 당 평균 금액을 339.20달러라 상정하고 50%의 총이익률을 적용했을 때 수익 기회는 4,500,000달러로 계산된다.

2. 주문 처리의 리드타임을 5.8일 단축한다. 단, 매출 기회가 상실되는 일을 방지하기 위해 보유하는 모든 재고상품의 운송 시간은 계산에서 제외된다.

3. 부품 당 가격을 1% 인하하고, 이를 통해 모든 공급자에게 정확한 예측 데이터를 제공할 수 있는 능력을 확보한다. COGS가 349,780,000달러일 때, 연간 비용 감소액은 3,497,800달러로 계산된다.

4. 재고의 즉각적 가용성을 확보한다. 이것이 실현되면 여러 번 화물을 수거하고 재고 이동 주문을 급배송으로 처리하고 고객 서비스 담당자에게 현재의 전화 상태를 알리는 등의 작업과 관련된 주문 당 소요 시간이 10% 단축될 것이다. 주문 당 창고 비용이 4.40달러이고 연간 주문 건수가 1,326,632건이라 할 때, 583,718달러가 절감되는 것으로 계산된다.

5. 예정에 없던 구매 주문의 변경을 줄인다. 이것이 실현될 경우, 리드타임을 충족하기 위해 급배송을 해야 하는 경우가 줄어들 것이다. 현재 구매 주문 중 65%는 급배송 처리되고 있으며, 이로 인해 대내 운송 비용이 적정 수준에 비해 35%나 높은 상태이다. 대내 운송비 총액은 1,230만 달러로서, 개선을 통해 430만 달러를 줄일 수 있을 것으로 판단된다.

<표 11-1> '부실한 계획' 항목에 대한 Fowlers의 기회 분석.

	A	B	C	D	E	F	G	H	I	J	K	L
2			베이스라인				테스트 시나리오					
3												
4	간접부문 요약			개/주문 당				개/주문 당	변화(비율)	변화(금액)		
5	매출	$450,000,000				$454,500,000			0.00%	$ 4,500,000		가정
6	주문	1,326,632		$339.20		1,326,632		$342.60	0.00%	0		1. 상실된 기회주문을 줄인다. 주문
7	총 주문 품목	654,000,000		$0.69		654,000,000		$0.69	0.00%	0		기회의 상실, 즉 자재가 즉각 가용
8	구매 주문	35,678		$9,809.97		35,678		$9,711.93	0.00%	0		하지 않은 관계로 놓쳐 버린 주문은
9	총 구매 품목	10,457,862		$33.47		10,457,862		$33.13	0.00%	0		금액기준으로 총 주문 금액의 1%로
10												또는 건수를 기준으로 26,532건에
11	서비스 수준								변화(비율)			이르는 것으로 계산한다. 주문당 평
12	공급자 처리율	62.4%				62.4%			0.00%			균 금액을 339.20달러라 상정하고
13	주문 처리율	84.7%				84.7%			0.00%			50%의 총이익률을 적용했을 때 수
14												익기회는 4,500,000달러로 계산한
15	주문 처리의 리드타임								일수			다.
16	재계획 시간	0.0				0.0			0			
17	주문처리시간	6.8				1.0			−5.8			2. 주문처리의 리드타임을 5. 8일
18	대외운송시간	3.0				3.0			0			단축한다. 단, 매출기회가 상실되
19	물품 조달의 총 리드타임	63.8	100.0%			63.8	100.0%		일수	제품믹스 변화		는 일을 방지하기 위해 보유하는
20	S1 일수, 전체 중 %	30.0	46.0%			30.0	46.0%		0	0%		모든 재고상품의 운송 시간은 계
21	S2 일수, 전체 중 %	90.0	52.0%			90.0	52.0%		0	0%		산에서 제외된다.
22	S3 일수, 전체 중 %	160.0	2.0%			160.0	2.0%		0	0%		
23												3. 부품 당 가격을 1% 인하하고,
24	제조 및 판매 비용			개당:				개당:	변화(비율)	변화(금액)		이를 통해 모든 공급자에게 정확
25	COGS 재료비	77.8%	$350,000,000	$33.47		76.2%	$346,502,200	$33.13	0.00%	$ (3,497,800)		한 예측 데이터를 제공할 수 있는
26	GS 노무비 및 회사간 운송비	9.9%	$44,700,000	$0.07		9.8%	$40,625,000	$0.07	0.00%			능력을 확보한다.
27												COGS가 349,780,000달러일 때, 연
28	공급망 비용			개당:				개당:				간비용 감소액은 3,497,800달러

4. 재고의 즉각적 가용성을 확보
한다. 이것이 실현되면 여러번 화
물을 수거하고 재고 이동 주문을
급배송으로 처리하고 고객 서비
스 담당자에게 현재의 전화 상태
를 알리는 등의 작업과 관련된 주
문 당 소요 시간이 10% 단축될 것

#								변화(비율)	변화(금액)
29	주문관리비용	3.2%	$14,350,000	$0.02	3.2%	$14,350,000	$0.02	변화(비율)	변화(금액)
30	고객 서비스	0.0%		$0.00	0.0%		$0.00	0.00%	$ –
31	FG 창고	1.3%	$5,850,000	$0.00	1.3%	$5,850,000	$0.00	0.00%	$ –
32	대외 및 반품 운송	1.9%	$8,500,000	$0.01	1.9%	$8,500,000	$0.01	0.00%	$ 528,000
33				개당:			개당:			
34	자재 조달	3.2%	$14,550,000	$1.39	2.8%	$12,720,000	$1.39	변화(비율)	변화(금액)
35	구매	0.0%		$0.00	0.0%	−$210,000	−$0.02	0.00%	$ (210,000)
36	RM 창고비	0.5%	$2,250,000	$0.22	0.5%	$2,250,000	$0.22	0.00%	$ –
37	대내 운송비	2.7%	$12,300,000	$1.18	2.4%	$10,680,000	$1.02	0.00%	$ (1,620,000)
38									
39									
40	영업마진에 대한 영향(%)	94.1%			2.8%				
41	영업마진에 대한 영향(금액)				$ 12,617,518				
42								변화(비율)	
43	상각 (%)	−16.00%			−16.00%				
44	상각 (금액)	$ 69,000,000			(72,720,000)				
45									
46	수익에 대한 영향 총계				$ (66,208,427)				
47									
48	자산								
49	운영자본							변화(비율)	일수 변화
50	재고, 일수-금액	91.0	$97,300,000		91.0	$65,223,077		0.00%	−30
51	외상매입금, 일수-금액	34.4	$33,000,000		34.4	$33,000,000		0.00%	
52	외상매출금, 일수-금액	140.0	$172,600,000		140	$172,600,000		0.00%	
53	운영자본 총계, 일수-금액	196.6	$236,900,000		166.6	$204,823,077			
54									
55	운영자본에 대한 영향(%)				0.0%			운영자본	
56	운영자본에 대한 영향(금액)				0%	$3,207,692		10%	

이다. 주문당 창고 비용이 4.40달러이고 연간 주문건수가 1,326,632건이라 할 때, 583,718달러가 절감되는 것으로 계산된다.

5. 예정에 없던 구매 주문의 변경을 줄인다. 이것이 실현될 경우, 리드타임을 충족하기 위해 급배송을 해야하는 경우가 줄어들 것이다. 현재 구매 주문중 65%는 급배송 처리되고 있으며, 이로 인해 대내 운송 비용이 적정 수준에 비해 35%나 높은 상태이다. 대내 운송비 총액은 1,230만 달러로서, 개선을 통해 430만 달러를 줄일 수 있을 것으로 판단된다.

6. 사장된 재고를 총 재고가액의 25%에서 총 재고 가액의 12.5%로 50%만큼 축소한다.
이는 8,152,884달러 또는 7.6일분의 재고에 해당한다. 이미 25% 정도 재고가 비축되어 있기 때문에 첫해에는 운영자본과 관련된 이득만을 기대할 수 있을 것이다. 두 번째 년도에는 비축부분이 없어질 것이므로 수익에 직접적인 영향이 있을 것이다. 또한 재고와 관련된 경쟁력 요구사항을 달성할 수 있도록 영업및 운영계획프로세스를 활용하여 각 창고별로 재고포지션을 최적화한다. 이와 같이 함으로써 SCORcard(그림 5-1)에 제시된 바와 같이 22.4일 또는 23,924,039달러의 수익 기회를 얻을 수 있다.

6. 현재 총 재고 가액의 25% 수준인 사장된 재고를 총 재고 가액의 12.5%로 50%만큼 축소한다. 이는 8,152,884달러 또는 7.6일분의 재고에 해당한다. 이미 25% 정도 재고가 비축되어 있기 때문에 첫 해에는 운영자본과 관련된 이득만을 기대할 수 있을 것이다. 두 번째 년도에는 비축 부분이 없어질 것이므로 수익에 직접적인 영향이 있을 것이다. 또한 재고와 관련된 경쟁력 요구사항을 달성할 수 있도록 영업 및 운영 계획 프로세스를 활용하여 각 창고별로 재고 포지션을 최적화한다. 이와 같이 함으로써 SCORcard([그림 5-1])에 제시된 바와 같이 22.4일 또는 23,924,039달러의 수익 기회를 얻을 수 있다.

Fowlers 팀은 반품의 증가를 방지하고 매출 대금의 회수 기간을 단축하고 대외 운송을 최적화하는 등의 조치로 인한 여타의 분명한 이득을 어디에 배정할 것인지를 두고 씨름하고 있었다. 이러한 모든 것들은 영업 및 운영 계획의 개선으로 인한 이득이며, 이곳 저곳에 두루 포함되어 있을 수 있다. 절감액이 이중으로 계산되지 않도록 하기 위해 팀은 각각의 기회를 논의할 때 세심한 주의를 기울였으며 합의를 통해 하나의 물고기에 배정되도록 하였다.

(2) 추가적 검증 자원의 파악

두 번째 단계는 자연스럽게 첫 번째 단계와 이어진다. 팀은 가정을 조정해 나가는 동시에 가정의 설정에 관여한 사람들의 명단을 검토하고 추가적 검증을 실시하기 위한 자원을 확보해야 한다.

명단에 더 많은 사람들을 추가해야 하는 이유로는 두 가지를 들 수 있다. 첫째, 가정을 더욱 정제하려면 세부 사항을 잘 알고 있는 컨텐츠 전문가가 더 많이 필요할 수 있다. 예를 들어 재고 비축의 영향을 계량화하거나 대차대조표에 반영될 수치적 변화를 계산하려면 마케팅 리서치 분석가 또는 비용 회계사가 필요할 것이다. 둘째, 이러한 주제별 전문가를 추가함으로써 수치를 최종 발표하기로 결정하기에 앞서 정보를 충분히 소화할 수 있는 가외의 시간을 얻을 수 있으며, 이를 통해 프로젝트에 대한 지원의 폭을 넓힐 수 있다.

(3) 기회의 우선순위 결정

이 날의 마지막 시간은 연결 단절 기회 그리드를 작성하는 일로 채워진다(그림 11-2 참조). 이 그리드는 간단한 사분위 차트로서, 실행의 난이도 및 영향력의 크기를 기준으로 프로젝트를 구분할 때 사용된다. 영향의 크기는 각 물고기별 기회 스프레드시트에서 직접 가져올 수 있다. 난이도 수준을 할당하는 일은 상당히 주관적이며, 필요한 기술은 무엇인지, 행동 양식을 바꾸고자 할 때 공급망 파트너에 얼마나 의존해야 하는지, 그리고 회사의 비즈니스 단위별 자원과 관련된 제반 기능은 무엇인지 등의 요소에 따라 결정된다.

[그림 11-2] 연결 단절과 관련된 기회의 그리드 작성을 위한 양식

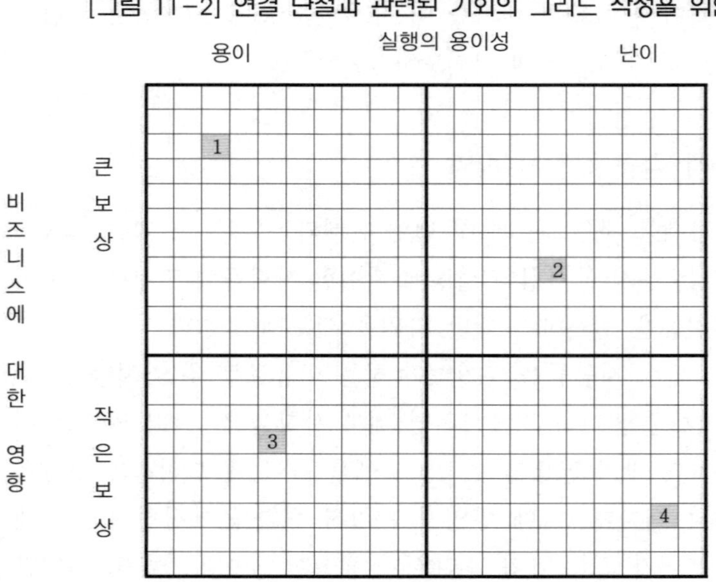

말할 것도 없이 손쉬운 실행과 큰 보상으로 대변되는 사분위면에 나타나는 프로젝트가 가장 바람직한 프로젝트일 것이며, 그 반대쪽에 자리한 프로젝트는 어려우면서 보상은 적은 프로젝트일 것이다. 각 사분위면은 10X10 그리드로 구성되어 있어 유사한 정도의 난이도 및 기회를 가진 프로젝트 사이의 미세한 차이를 나타내는 것이 가능하다. 이 차트를 작성하는 목적은 각 물고기별가 위치할 자리를 결정하고 모든 물고기를 그리드 위에 배치하여 비교하기 위함이다.

Fowlers 팀의 경우, 다음과 같은 8마리의 물고기(제 10장 참조)와 각 물고기에 대한 기회 분석 결과를 도출한 바 있다.

1. 부실한 계획
2. 공급 관리
3. 대증식 물류 계획 및 실행
4. 이질적 시스템
5. 미흡한 데이터 무결성
6. 복불복식 제품 수명주기 관리
7. 규율 없는 주문 관리
8. 공식적 반품 관리의 부재

팀은 250,000달러 이상의 영향력을 가진 모든 물고기를 주요 개선 항목으로 보아야 한다는데 뜻을 같이 하였다. 기술의 변경 또는 고객이나 공급자 행동의 변화를 요하는 모든 물고기는 난이도가 높은 것으로 간주하기로 하였다.

최종 위치를 정하기 위해 필요한 그 외의 사항은 물고기를 제거하기 위한 프로젝트를 지원해 줄 기능 부문이 몇 개나 필요한지에 대한 의견 합치를 통해 주관적으로 결정되었다([그림 11-3]). 회사의 경리 담당을 제외한 모두가 가장 놀란 부분은 바로 반품에 관한 항목이었다. 반품을 "난이함"의 범주로 분류한 이유는 반품 정책을 시행해야 한다는 필요성에 기초하고 있었다. WI라는 표시가 붙은 물고기는 아직 완료되지 못한 "작업 및 정보 흐름" 간접부문 분석을 통해 재무분석 결과가 결정될 것이라는 의미였다. 모두 합해 약 2천 4백만 달러에 상당하는 기회(공급망을 통한 매출의 약 5%)가 존재한다는 사실은 Fowlers가 그간 어떤 처지에 있었는지를 여실히 보여 주는 지표라 할 수 있었다. 팀의 평가에 따르면 이 회사는 공급망 역량 척도를 기준으로 아직 미발육 상태에 있었다.

2. 목표하는 자재 흐름의 구상에 착수

제 2일의 오후가 될 때까지 모두가 작업에 몰두하고 있는 모습이었다. 새로이 시작된 활동이라고는 SCOR 사전(Supply-Chain Council의 가입자라면 웹 사이트 supply-chain.org에서 다운로드할 수 있다)에서 모범사례를 찾아내고, 부문별로 고객의 배송 요구사항을 검증하고, 모범 사례로 활용할 만한 내부 정보를 찾는 일 정도였다.

3. 스티어링 팀의 4차 검토 실시

다음과 같은 안건을 중심으로 스티어링 팀의 4차 검토를 준비 및 실행한다.

- 프로젝트 로드맵 상태
- 연결 단절 그리드 검토
- 기회 분석 검토
- 오늘 필요한 의사결정사항
- 스티어링 팀의 5차 검토시의 기대 사항

[그림 11-3] Fowlers의 연결 단절과 관련된 기회의 그리드

범례	절감액
1. 부실한 계획	$15,825,210
2. 공급 관리	$1,257,888
3. 대중식 물류 계획 및 실행	$2,390,833
4. 이질적 시스템	WI
5. 미흡한 데이터 무결성	WI
6. 복불복식 제품 수명주기 관리	$4,440,985
7. 규율 없는 주문 관리	WI
8. 공식적 반품 관리의 부재	$38,000,000
총계	61,914,916

대규모 절감 요인 250,000달러
난이도 요인 기술, 고객 또는 공급자

제10주 : 목표자재흐름
-더 나은 비즈니스의 설계

목표 자재 흐름을 달성하기 위해 어떠한 변화가 필요한지를 탐색하느라 보낸 처음 이틀간 팀은 다소 맥빠진 느낌을 받았을 수도 있을 것이다. 첫째 주의 첫 날부터 사람들은 무엇을 어떻게 고쳐야 할 것인지에 대한 생각들을 가지고 있었다. 분석이 이 정도의 단계에 이르면 수익성과 고객 만족의 개선을 위해 어떠한 변화가 필요한지가 벌써 명백히 드러난지 오래일 것이다. 때로는 목표 상태를 구현하기 위해 필요한 변경사항을 찾아 내는 일이 물고기 머리 부분에 있는 문제 기술서에 "이렇게 해서는 안 됨"이라는 문구를 추가하는 것만큼이나 간단할 수도 있을 것이다. 그러나 만사가 그렇게 쉽게 처리될 것으로 기대하는 것은 금물이다. 제 10주차에는 적절한 모범 사례 및 기타 자재 흐름에 변화가 필요한 부분을 찾아 냄으로써 모든 물고기를 제거할 수 방안을 모색하는 과정이 진행될 것이다.

프로젝트의 일정이 목표 상태를 구상하는 단계에 이르면 비로소 정교한 모델링 도구가 유용하게 사용되기 시작한다. 모델링 도구는 크게 프로세스, 물류 네트워크 및 데이터 흐름과 관련된 도구로 구분된다. 그 외의 도구들은 ERP 시스템에 대한 작업 흐름 인터페이스의 역할을 한다. Supply Chain Council은 SCOR 요소가 통합된 도구의 예를 웹 사이트를 통해 게시하고 있다.

1. 변경할 부분을 찾아내고 목표하는 상태를 모델링하기 위한 작업의 시작

지금까지 현 상태의 자재 흐름에 대한 분석은 분임 팀에 의해 수행되었다. 그러나 어떤 면에서 보면 목표 상태를 구현하기 위한 솔루션은 전체 그룹에 의해 개발되는 것이 최선이라 할 수 있다. 시간이 더 걸릴 수는 있겠으나, 이러한 과정이 과학인 동시에 기예라는 점을 감안하면 더 나은 결과가 기대된다 할 것이다. 또한 현 상태 분석은 분임 팀이 실시하고 목표하는 상태에 대한 분석은 전체 그룹이 수행한다는 원칙은 작업 및 정보의 흐름에 대해서도 똑같이 적용된다는 것이 경험을 통해 밝혀진 바 있다.

제 1일차의 첫 번째 단계는 자사 또는 자사가 속한 업계에 적용할 수 있는 짧은 모범사례(숙제로 부여된 바 있음)의 후보 목록을 도출하는 일이다. 이러한 목록의 원천으로는 SCOR 사전, 설계 팀원의 경험과 학습, 전문가 협회 및 산업 협회 등이 있으며, 그 외에도 비즈니스 프로세스 리엔지니어링, 품질 기능의 배치, 식스시그마의 계속적 개선, 합리적인 소비자의 반응, 전사적 품질관리, 제약조건 이론, 린 제조 등의 활동을 통해 지득된 원칙으로부터도 모범사례를 찾을 수 있다.

두 번째 단계(어느 정도 연구가 필요함)는 각각의 모범사례별로 좋은 사례연구 자료를 찾아 후보 목록을 만드는 과정이다. 여기서 "좋다"라 함은 최소한 다음과 같은 3가지 기준에 따라 판정된다.

1. 목표하는 상태의 상세한 특성이 해당 사례연구 자료에 기술되어 있다. 그러한 특성으로는 조직, 프로세스, 직무 및 기술에 관한 전략, 설계 및 관리 요소 등을 들 수 있다.

2. 현재의 상태로부터 목표하는 상태로 변화되는 과정이 관련 사례연구
   자료에 기술되어 있다(습득된 교훈 포함).
3. 사례연구 자료가 자사의 업종 또는 공급망과 관련된 역할이라는 측면
   에서 관련성이 있다. 두 가지 측면에서 모두 관련성이 있다면 더욱
   좋을 것이다.

후보 목록에 포함된 각각의 모범사례별로 배경 정보를 기입하고 나
면 설계 팀은 필요한 변화와 가정을 찾아 내고 문서화하는 작업을 시
작할 수 있다. 논의할 사항은 각각의 물고기마다 달라질 것이다. 이러
한 논의의 내용을 개괄적으로 조망하고자 할 경우, 공급망 역량 매트
릭스([그림 11-1])를 체크리스트로 사용한다.

이어 각각의 물고기마다 "이 문제를 제거하기 위해 모범사례가 필
요한가?"라는 질문을 제기한다. 만일 답이 "예"라면 어떠한 변화가
필요한지를 그 사례연구 정보를 이용해 찾아 내고 공급망 역량 매트
릭스의 모든 난에 답을 기입해 나간다. 몇몇 난에는 해당 없음이라는
문구가 기입될 수도 있다. 모범사례를 적용하려면 매트릭스의 몇 개
난에 변경이 가해져야 하는 것이 보통이다. 답이 "아니오"일 경우,
"이렇게 해서는 안됨" 식의 처리 방법을 사용한다.

변화를 필요로 하는 난의 개수는 물고기의 복잡성에 따라 달라진
다. 대금지불 연체에 관한 정책의 변경은 비교적 간단하게 처리될 수
있을 것이며 단지 몇 개의 난에만 영향을 미칠 것이다. 전사적으로 판
매 및 운영 계획을 수립하는 방식을 변경하는 경우에는 모든 난에 변
경이 가해져야 할 것이다. 가장 적은 변화만으로 가장 많은 물고기를
제거하는 설계 팀이 최상의 공급망을 구축할 공산이 크다.

끝으로 사전/사후로 구분 표시된 자재의 지리적 흐름 및 자재 흐름 스
프레드시트가 표시된 비즈니스 활용 사례 또는 시나리오를 작성하고, 역

량 매트릭스 상에 기록된 변경 내용을 뒷받침하는 가정을 첨부한다.

✦ Fowlers의 모범사례

Fowlers의 기술제품 후보 목록에는 계획과 관련된 2개의 모범사례가 포함되어 있었는데, 그 중 하나는 영업 및 운영 계획(SOP)이고 또 하나는 협력, 계획, 예측 및 보충(CPFR)이었다. 사실상 SOP는 그 정의상 모범사례인 동시에 "SOP 프로세스가 비효율적이어서는 안 된다"라는 상식의 성격을 모두 가지고 있는 개념이었다. 반면 CPFR은 Fowlers의 현행 방법론을 훨씬 벗어나는 개념이었다. 대형 소매 고객과 관련된 예측 및 보충의 변동성은 수익, 대내 및 대외 운송 비용, 부실한 재고 포지션, 배송의 신뢰성 저하 등과 관련하여 재무 기능에 혼돈을 일으키는 주 원인이었다. CPFR은 반드시 필요한 요소였으며, 이를 위해서는 먼저 SOP 프로세스의 건전성이 선결되어야 했다.

선구자적인 소매업체들은 수년 전부터 대형 공급자와의 관계에 있어 CPFR을 사용해 왔다. 기술 솔루션의 발전으로 인해 커뮤니케이션 인프라 및 예측 분석의 비용이 낮아짐에 따라 CPFR 역량에 투자하는 공급자의 수가 늘어나고 있는 추세였다. 따라서 팀은 좋은 참조 정보를 구하는데 있어 많은 어려움을 겪을 필요가 없었다.

Voluntary Interindustry Commerce Standards(VICS)는 1998년 출간된 Collaborative Planning, Forecasting and Replenishment Voluntary Guidelines(협력적 계획, 예측 및 보충에 관한 자발적 지침)를 비롯한 풍부한 조사 데이터의 원천임이 밝혀졌다. 또한1999년에 출간된 Roadmap to CPFR(CPFR을 향한 로드맵)에도 많은 사례 연구 자료가 수록되어 있었다. Fowlers 팀은 과거의 사례 연구 자료가 수록된 VICS 웹 사이트(vics.org) 및 CPFR 웹 사이트(cpfr.org)를 활용하여 다음과 같은 핵심적 질문에 대한 답을 추구하였다. 왜 CPFR인가? CPFR는 어떠한 단계로 구성되어 있는가? CPFR은 어떻게 SCOR와 부합하는가? 단계별 지침은 무엇인가? 어디에서 더 많은 참조 정보를 얻을 수 있는가?

공급망 역량 매트릭스를 참조하여 CPFR과 관련된 제반 변화를 조사한 결과, 팀은 12개 항목 모두에 대해 변화가 필요하다는 것을 발견하였다.

2. 목표 상태 모델의 정제 및 우선추진 계획의 실행

목표하는 상태를 구현하기 위한 솔루션의 개발을 위해 며칠을 할애해야 하는지에 대해서는 정해진 규칙이 없다. 그것은 문제의 범위 및 복잡성에 따라 달라진다. 어찌 되었든 제 2일차(각각의 물고기에 대한 첫 번째 솔루션 초안이 작성된 다음 날이라 정의됨)의 일정은 다시금 검토 및 편집 작업에서부터 시작되었다.

이 시점에 이르러 제반 솔루션 및 그와 관련된 가정에 수정이 필요한지를 묻는다는 것은 불필요한 일일 것이며, 다만 얼마나 많이 그리고 어느 정도까지 수정해야 할 것인지가 문제로 제기될 수 있을 것이다.

또한 이전-이후 방식으로 비교표를 만들려면 세부도와 명료도의 차원이 한층 높아져야 할 것이다. 이 모든 것들은 재무적 상황을 보다 명확히 규명한다는 공통의 목표를 지향하고 있다. 최고경영진은 다음 주로 예정된 스티어링 팀의 검토 시점에 최초로 회사의 미래에 관한 명확한 지도를 보게 될 것으로 기대하고 있는 바, 한 눈에 이해할 수 있으면서도 그 효과를 완전히 납득할 수 있을 만큼 충분한 세부 사항이 첨부된 솔루션이 제시되어야 할 것이다.

Fowlers의 경우, CPFR에 적합한 목표 자재 흐름을 달성하려면 4가지 중요한 변화가 선행되어야만 했다. 첫째, 공급자로부터 소매 창고로 직배송되는 비중이 더 높아져야 했다. 이것이 실현된다면 지리적 맵 상의 각 지역을 연결하는 선의 모양이 달라질 것이다. 이전에는 자재가 공급자로부터 Fowlers의 창고를 거쳐 고객의 소매 현장으로 이동하였다. 목표 상태 맵을 보면 공급자로부터 고객의 지역별 창고로 자재가 흐른다는 것을 알 수 있다.

두 번째 중요한 변화는 위탁재고가 고객의 판매지점에 보다 가까운 더 적은 수의 장소로 통합되어야 한다는 것이었다. 이전에는 특정한 재고 품목이 모두 Fowlers의 창고에 보관되었다. 목표 상태를 보면 모든 품목이 Fowlers의 단일 창고 및 고객이 지정한 지역 창고에 보관된다.

세 번째 중요한 변화는 개선된 재고 포지션 및 통합화를 통해 리드 타임에 대한 기대치가 낮아졌다는 것이다. 그 결과는 개선된 배송의 신뢰성 및 운송 비용의 감소로 나타날 것이다.

네 번째 변화는 반품의 흐름이 최적화되었다는 것이다. 이전에는 반송품이 고객의 현장으로부터 가장 가까운 Fowlers의 창고로 운송되었다. 목표 상태를 보면 반송품은 고객의 지역 창고에 모였다가 모든 반품의 회수 장소로 지정된 Fowlers의 단일 창고로 배송된다.

제 2일차의 두 번째 일정은 우선추진 계획을 시작하는 것이었다. 이 작업은 최소한의 문화적 변화만으로 신속한 ROI를 구현하기 위한 두 개의 프로젝트 중 하나였다. 이러한 활동을 위한 지침으로는 두 가지가 있다. 첫째, 설계 팀은 많은 노력과 작업의 중단 없이 즉시 실행될 수 있는 몇 가지의 변화가 표면화될 수 있는 방식으로 목표 자재 흐름이 구현될 수 있도록 솔루션의 우선순위를 지정해야 한다. 이러한 우선추진 계획은 비용의 증가 없이 6개월 이내에 수익을 증진한다는 목표의 기초가 되는 동시에 12개월동안 2-6배의 투자 수익 증진이 가능하다는 동기와 믿음을 제공한다.

먼저 연결 단절 분석용 그리드([그림 11-2])를 가지고 작업을 시작하되, 이렇게 도출된 정보 중 일부를 사용하여 새로운 매트릭스를 작성한다. 새롭게 균형이 조정된 프로젝트 믹스 그리드([그림 12-1])에는 프로젝트의 범위(전술적인지 아니면 전략적인지)와 변화의 속도(빠르게 진행할 것인지 아니면 신중하게 진행할 것인지)가 표시된다. 우선추진 항목을 찾아내기 위해서는 연결 단절 그리드에서 "손쉬운" 부분에 해당하는 기회만을 골라 검토한 후, 새롭게 균형이 조정된 프로젝트 믹스 매트릭스에 결과를 표시한다. 그 다음 전술적/신속함 사분면에 속하는 프로젝트만을 검토하여 우선추진 항목을 찾아낸다.

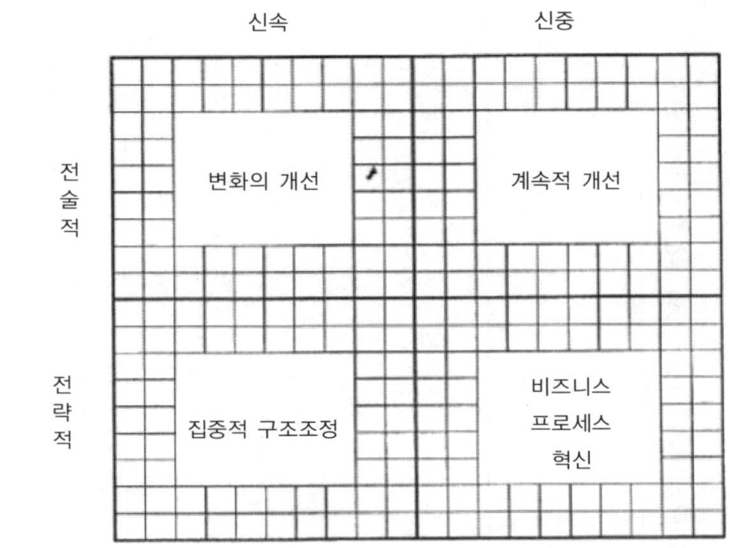

[그림 12-1] 균형이 조정된 프로젝트 믹스 매트릭스

우선추진 계획의 작성을 위한 두 번째 지침은 확장 팀 구성원 및 조직 내의 다른 사람들에게 우선추진 계획의 실행 항목에 대한 책임을 이양해야 한다는 것이며, 이때 미니 헌장을 만들어 사용하도록 한다. 미니 헌장은 원래의 프로젝트 헌장과 비슷하나 우선추진 항목이 중점 강조되어 있다. 미니 헌장의 요소로는 문제의 요약 및 근본 원인 분석의 결과, 권장 변경 사항, 활동 계획, 책임, 타이밍, 기회 스프레드시트 상에 계산된 이득, 실행 책임자(확장 팀 또는 기타 자원), 실행 자원(자본, 비용 및 인력 등), 실행 후원자(스티어링 팀) 등이 있다.

Fowlers의 우선추진 계획은 환태평양 지역의 공급자로부터 배송되는 자재의 이동과 주로 관련이 있었다([그림 12-2]).

[그림 12-2] 아시아 태평양 지역 운송의 통합을 위한 Fowlers의 우선추진 미니 헌장

문제 및 근본 원인 분석	
아시아로부터의 대내 배송되는 물품의 경우, 각 공급자 단위로 컨테이너를 완전히 채울 만큼씩 물량을 통합하도록 하고 있다. 이렇게 함으로써 각 배송 단위별 운송비는 낮출 수 있으나 유연성과 대응력이 떨어지고 그에 따라 재고의 가액이 높아진다.	
권고 사항 해당 지역의 모든 공급자가 참여하는 지역별 통합 체계를 수립한다.	
실행 계획	**책임/타이밍**

1. 공급자 파악
2. 서비스 제공자 파악
3. 프로세스의 정의 및 파일럿 테스트
4. 변화의 실행
	1. 공급자의 목록을 분류하고 비즈니스 팀과 함께 검증을 실시한다
	   (2주 - 구매 담당/기획 및 분석 담당).
	2. 제삼자 물류 서비스의 필요성을 결정하고 제안 요청을 한다
	   (4주 - 운송 분석 담당).
	3. 변화를 기획하고 실험한다(2주 - 공동).
	4. 통합을 기획하고 실행한다(4주 - 공동).

기대 이득	**실행 자원**
비용, 사이클타임, 품질 및/또는 고객 서비스를 기준으로 성과를 계량화한다. 1. 연간 1,750,000달러의 운송 비용 절감 2. 리드타임을 6주 단축 3. 구매 주문 당 배송 신뢰성의 35% 개선	인력, 자본 및 비용지출 항목의 FTE 1. 책임/타이밍 섹션에 지정된 기간 중 구매 담당/계획 담당 및 운송 분석 담당을 포함하여 조사된 바에 따를 경우 2 FTE.
실행 책임자	**실행 후원자(들)**
1. 구매 담당/기획 담당	1. 구매 및 물류 담당 이사
헌장의 상태	
1. 스티어링 팀의 5차 검토를 통해 승인이 완료된 상태	

13 제11주 : 우선추진계획, 스티어링 팀의 5차 검토, 작업 및 정보 흐름 분석의 시작
-작업 및 정보의 흐름을 세부적으로 분석

SCOR 프로젝트가 진행되는 도중 몇 차례에 걸쳐 특별한 시점이 도래하게 되는데, 그러한 시점이란 사람들이 다음 주에 부여될 과제에 대해 걱정하기보다는 회사의 발전을 기할 수 있는 잠재적 기회와 관련하여 자신이 수행하고 있는 작업의 중요성을 재차 깨닫게 되는 시점을 말한다. 제 5주차(제 7장)의 SCORcard 갭 분석이 바로 그러한 경우 중 하나였으며, 이번 주 또한 그러한 경우에 해당한다.

바로 지금 설계 팀원들은 회사를 위해 무언가 대단한 가치가 있는 것을 만들어 냈다는 긍지를 느낄 만한 충분한 이유를 가지고 있었다. 그것은 다름아니라 수백만 달러에 달하는 잠재적 수익 증진 기회였다. 더욱이 지금 그들은 구체적으로 어떠한 개선이 이루어질 것인지에 대해서까지 세부적으로 알 수 있다는 느낌을 가지고 있었다. 만일 스티어링 팀 검토 회의 중 발표자의 태도로부터 이러한 자부심이 표출된다면 스티어링 팀원들 또한 고무되지 않을 수 없을 것이다.

이제 프로젝트의 추진 속도는 최고조에 달하였고 조직 내의 다른 사람들도 "이 일이야말로 우리 회사가 이루어 낸 최고의 성과이다"라고 말하며 함께 참여할 방도를 모색하고 있었다.

이 프로젝트는 상식, 분석 및 측정 가능한 결과가 세심하게 조합되어 있다는 점에서 최고경영진의 주된 관심사로 부각될 수 있었다. 한편, 조직 차원에서도 무언가 크고 새로운 변화를 위한 준비 태세가 갖추어져 가고 있었다. 설계 팀 또한 마찬가지였다. 측정 지표와 자재 흐름에 관한 6개월간의 작업이 완료된 상태였으며, 이제 모든 사람들이 지리적 맵을 배경으로 작업 및 정보의 흐름에 관한 작업에 박차를 가하고 있었다.

이러한 바탕 위에서 시작된 제 11주차의 목표는 우선추진 미니 헌장을 검토 및 정제하고, 스티어링 팀의 5차 검토를 준비 및 실시하고, 자재 흐름을 승인하고, 끝으로 작업 및 정보의 흐름에 대한 분석을 시작하는 작업으로 요약될 수 있다.

1. 우선추진 미니 헌장의 검토 및 정제

제 1일차의 작업은 누가 우선추진 프로젝트를 주관할 것인지, 실행 책임자와 후원자로 누구를 선정할 것인지 등 사람들에 관한 내용으로 채워져 있다. 이러한 사람들을 찾아 내기 위해 프로젝트 관리자와 후원자는 다음과 같은 4가지 과제를 완료해야 한다.

1. 실행 책임자의 후보 목록을 작성하고 우선순위를 정한다. 일반적으로 이미 확장 프로젝트 팀의 일원으로 참여한 경험이 있는 사람을 선정하는 것이 바람직하다. 또한 후보 명단은 스티어링 팀이 담당하고 있는 부서 중 하나의 계통을 통해 보고되어야 한다.
2. 스티어링 팀과 함께 명단을 검토하고 우선추진 프로젝트(한두 개를

넘지 않도록 한다) 책임자를 누구로 할 것인지 합의한다. 이어 스티어링 팀 구성원들이 각 후보자의 상관에게 전화하여 적격성 여부를 확인하고 시간의 할당에 관해 논의한다.

3. 각각의 유력한 후보자의 상관과 개인적으로 만나 미니 헌장의 내용을 설명하고 시간의 할애를 확약받는다.

4. 후보로 선정된 당사자들과 직접 만나 미니 헌장을 비롯하여 이 프로세스를 통해 구현될 일체의 변화 또는 제의에 대해 논의한다.

이러한 활동은 상식적이지만 시간이 소요되는 일이며, 공급망 개선 작업에 반드시 수반되는 변화 관리 과정 중 중요한 부분이다. 실행 책임자는 갑작스럽게 어깨에 지워진 부담감에 적응하기까지 다소 시간을 필요로 하겠지만, 궁극적으로 자신의 개인적 전문성과 스타일에 따라 미니 헌장의 실행 단계, 일정 및 책임을 미조정하는 등 책임감을 표출하게 될 것이다. 이러한 책임자의 역할은 조기에 성공을 달성하기 위한 중요 요소이다. 모든 후보자는 이러한 사실을 이해하고 책임감을 깊이 인지해야 한다.

지식 전파 프로세스의 일환으로서 프로젝트 관리자는 우선추진 실행 책임자를 위한 개인적 코치 역할을 수행하게 되며, 주로 관련 주제에 대한 배경 정보를 제공하고 수익분석의 실행을 지원하며 변화된 사항을 보다 큰 차원의 SCOR 설계 프로세스에 통합하는 일을 지원하는 일에 주력한다.

Fowlers의 경우, David Able과 Brian Dowell이 최종 후보자 2명을 선정하였다. 그 중 한 명은 아시아 지부의 기초상품 구매를 책임지고 있는 구매/기획 담당자였고 또 한 명은 수입/수출을 전문으로 하는 물류 엔지니어였다. 두 명의 후보자 모두 우선추진 프로젝트의 중심 지역과 관련하여 물류 솔루션 및 대공급자 관계에 관한 지식을 갖추고 있었다. 더욱이 그들은 모두 자재 흐름 단절 브레인스토밍 회의에 참석했었고 구매 또는 물류 이사 휘하에서 일하고 있었다.

두 후보자가 모두 유력하였고 대공급자 관계에 있어 대등하다는 평가가 내려졌으나, 결국은 구매/기획 담당자를 선정한다는 결정이 내려졌다. David와 Brian은 담당 기초상품 관리자와 회의를 가진 후 이 소식을 모두에게 알렸다.

2. 현 상태의 작업 및 정보 흐름에 대한 작업 착수

제 2일의 주된 일과는 간접부문에 대한 분석을 계획하고 시작하는 작업으로 구성되어 있었다. 그 과정은 자재 흐름 단절 분석의 시발점이었던 브레인스토밍 회의와 유사하다. 가장 먼저 시작해야 할 작업은 SCOR 레벨 3 프로세스 요소에 대한 검토, 간접부문 분석 팀의 구성 및 "Staple Yourself to an Order"(모든 것은 주문에 달려 있다) 킥오프 행사의 계획이라는 3가지로 요약될 수 있다.

SCOR 레벨 3 요소를 사용한다는 것은 외국어를 사용하는 것과도 같다. 계속 사용하지 않으면 잊어버리게 된다. 프로젝트의 이 단계가 끝날 무렵이면 전체 설계 팀이 SCOR 언어를 유창하게 구사할 수 있을 것이다. 참조용 자료와 사전을 사용하면 언어를 빨리 배우는데 도움이 될 것이다. SCOR Quick Reference Guide(참조용 가이드)에는 각 요소에 대한 정보가 요약되어 있다. SCOR 사전에는 개별 용어의 정의와 함께 측정 지표 제안 사항, 모범사례, 입력 및 출력 요소, 관련 기술적 특성 등이 수록되어 있다(부록 D 및 [그림 13-1]).

(Supply-Chain Council의 회원이라면 위의 사전을 supply-chain.org 웹 사이트에서 다운로드 받을 수 있다.)

프로세스 요소에 대한 검토 과정은 참조용 안내 자료에 포함된 각 요소에 대한 간략한 설명과 함께 공식적 정의 및 실행 프로세스 단계에 관한 사례가 수록된 사전을 참조하는 방식으로 진행된다. 여느 언어와 마찬가지로 해석의 여지는 있게 마련이다. 지금은 논쟁이 유발될 만한 요소에 대해 합의를 도출하는 것이 가장 중요하다.

간접부문 분석 팀을 구성한다는 것은 가볍게 볼 일이 아니다. 이 팀을 구성하는 목적은 브레인스토밍 활동에서와 마찬가지로 6가지의 SCOR 레벨 3 간접부문 유형을 각각 분임할 하위 팀을 설계 팀원별로 배정하여 향후 작업을 지휘하도록 하는 것이다. 이러한 조치는 SCOR 프로세스와도 부합한다. 분임 팀은 구매 주문(조달), 작업 지시(제조), 판매 주문(배송), 반품 승인(반품), 예측(계획), 그리고 보충 주문(계획) 팀으로 구성된다.

간접부문 팀의 리더는 SCOR 레벨 3 프로세스 단계를 활용하여 각 단계에 대한 지식을 갖춘 일단의 개인들을 찾아낸다. 예를 들어 조달 항목 중 구매 주문을 담당하고 있는 팀의 리더는 구매 주문이 진행되는 각 단계별로 상세한 안내를 할 수 있는 사람들로 팀을 구성해야 한다.

- S1.1 제품 배송 일정 수립
- S1.2 제품 수령
- S1.3 제품 검수
- S1.4 제품 이송
- S1.5 공급자에 대한 대금 지불 승인

조달 팀은 팀원의 전문성 수준에 따라 1-5명으로 구성된다. 앞에서 소개된 안내관광식 설명의 개념은 Harvard Business Review에 수록된 "Staple Yourself to An Order"(모든 것은 주문에 달려 있다)라는 제목의 논문을 통해서도 이미 논의된 바 있다. (1992. 7. 1; Benson P. Shapiro, V. Kasteri Rangan, John J. Sviokla).

[그림 13-1] 레벨 3 사전의 예

SCOR 레벨 3

각 레벨 2 프로세스 카테고리에 대한 상세 프로세스 요소 정보를 제시.

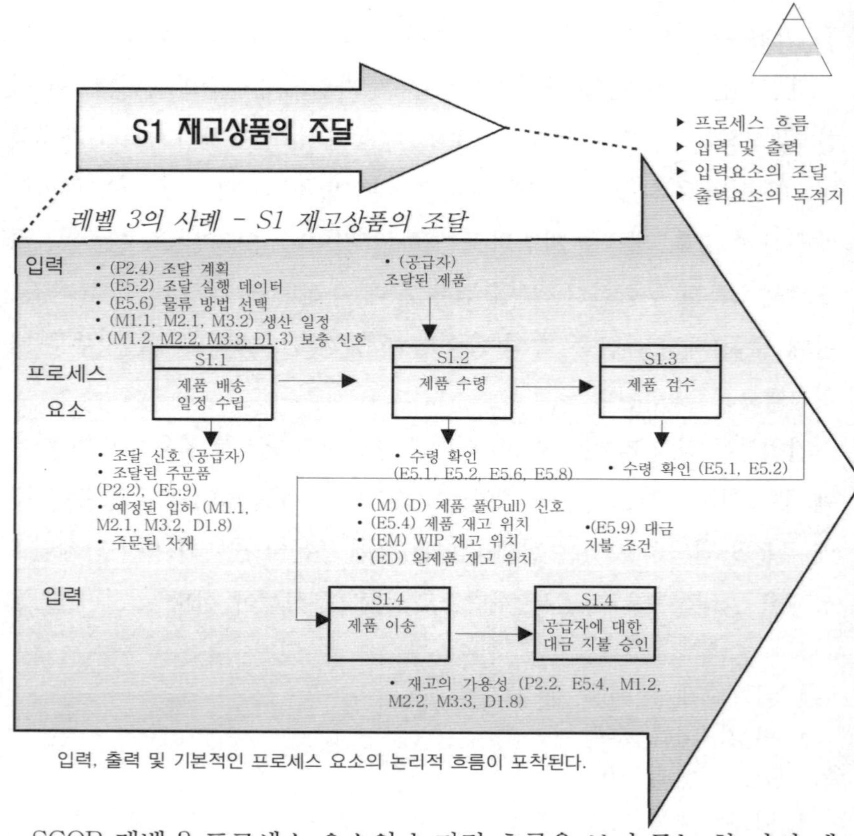

SCOR 레벨 3 프로세스 요소의 논리적 흐름을 보여 주는 한 가지 예

3. Staple Yourself(모든 것은 주문에 달려 있다) 분석의 계획

Staple Yourself 분석의 목적은 각 SCOR 레벨 3 요소를 처음부터 끝까지 물리적으로 추적함으로써 각 요소별로 현 상태의 데이터를 수집하는 것이다. 현 상태 데이터에 해당하는 카테고리 중에는 프로세스를 완료하기 위해 필요한 제반 단계, 입력을 유발하는 사건 및 프로

세스의 핵심 산출물, Enable을 위한 기술(시스템 모듈 포함), 포스트잇 메모지 레벨 바로 아래의 수작업 단계, 공식적 및 비공식적 비즈니스 규칙, 연결 단절 또는 사이클타임의 지연을 유발하는 문제 및 작업의 재실행 등이 포함된다.

예:

SCOR 레벨 3의 표준 프로세스

요소의 정의, 성과의 속성 및 관련 측정 지표

프로세스 요소: 제품 배송 일정 수립	프로세스 번호: S1.1

프로세스 요소의 정의

개별적인 제품 배송 실행 건을 기존의 계약 또는 구매 주문과 대비하여 계획 및 관리하는 일. 제품의 불출을 위한 요건은 세부 조달 계획 또는 기타 제품 풀 신호에 기초하여 결정된다.

성과의 속성	측정 지표
신뢰성	공급자의 리드타임 중 계획된 일정이 차지하는 비중 (%) 공급자의 리드타임 중 변경된 일정이 차지하는 비중 (%)
대응력	변화의 평균 릴리스 주기
유연성	일정 변경 건당 평균 일수 설계 변경 건당 평균 일수
비용	제품 조달 비용에 대비한 제품 관리 및 기획 비용의 백분율

SCOR 레벨 3 모범사례 및 특성

프로세스 요소: 제품 배송 일정의 수립	프로세스 번호: S1.1
모범사례	특성
EDI 거래를 활용하여 사이클타임과 비용을 절감	830, 850, 856 및 862 거래를 위한 EDI 인터페이스
VMI 계약을 통해 공급자가 재고(보충용)를 관리할 수 있도록 조치	공급자 관리 재고 및 외부 공급자 시스템을 위한 일정 계획용 인터페이스
기계적(간판) 풀 신호를 사용하여 공급자에게 제품 배송 요구사항을 통지	전자적 간판 지원
위탁계약을 사용하여 자산 및 사이클타임을 축소하는 동시에 중요 품목의 가용성을 증진	위탁재고 계약
사전 배송 통지를 통해 조달 프로세스와 제조 프로세스 사이의 긴밀한 동기화를 구현	외부 공급자 시스템과의 일정 계획 인터페이스를 이용한 일괄 주문 지원

효과적인 데이터 수집 계획은 3개의 요소로 구성되어 있다. 첫째는 데이터 수집을 위해 공식 실시되는 'Staple yourself to an order' 킥오프 행사이다. 행사가 시작되기 전에 적절한 방식으로 초청장이 발송되어야 하고, 적절한 장소가 선택되어야 하며, 사전에 읽어야 할 자료가 초청장에 동봉되어야 한다. 그 일정을 예시하면 다음과 같다.

- SCOR 교육에 참여하지 못한 사람들을 위한 1시간의 사전 회의 (SCORcard 갭 분석 결과에 대한 검토 및 목표 자재 흐름의 맵 포함)
- 간접부문 분석 프로세스에 대한 검토
- Staple 분석 활동에 대한 개략적 소개 및 결과의 문서화

좋은 계획의 두 번째 구성 요소는 작업의 수명주기를 따라 어디에서 면담을 실시해야 하는지를 알려 주는 경로가 상세히 표시된 지도이다. 이 지도에는 피면담자의 이름과 직책이 표시되어 있다. 모든 지역과 모든 작업 과정을 다룬다는 것은 불가능하며, 가장 적절한 데이터를 수집할 수 있는 최고의 기회만을 표시해야 한다.

세 번째 구성 요소는 어디에서 어떠한 일이 진행될 것인지 및 피면담자의 입장에서 프로젝트의 수행을 위해 얼마나 많은 시간이 소요될 것인지를 통지하기 위해 필요한 효과적인 커뮤니케이션 계획이다.

✦ Fowlers의 Staple Yourself 구조

Fowlers의 Staple 팀은 다음과 같은 방식으로 구성되었다.

- 계획. 기획 담당 이사(팀 리더)가 회사의 공급 계획 부서에서 차출된 확장 팀원, 각 비즈니스 그룹에서 차출된 예측 분석 담당자, 기술제품 그룹의 사장, 경리 담당 및 운영 부사장과 함께 전체적인 단위별 예측 및 보충

계획을 담당한다.

- 조달. 구매 담당 이사(팀 리더)가 외상매출 담당 파트의 확장 팀원, 식품 및 기술제품 그룹의 청구 대리인, 입하 담당 창고 감독자, 기술제품 그룹의 구매/기획 담당자(우선추진 프로젝트를 추진하기 위해 선발된 개인과는 다른 사람)와 함께 전체 조달 프로세스를 담당한다.
- 제조. 제조 담당 이사(팀 리더)가 공장 일정 관리, 자재 관리 및 제조 파트의 팀원들과 함께 일정 계획, 스테이징 및 불출 작업 지시를 담당한다.
- 배송. 고객 서비스 담당 이사(팀 리더)가 주문 약속, 신용 확인, 재고 할당, 그리고 주문의 통합에서부터 배송 및 고객의 수령에 이르는 창고 관련 프로세스를 담당한다. 아울러 식품 및 기술제품 그룹의 고객 서비스 관리자, 기업신용 및 외상매출금 담당 관리자, 그리고 Fowlers의 창고 2곳으로부터 차출된 창고 관리자가 보조 역할을 하기로 한다.
- Enable. 응용 프로그램 및 물류 담당 이사(팀 리더)가 식품 및 기술제품 그룹의 엔지니어링, 고객 서비스 및 법인구매 파트에서 차출된 팀원과 함께 공급자, 품목 및 고객을 포함한 마스터 데이터의 무결성을 담당한다.
- 반품. 영업 및 마케팅/식품 그룹 담당 부사장(팀 리더)이 구매 서비스 파트의 팀원, 주요 반품 현장의 창고 감독자, 신용조사 담당자 및 품질보증 담당자와 함께 반품 승인 및 제품 이동 부분을 담당한다.

4. 스티어링 팀의 5차 검토 실행

아래의 안건에 기초하여 다음 회차의 스티어링 팀 검토 회의를 준비 및 실시한다.

- 프로젝트 로드맵 상태
- 목표하는 지리적 맵에 대한 검토
- 우선추진 계획에 대한 검토
- 작업 및 정보의 흐름에 대한 검토 및 Staple 팀과 맵에 대한 소개
- 오늘 필요한 의사결정 사항
- 스티어링 팀의 6차 검토와 관련된 기대사항

단계

업 및 정보의 흐름에 대한 분석 및 설계

14

제12주 : Staple Yourself 분석
- 단계별로 정보를 추적

이번 주에는 프로젝트가 시작된 이래 두 번째로 조직의 각 부문으로부터 많은 사람이 변화와 컨텐츠 가치의 제고를 위해 동원될 것이다. 이렇게 많은 사람들이 참여했던 경우는 이전에 실시되었던 자재 흐름 및 연결 단절 분석 단계가 처음이었으며, 당시에는 확장 팀의 요원들이 설계 팀을 방문하였다. 그러나 이번에는 반대로 설계 팀이 그들을 찾아 가게 될 것이다.

Staple Yourself 분석은 현장 작업이다. 각 분임 팀은 해당 부문의 관광안내지도에 따라 프로세스의 시작점부터 종료 지점까지 SCOR 레벨 3 요소의 체계에 맞추어 답사를 하면서 관련자들과 면담을 실시하게 될 것이다. 보통 현장 답사는 견적이 생성되는 영업사원의 사무실에서부터 시작되는 경우가 많으며, 이어 주문이 본사까지 전달되는 과정을 역으로 추적하면서 주문이 접수되고 검증되고 입력되는 과정을 관찰하게 된다. 이번 주는 전적으로 중요한 정보를 수집하고 요약하는 작업을 위해 할애된다. 제 12주의 일정은 한마디로 Staple 분석을 시작하고 현 상태의 데이터를 수집 및 요약하는 과정이라 할 수 있다.

1. Staple Yourself 킥오프 및 분석

킥오프를 실시하기 전에 사전 회의를 통해 진척 상황이 검토(제 13 장)되고 나면 팀 교육을 위한 본 회의가 진행되며, 회의의 주된 내용은 간접부문 분석 프로세스에 관한 사항, 좋은 모델을 만드는 방법 및 작업의 시작을 위한 준비 등에 관한 내용으로 구성된다. 가장 효과적인 구조는 "말해 주고, 보여 주고, 함께 해 보고, 마지막으로 혼자 해 보도록 하는" 교습 방법이다.

간접부문 분석 프로세스는 3개 단계로 구성되어 있다. 첫째, 간접부문 분석 워크시트([그림 14-1])를 면담을 위한 지침으로 사용하여 현 상태의 작업 및 정보 흐름 데이터를 수집한다.

둘째, 어느 부분도 간과되는 일이 없도록 분임 팀원과의 협력관계를 강화한다. 셋째, 각 SCOR 레벨 3 요소별로 통합된 결과를 문서화한다. 이때 중요한 사항은 간접부문 분석 워크시트 및 각 SCOR 레벨 3 요소를 위해 수집되는 정보를 이해해야 한다는 것이다.

2. 간접부문 분석 워크시트에 대한 이해

간접부문 분석 워크시트상에 표시된 프로세스라는 용어는 분석 대상 요소를 요약 정리하기 위한 SCOR 레벨 3 프로세스를 말하며, 이는 약어와 단어까지를 모두 포함하는 개념이다. [그림 14-1]에 제시된 사례를 보면 프로세스 M1.2, 즉 자재 불출이란 재고상품 제품이 제조되기 전에 발생하는 구성품 자재의 풀 및 스테이징을 나타낸다.

입력/출력이라는 용어는 프로세스가 시작되도록 하는 주된 촉발제와 프로세스의 주된 산출물을 나타낸다. 본 사례에서 생산 일정 및 풀 지시는 자재 취급 담당이 자재를 생산 공정으로 보내도록 하는 촉발제이다. 스테이징된 자재는 4개 프로세스 단계의 결과이자 주된 산출물이다.

프로세스 단계란 SCOR 레벨 3 프로세스 요소를 완료하기 위해 필요한 최대 10개의 작업을 나타낸다. 예시된 사례를 보면 자재 취급 담당자가 발견, 이송, 물리적 이동 및 스테이징될 구성품의 순서 결정이라는 4개의 과제를 완료한 것으로 표시되어 있다.

[그림 14-1] 거래 분석 워크시트의 예

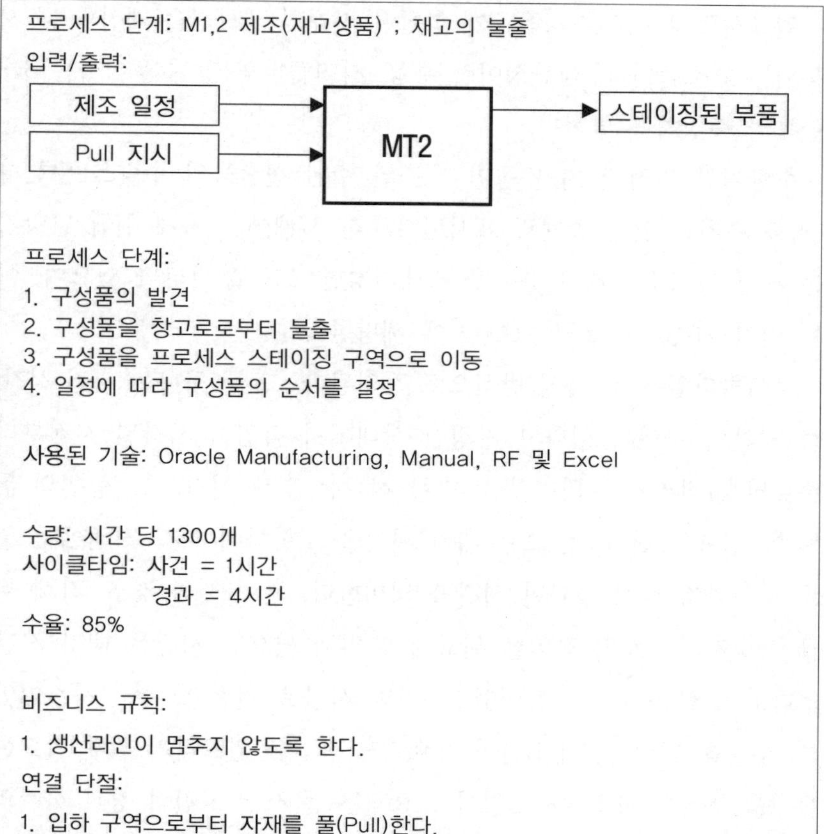

출처 : © Copyright 2000 Pragmatek Consulting Group, Ltd.

사용된 기술이란 이전 단계에서 식별된 작업을 완료하기 위해 사용된 정보 도구를 나타낸다. 이러한 도구로는 ERP 모듈 또는 인터넷 신호에서부터 팩스, 전화 또는 단순한 포스트잇 메모지에 이르기까지 다양한 종류가 있을 수 있다. 본 사례에서 자재 취급 담당자는 Oracle 제조 모듈, Microsoft Word 양식을 이용한 수작업 입력, 무선(RF) 장치 및 Excel 스프레드시트 형태의 참조 문서를 사용하였다.

워크시트에 기재된 다음 3개 항목은 거래의 생산성을 계산할 때 사용되는 요소들이다. 생산성이란 수량, 사이클타임 및 수율이라는 3개 항목의 측정치를 말한다.

수량이란 지정된 기간 동안 창출된 주된 산출물의 수량을 말한다(최종 수치는 연간 총계로 표시된다). 본 사례에서 자재 취급 담당자는 시간 당 1,300개의 품목을 스테이징한 것으로 나타나 있으며, 이는 연간 기준으로 2,704,000개에 해당한다.

사이클타임은 두 가지 방식으로 정의된다. 그 중 하나는 사건 시간, 즉 시간의 지연이 없다고 가정한 상태에서 작업이 시작된 시점부터 종료된 시점까지를 의미하며, 다른 하나는 경과 시간, 즉 "승인의 취득"에 필요한 단계 등 모든 대기 시간을 포함하여 시작 시점에서 종료 시점까지 실제 경과한 시간을 의미한다. 본 사례의 경우, 자재 취급 담당자가 4개의 작업을 완료하기 위해 필요한 시간은 대기 시간 없다고 보았을 때 1시간이었고, 경과 시간을 기준으로는 4시간이었다. 주문을 입력하는데 3분이 소요되고 작업을 완료하기 위해 필요한 승인을 득하는 과정에서 2일이 소요되는 등 사건 시간과 경과 시간의 차이는 극적으로 벌어질 수 있다. 린 제조의 원칙은 이러한 프로세스 주기 효율의 측정치와 높은 관련성이 있다.

승인 프로세스 내에는 어딘가에 제약이 내재되어 있다. 만일 문제 요소가 정책이라면 아무리 엄청난 기술이 동원되더라도 제약을 해소

하기가 어려울 것이다. 상황을 이러한 방식으로 바라보면 사건 시간을 단축하는 것이 대부분의 경우에 있어 명목 생산성의 개선만을 가져다 줄 뿐이라는 것을 알 수 있다. 실제적인 개선의 성패는 경과 시간과 수율에 달려 있다.

수율이란 재작업을 필요로 하지 않는 산출물의 수를 말한다. 이 지표는 전체에 대한 비율로 측정된다. 이 개념은 잘못된 주소, 부정확한 단가 또는 조건, 수량 등과 같은 데이터를 변경 또는 완성하기 위해 재차 처리해야 하는 구매, 작업 및 판매 주문의 가치 변동과 관련되어 있다. 만일 고객 서비스 담당자가 오늘 1,000건의 주문을 입력하였으나 오류로 인해 내일 250개를 다시 입력해야 할 경우, 이 사람의 수율은 75%가 된다. 본 사례에서 자재 취급 담당자는 잘못 라벨이 부착되거나 부적절한 곳에 재고가 놓여 있었거나 수량이 정확히 계수되지 않은 등의 원인으로 인해 100개 중 15개의 구성품을 다시 스테이징해야 했다.

비즈니스 규칙이란 의사결정과 행동을 지배하는 정책이자 비공식적 지침을 말한다. 모든 주문을 오후 3시까지 처리해야 한다는 것은 하나의 정책이나, 현장의 감독 담당자는 고객 지향적 문화의 일환으로서 한 시간 늦게라도 주문을 접수한다는 성문화되지 않은 관행(그럼에도 배송은 정시에 하기로 하고)을 사용하고 있을 수 있다. 본 사례에서 자재 취급 담당자의 의사 결정과 행동에 영향을 미치는 가장 중요한 비즈니스 규칙은 생산 라인이 멈추게 해서는 안 된다는 비공식적인 규칙이다.

연결 단절이란 경과 시간 또는 사건 시간의 차이를 유발하고 그로 인해 수율이 100%에 미치지 못하도록 만드는 문제요소를 말한다. 본 사례에서 자재 취급 담당자는 생산 라인이 계속 움직여야 한다는 비공식적 비즈니스 규칙에 대증적으로 대처하기 위해 입하 구역으로부터 자재를 가져 오는 경우가 종종 있었다. 이러한 행동은 자재가 실제 위치한 장소와 기록 사이의 불일치를 초래하여 간접부문의 수율을 떨어뜨린다.

✦ Fowlers의 Staple Yourself 분석

Fowlers가 작성한 통합 간접부문 분석의 첫 번째 초안 중 D1.2 주문의 접수, 입력 및 검증과 관련된 부분이 [그림 14-2]에 요약되어 있다.

이 프로세스 요소와 관련된 면담 대상자 중에는 비즈니스 그룹, 기업신용 및 법인고객 서비스 부문의 고객 서비스 담당자가 포함되어 있었다. 문서 말미에 첨부된 피면담자 요약 내용에는 이 Staple Yourself 분석 도중 6명에 대해 면담이 실시되었다고 기록되어 있다. 팀은 분석의 초점이 재고상품 품목(D1) 및 주문생산 품목(D2)의 판매 주문에 집중되어야 한다는데 합의하였다. 입력의 유형은 고객의 전화, 팩스 또는 전자우편, 웹 주문, 현장에서의 매매 약정 및 고객의 마스터 셋업 등으로 요약되었다. 출력은 입력된 주문이라 지칭되었다.

배송 분임 팀은 제 12주차의 과제로 부여된 Staple Yourself 투어를 완료하였고 배송과 관련된 13개의 요소(부록 D 참조)를 모두 문서화하였다. 다른 분임 팀 또한 계획, 조달, 제조 및 반품의 범위에 포함된 나머지 47개의 프로세스에 대한 작업을 실시하였다.

이번 주의 숙제는 제 13주의 제 1일에 배포될 간접부문 분석 워크시트를 완성하라는 것이었다. 이 데이터 집합은 현재 상태의 스윔 다이어그램과 생산성 요약표를 작성하기 위한 원천이 될 것이다. 이 단계를 신속히 완료함으로써 프로젝트의 진행 속도가 유지되도록 하려면 시간이 추가로 투입되고 더 많은 자원이 동원되어야 할 수도 있다.

[그림 14-2] Fowlers의 간접부문 분석 워크시트.

프로세스 :

D1.2 주문의 접수, 입력 및 검증 (재고상품 품목의 배송)
D2.2 주문의 접수, 구성, 입력 및 검증 (주문생산 품목의 배송)

INPUT/OUTPUT

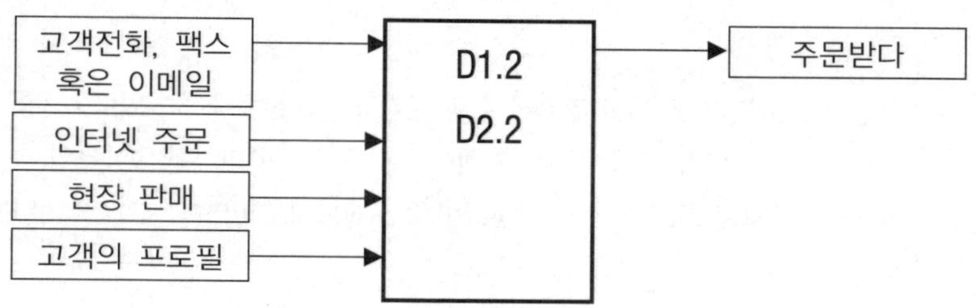

프로세스 단계:

1. 신규 고객의 마스터 기록을 접수 또는 입력
2. 배송지/청구지 주소의 검증
3. 고객의 특별 요구사항 검토
4. 고객 연락처, 대금지불 조건, 배송 방식 및 구매주문번호 입력
5. 요청된 배송일 입력
6. 파트넘버 및 수량 입력
7. 부품에 대한 기술 검토 및 필요에 따른 수정
8. 기본 가격 및 측정 단위 입력
9. 주문 기록의 업데이트 및 저장
10. 재고 할당에 실패했을 경우, 고객에게 전화하여 주문 일정을 변경

사용된 기술:	MS Word, Access 및 Excel, 기존의 메인프레임, 팩스, 전자우편, Fowlers 웹 사이트
수량:	연간 100,000건의 주문
사이클타임(사건):	평균 - 15분
사이클타임(경과):	평균 - 6시간
수율:	60% - 데이터 수정을 위해 100개 중 40개의 주문을 다시 처리해야 함

비즈니스 규칙 :

1. 공식적 재고가 약정된 후 최장 30일간 대금 지불을 위해 주문을 대기 상태로 유지할 수 있다.

2. 공식적 신용조회는 하루에 1회 실시한다.

3. 비공식적 일단 주문이 입력되면 각 주문 행을 수작업으로 검토하여 수량, 파트넘버 및 가격이 정확한지 확인한다.

4. 비공식적 만일 배송지 주소 또는 청구지 주소가 수정되거나 새로운 주소가 추가될 경우, 주문은 판매 유보 상태가 된다. 영구적 변경/추가를 하기 전에 고객 서비스 부문에서 주소의 변경/추가가 타당한지를 검토 및 승인해야 한다.

연결 단절 :

* 주문의 유효 판정을 위한 필수적 수율 관련 요소로는 5가지가 있다 : 정확한 가격, 고객 설정, 품목 설정, 조건, 특별 요구사항의 완전한 기입.

1. 대고객 가격의 시스템 가격 설정값이 스프레드시트 버전의 값과 일치하지 않는다   40%

2. 공급자로부터의 직송이 가능하도록 신규 고객의 배송지 주소를 추가할 때 필요한 수작업 입력   20%

3. 고객이 계약의 내용과 다른 조건을 요구   17%

4. 측정 단위, 최소 주문 등 고객 주문 상의 부정확한 수치   10%

5. 고객의 파트넘버 교차 참조 정보가 부정확함   7%

6. 신규 품목이 설정되어 있지 않음   2%

7. EDI 주문의 경우, 기본 공급원으로부터 품목을 구할 수 없음   2%

8. 고객의 특별 요구사항에 대한 지침이 없음   2%

피면담자 : Susan, Terri, Julie, Jane, Dan, Mike

제13주 : 현 상태의 스윔 다이어그램 및 스티어링 팀의 6차 검토
- 고쳐야 할 부분이 얼마나 많은지를 정확히 파악

한 주일 동안의 바쁜 출장 일정을 마친 설계 팀의 수중에는 모든 SCOR 레벨 3 프로세스 요소가 포함된 간접부문 분석 요약 자료가 들어 있었다. 모든 팀원은 문서에 없는 규칙 및 정책을 편법 처리 또는 우회하는 관행을 목격하였고 사일로(단절된 프로세스 또는 활동을 지칭)에 갇힌 사고방식이 어떻게 생산성을 저해하는지를 실시간 검증을 통해 확인하였다. 이제 이들은 현 상태의 공급망 프로세스가 어떻게 기능하고 있는지(또는 기능하지 못하는지)에 대한 큰 그림을 그리기 시작할 준비를 마친 상태였다. 제 13주차에 처리해야 할 주된 과제는 간접부문 분석 워크시트상에 요약된 데이터를 이용하여 현 상태의 스윔 다이어그램을 만드는 일이다. 또한 이 프로세스가 진행되는 도중 데이터에 대한 검증과 정제가 이루어질 것이다.

1. 현 상태의 예비 스윔 다이어그램 작성

스윔 다이어그램은 프로세스 매핑을 위한 새로운 기법이 아니다. 이 다이어그램의 효용성은 조직의 책임관계와 더불어 프로세스의 흐름 및 성과 측정치를 동시적으로 보여 주는 것이 가능하다는데 있다. 즉, 누가, 무엇을, 그리고 어떻게에 대한 사항을 한 눈에 볼 수 있다.

프로세스 매핑과 관련하여 SCOR 접근 방법이 지향하는 바는 작업 및 정보의 흐름을 모두 고려한다는 것이다([그림 15-1]). 기본적 스윔 다이어그램(초안은 보통 화이트보드 또는 백지에 그리는 것이 보통임)에는 매핑 대상 프로세스와 관련하여 주된 역할을 수행하는 주요 기능 부문이 표시된다. 아래에 예시된 구매 주문을 보면 창고, 구매, 외상매입금 및 공급자가 기능 부문 중에 포함되어 있는 것을 알 수 있다. 그 다음 각 프로세스 단계를 다이어그램 상의 적절한 스윔 레인에 배치함으로써 조직 내에서 작업이 어떻게 수행되는지를 표시한다. 복수의 기능 부문이 하나의 작업에 참여하는 경우, 모든 관련 스윔 레인 상에 그 프로세스 단계를 표시한다.

본 사례에서는 조달과 관련된 레벨 3 프로세스가 스윔 레인 상에 배치되는 방식을 예시하고 있다. 제품 배송 일정의 수립이나 제품 수령과 같은 프로세스는 모두 구매가 선행되어야 하는 작업이다. 제품 수령, 제품 검수 및 제품 이송은 모두 창고의 인력을 필요로 하는 작업이다. 그리고 공급자에 대한 대금 지불 승인은 외상매입금 처리 담당자를 필요로 한다. 과다하게 단순화되어 있는 이 예제에서 창고는 원자재의 물리적 접수 창구 역할을 하고, 구매 인력은 전자적 영수증을 처리하는 역할을 하고 있으며, 조달 프로세스에 그러한 작업이 표시되어 있다. 스윔 다이어그램에는 그 외에도 프로세스가 진행되도록 하기 위해 필요한 중요한 정보의 흐름이 입력 및 출력 요소로서 표시되어 있다.

[그림 15-1] 구매 주문의 스웜 다이어그램예제 (화이트보드 버전)

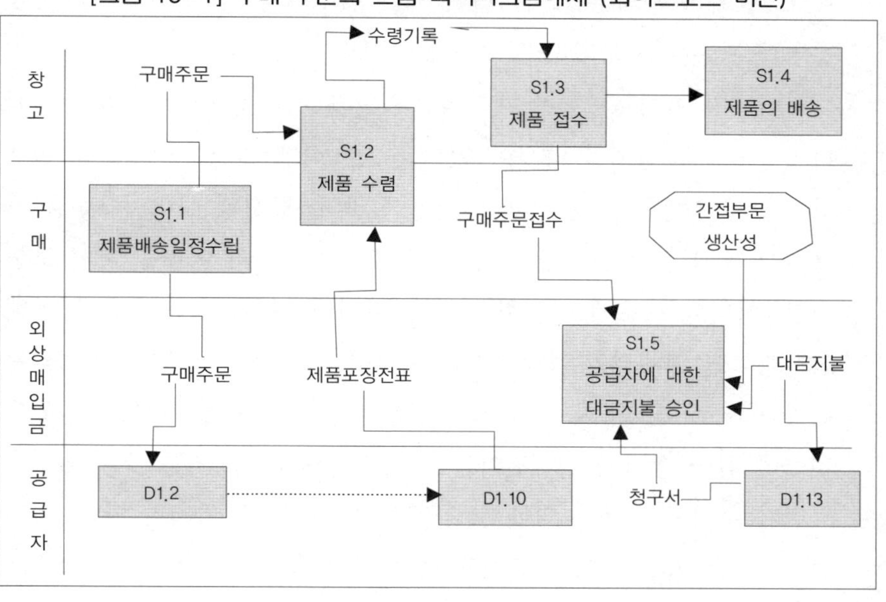

　시스템 상의 구매 주문 기록 및 자재와 포장 전표의 물리적 전달은
제품 수령의 촉발제이다. 그리고 그 후속 프로세스 단계인 제품 검수
를 촉발하는 산출물은 물품 수령 기록이다. 이러한 정보는 입출력 관
계를 보면 알 수 있다. 스웜 다이어그램의 마지막 구성 요소는 프로세
스 성과의 측정치이다. 이러한 측정치는 프로세스가 진행되는 도중의
특정 시점에 어떠한 지표들이 측정되는지를 말해 준다. 본 예제에서
는 공급자에 대한 대금 지불 승인이 완료되는 시점에 간접부문의 생
산성(구매 주문 수량, 경과된 사이클타임 및 수율을 기준으로 측정)이
측정된다.

　스웜 다이어그램에 대한 논의 결과를 바탕으로 현 상태의 다이어그
램을 작성하는 작업은 3단계로 진행된다. 첫째, 다이내믹 화이트보드
를 이용하여 예비 다이어그램을 작성한다. 둘째, 전자 문서를 정제한
다. 셋째, 각 프로세스 유형별로 비즈니스 케이스 사례를 조사한다.

이때, 판매 예측치뿐만 아니라 구매, 작업, 보충, 판매 주문 및 반품 승인과 관련된 사항까지도 고려해야 한다.

다이내믹 화이트보드란 계속적으로 변동하고 진화할 수 있는 스윔 다이어그램을 정해진 양식이 없이도 신속히 만들어 내기 위한 설계 팀의 그룹 활동을 말한다. 일반적인 형태의 현 상태 다이어그램을 사용하여 논의를 시작할 경우, 좋은 결과를 기대하기 어려운 것이 보통이다. 어떠한 프로세스든 현 상태의 다이어그램을 그룹 활동을 통해 작성한다면 전체적인 각각의 조각이 모여 전체적인 그림이 완성되는 원리를 서로 이질적인 여러 기능 부문이 보다 손쉽게 이해할 수 있을 것이며 팀 학습이 용이해진다는 이점을 활용할 수 있을 것이다.

전자 문서를 만들기 위한 모델링 도구로는 여러 가지가 있다. 이러한 도구 중 일부는 꽤 복잡하고 비싼 반면 자동화된 SCOR 프로세스 매핑 및 시뮬레이션 기능이 지원되므로 작업 속도를 높일 수 있다. Microsoft Visio는 SCOR를 위해 특별히 설계된 프로그램은 아니며 기본적으로 종이와 연필을 대신하도록 만들어진 제품이다. 그러나 이 도구는 어느 기업 환경에서든 손쉽게 활용되고 지원될 수 있기 때문에 매우 강력한 도구로서 활용될 수 있다. Supply-Chain Council 웹사이트의 회원 영역에는 그 외에도 여러 가지 도구의 목록이 게시되어 있다. 이 프로세스는 어떠한 수준의 기술을 활용하더라도 완수해낼 수 있다. 물론 종이와 연필만으로도 작업이 가능하다. 그러나 어떤 종류가 되었든 프로세스 매핑용 소프트웨어를 사용한다면 장기적으로 생산성을 크게 높일 수 있을 것이다.

매핑 작업을 시작할 때에도 두 가지 요령을 활용하면 많은 도움을 얻을 수 있을 것이다. 우선 생산성을 높일 수 있도록 기록 담당자를 한 명 선정하고 화이트보드 상에서 어떠한 요소가 확정될 때마다 바로 그 자리에서 Visio 버전을 작성하도록 하는 것이 좋다. 화이트보드 작업을 시작할 때에는 공급자의 관점에서부터 작업을 진행해 나갈 수 있는 조달, 제조 및 배송의 실행 프로세스로부터 출발하는 것이 좋다. 기업문화의 특성에 따라 때로는 고객에서부터 시작하여 배송, 제조 및 조달 쪽으로 이행하는 방법이 보다 용이할 수도 있다. 어떠한 경우에든 계획 또는 반품에서부터 시작하는 것은 피해야 한다. 이 두 가지 프로세스는 대부분의 회사의 경우 탁월한 경쟁 요인을 찾기 어려운 부문이기 때문이다.

둘째, 스웜 다이어그램에 배치된 각 SCOR 레벨 3 요소에 관한 3가지의 기본적 질문을 제기하는 것으로부터 작업을 시작한다. 작업의 완료를 위해 필요한 프로세스 단계에 관여된 사람들은 누구인가? 어떠한 정보에 의해 작업이 촉발되는가? 후속 프로세스의 촉발제 역할을 하는 주요 출력 정보는 무엇인가?

✦ Fowlers의 최초 스웜 다이어그램

Fowlers의 팀원들이 P1-계획 공급망에 관한 화이트보드를 작성하는 과정에서 어떠한 사고의 프로세스를 따라 작업을 진행하였는지를 설명하면 다음과 같다.

P1.1-공급망 요구사항의 파악, 우선순위 설정 및 통합

먼저 Fowlers 팀은 이렇게 자문하였다. 작업의 완료를 위해 필요한 프로세스 단계에 관여된 사람들은 누구인가? Self Yourself 활동을 통해 밝혀진 바에 따르면 5개 기능 부문이 예측치를 산출하는 활동에 관여하고 있었다. 각 부문의 예측치는 다른 부문과 다소 독립적이었으며, 그 목표 또한 상이하였다. 마케팅 기능 부문에서는 제품 믹스 및 평균 판매가에 대한 가정에 입각하여 달러 단위로 표시된 순매출 예측치를 산정하고 있었다. 판매 기능 부문에서는 제품 믹스 및 할인과는 무관하게 총 매출 예측치를 개인에 대한 보상의 가장 큰 기준 요인으로 적용하고 있었다.

[그림 15-2] Fowlers의 P1 스윔 다이어그램 요약

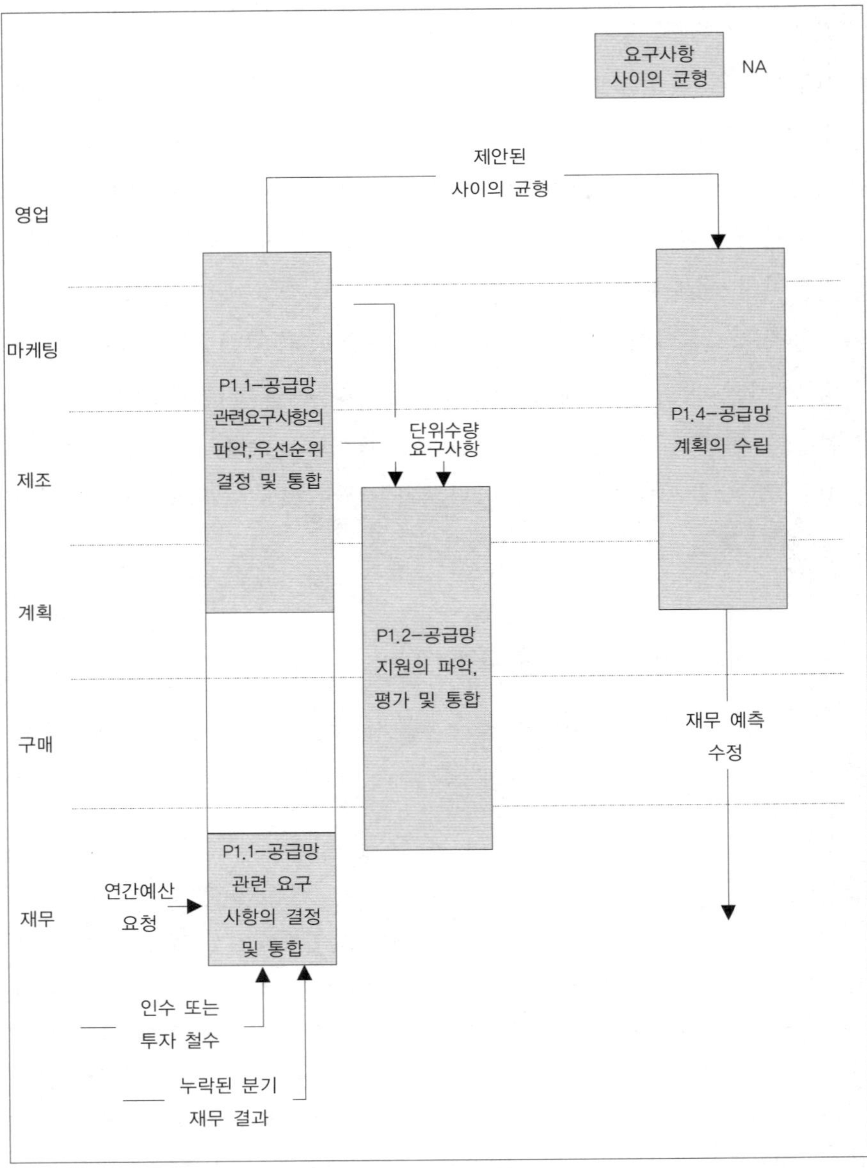

영업 및 마케팅 부문에서는 가격의 승인 및 판촉 프로그램과 관련된 관리의 문제를 둘러싸고 합의가 도출될 때까지 논쟁이 벌어지고 있었다. 제조 기능 부문에서는 예산 수립 프로세스와 관련된 수량 및 단가 목표의 충족을 위해 역사적 자료에 기초한 단위 예측 방법을 개발하여 사용하고 있었다. 마케팅 부문에서는 제조 부문의 단위 계획에 의존하여 올바른 제품 믹스가 무엇인지를 추정하고 있었다. 한편, 계획 부문에서도 매출액 예측치를 지원하기 위해 얼마만큼의 재고가 필요할 것인지를 추정하기 위해 예측치를 산정하고 있었다. 그러나 계획 부문은 마케팅 부문의 제품 믹스 예측치를 신뢰하지 못하고 있었으며 제조 부문의 단위 계획 또한 믿지 못하고 있었다. 끝으로 재무 부문에서는 위에 언급된 모든 부문의 연간 예산 데이터를 산출하고 추정손익계산서를 작성한 후 제반 수치를 각 기능 부문에 전달하여 보완을 하도록 하고 있었는데, 그 이유는 수익 산출액이 이상적인 모습과 거리가 있었기 때문이었다.

이어 팀원들은 이렇게 질문하였다. "그렇다면 실제로 작업의 시작을 촉발하는 주된 정보는 무엇인가?" 예측 행위를 유발하는 요소로는 3가지를 꼽을 수 있다. 첫째는 연례적인 예산 수립 기간의 도래로서, 이 작업은 원래 7월에 시작되어 11월에 완료되도록 되어 있으나 보통 1월까지 지연되는 것이 보통이었다. 둘째는 분기별 수익 계획이 누락되는 경우로서, 손익계산서 또는 대차대조표의 몇 개 계정항목(매출, 비용 또는 재고 등)에 공란이 발생하는 경우를 말한다. 세 번째 요소로는 기업인수 및 투자 철수가 있다.

현재의 작업으로부터 산출되고 다음 프로세스의 촉발제 역할을 하는 주요 출력 정보는 무엇인가? 유일하게 일관성을 가지고 있는 출력 정보는 수정된 달러 표시 재무 예측치 하나뿐이었으며, 이 수치는 Fowlers 내부적으로 실제 단위 생산과 아무런 관련성이 없다는 악명을 얻고 있었다. 이러한 간접부문 분석 결과의 요약을 통해 발견된 단절의 정도는 참으로 경악할만한 수준이었다.

P1.2 공급망 자원의 파악, 평가 및 통합

팀은 다시금 질문을 제기하였다. 작업의 완료를 위해 필요한 프로세스 단계에 관여된 사람들은 누구인가? 그에 대한 대답은 제조, 계획 및 구매 부문이었다. 제조 부문은 수량의 변동에 대응하여 행동을 취하며, 이렇게 생성된 수요를 단가 목표에 기초하여 창고로 전달한다. 계획 부문은 단기적인 주문 처리 문제에 대응하여 재고를 한 창고에서 다른 창고로 이송하고 공장에서 필요로 하는 보충 주문을 긴급 처리한다. 또한 구매 부문에서는 제조 및 계획 부문의 활동에 대응하여 공급자의 구매 주문을 긴급 처리하거나 긴급 처리 상황을 해제하는 등 계획 부문에 종속된 행동 양식을 보이고 있었다.

다음 질문은 어떠한 정보에 의해 작업이 촉발되는가였다. 불행히도 그에 대한 대답은 P1.1에서 생성된 판매 예측이 아니었다. 실상 그것은 만성적으로 잘못되어 있는 재고 포지션으로 인해 유발되는 주문 처리의 문제였다.

팀의 다음 질문은 후속 프로세스의 촉발제 역할을 하는 주요 출력 정보는 무엇인가였다. 그에 대한 대답은 개별 주문 처리 문제를 지원하기 위한 긴급 공급 계획이었다.

P1.3 공급망 자원과 공급망 요구사항 사이의 균형

이번에도 같은 질문이 계속되었다. 작업의 완료를 위해 필요한 프로세스 단계에 관여된 사람들은 누구인가? 공식적으로는 어느 기능 부문도 프로세스의 균형 조정 활동에 관여하지 않고 있었다. 배송 관련 문제를 처리하기 위해 회사가 사용하는 수단은 오전 8시에 시작되어 3시간동안 진행되는 회의였으며, 이 회의는 계획 및 구매 부문의 지원을 받아 제조 부문이 주관하였다. 어떠한 정보에 의해 작업이 촉발되는가? 오전 8시에 시작되는 회의의 안건은 일일 백오더 보고서에 따라 결정되었으며, 그 보고서에는 모든 백오더와 관련된 상태와 경과 기간이 기록되어 있었다.

그 다음 질문은 후속 프로세스의 촉발제 역할을 하는 주요 출력 정보는 무엇인가였다. 이에 대한 대답은 대고객 배송, 재고 이동, 구매 주문, 그리고 보충 주문을 급배송 처리하거나 급배송 상황을 해지하는 등의 제반 행동으로 밝혀졌다.

P1.4 공급망 계획의 수립 및 전달

작업의 완료를 위해 필요한 프로세스 단계에 관여된 사람들은 누구인가? 예산의 갱신은 각 비즈니스 그룹의 사장이 주관하고 있었다. 어떠한 정보에 의해 작업이 촉발되는가? 이에 대한 대답은 P1.1에서 생성된 예측 조정치였다. 후속 프로세스의 촉발제 역할을 하는 주요 출력 정보는 무엇인가? 이에 대한 대답은 수정된 예산 및 최고경영자 팀과 이사회에 대한 보고를 위한 검토 작업으로 밝혀졌다.

Fowlers의 설계 팀이 화이트보드 초안을 작성해 나가는 가운데 한편에서는 스윔 다이어그램의 전자 버전을 실시간으로 만드는 작업이 진행되고 있었다. 결과를 "Visio"로 정리하는 작업 중에는 화이트보드 상에서 논의된 결과를 옮기는 일 뿐 아니라 연결 단절 사항을 가능한 명확히 나타내기 위해 필요한 적정량의 배경 정보를 추가하는 작업까지도 포함되어 있었다. 전자적 버전에 추가되는 가장 공통적인 데이터로는 생산성 도구 및 기술 도구에 관한 정보(일반적으로 모듈과 하위 모듈을 파악하는 일을 말한다)를 들 수 있다. 전자적 모델링을 위한 표준화된 형식은 정해져 있지 않다([그림 15-2 참조]).

현 상태 프로세스를 작성하기 위한 마지막 단계는 각 간접부문 유형별로 실제 사례를 파악하고 생산성 측정치를 계속 정제하는 작업이다. 비즈니스 케이스를 활용하면 과거의 경험을 거울삼아 SCOR 레벨 3 요소를 현재의 방법론으로 변환시킬 수 있다. 또한 목표 솔루션의 논리적 검사를 위한 무대를 마련하고 원하는 상태가 현 상태에 비해 보다 효과적이고 효율적일 것이라는 확신을 얻을 수 있다.

이 단계에서 실시되는 정제 과정에 있어 가장 중요한 요소는 간접부문 생산성의 측정을 위해 사용되는 데이터이다. 시간 및 동작연구 방법을 활용할 수 있는 산업 엔지니어 또는 직무분석 능력을 갖춘 인적자원 전문가는 적절한 데이터를 수집하는 방법을 가장 잘 알고 있는 사람들이라 할 수 있다. 자재 흐름 스프레드시트 및 연결 단절 분석에서와 마찬가지로, 수량, 사건 시간, 경과 시간 및 수율과 관련된 가정의 정확성은 절감 기회를 정확히 계산하기 위한 초석이라 할 수 있다. 따라서 이러한 가정을 정제하기 위해 소비되는 모든 시간은 효과적으로 사용되었다고 말해도 좋을 것이다.

2. 스티어링 팀의 6차 검토 실시

다음과 같은 안건을 중심으로 스티어링 팀의 6차 검토를 준비 및 실시한다.

- 프로젝트 로드맵의 상태
- "Stable Yourself" 활동으로부터 수집된 참조 사례 및 투어 맵, 면담 등 생산성 개선을 위한 표본
- 간접부문의 생산성과 관련된 데이터에 대한 사전 검토
- 스윔 다이어그램 및 비즈니스 청사진에 대한 간략한 설명
- 스티어링 팀의 7차 검토와 관련된 기대 사항

제14주 : 현 상태의 생산성 요약
- 작업 및 정보 흐름 기회를 금액으로 표시

이번 주의 주제는 "돈은 어디에 있는가 제 2부"이다. 이번 주의 일차적 목표는 60여개의 간접부문 분석 워크시트([그림 14-2])와 스윔다이어그램([그림 15-2])으로부터 생산성 데이터(수량, 사이클타임 및 수율)를 요약 추출하여 6개의 스프레드시트(구매 주문, 작업 주문, 판매 주문, 반품 승인, 예측 및 보충 주문별로 하나씩)로 압축하는 것이다. 두 번째 목표는 SCOR 베이스라인 비즈니스 청사진을 제시하는 것이다. 설계 팀은 이러한 바탕 위에 간접부문의 흐름이 어떠한 모습으로 바뀌어야 할 것인지에 대한 구상을 시작할 것이다.

1. 현 상태의 생산성 요약표의 작성

제 1일의 활동 과제인 간접부문 생산성 요약표를 작성하는 작업은 3단계 과정으로 진행된다. 첫째, 생산성 데이터를 스프레드시트 양식으로 옮긴다. 둘째, 연결이 단절된 부분을 워크시트로부터 추출 및 그룹화하여 스프레드시트 양식으로 옮긴 후, 생산성에 대해 미치는 영향을 측정한다. 셋째, 연결 단절 그룹과 자재 흐름 분석(제 10장) 과정에서 작성된 물고기뼈 도표를 재차 비교 검토한다.

일반적으로 간접부문 생산성 요약표는 복잡한 모양을 하고 있으나, 한 단계 더 깊이 들여다 보면 그 형태가 공난 채우기 워크시트와 같다는 것을 알 수 있다. 먼저 1번 열의 "현 상태" 부분부터 살펴 보기로 한다(<표 16-1>). 열의 제목에 대해서는 별다른 설명이 필요 없을 것이다. 첫 번째와 두 번째 행은 SCOR 레벨 3 요소를 나타낸다. 세 번째 행에는 거래 수량, 사건 시간, 경과된 사이클타임 및 수율이 포함된 현 상태의 생산성에 대한 요약 결과가 기입된다. 네 번째 행에는 간접부문 분석 워크시트(<표 14-1>)로부터 도출된 연결 단절 항목과 이 프로세스와 관련하여 열거되는 기타 모든 요소의 상대적 비중이 요약 정리된다. 카테고리별 비중을 모두 합하면 100이 되어야 한다. 중요하게 고려해야 할 점은 각각의 연결 단절 부분이 전체 생산성에 어떻게 영향을 미치는가이다. 마지막 2개 열은 목표하는 솔루션에 대한 요약 정보를 기록하기 위한 난으로 유보되어 있으며, 해당 프로세스와 관련된 전체적 기회를 계산할 때 사용될 것이다.

<표 16-2>에는 Fowlers의 공급자가 보관 시설에 보관하고 있는 제품과 관련된 간접부문 생산성의 요약 정보/S1.1 - 제품 배송 일정의 수립 - 이 예시되어 있다. 이러한 제품 중에는 계약생산업체로부터 공급받는 수지, 포장 및 CD-ROM 제품이 포함되어 있다. Fowlers의 종업원들은 연간 약 80,000시간을 이 프로세스 단계의 처리를 위해 사용한다. 거래 수량(10,000/년)과 사건 시간(8시간)을 곱한 후 그 값을 2,080(연간 40주 근무 기준)으로 나누면 이 일과 관련된 대략적 인원수가 도출된다. Fowlers의 경우, 약 38이라는 수치가 도출되었다.

Fowlers의 구매담당 이사는 또 다른 효율 측정치에 특히 높은 관심을 가지고 있었다. 그것은 다름아니라 경과 시간 대 사건 시간의 비

율이었으며, 수치로 제시하자면 72:8 또는 9:1이었다. 이는 한 건의 주문을 처리할 때마다 아무런 가치 창출이 없는 대기, 재작업, 급배송, 급한 불 끄기 따위를 위해 9시간이 소비된다는 뜻이었다. 수율 계산값을 기초로 추정할 때, 10,000건의 구매 주문 중 3,900건은 일정의 재조정을 필요로 한다고 보아야 했다. 전술한 바와 같이 구매 주문팀은 5개의 연결 단절 항목을 발견하였다. 그 중 중요한 2개는 구매 주문의 일괄 업데이트 주기 및 공급자의 주문을 분할 처리하느라 소비되는 시간과 관련이 있었다. 또한 린 분석을 통해서도 95% 이상의 프로세스 타임이 낭비 시간이라는 결론이 도출된 적이 있는 바, 위의 분석 결과가 타당하다는 심증을 더욱 굳힐 수 있었다.

<표 16-1> 간접부문 생산성 요약표 견본

S1.1				S1.1			S1.1		
제품 배송 일정 수립				제품 배송 일정 수립			제품 배송 일정 수립		
현 상태의 생산성	수량	연결 단절 부분의 비중	거래 수량	목표 생산성	수량	변화에 의해 영향을 입은 거래 수량	개선사항 요약	수량	변화에 의해 영향을 입은 거래 수량
	사건 시간		사건 시간 (0 래그)		사건 시간	목표 사건 시간		사건 시간	현 상태 - 목표
	경과 시간		경과 시간 (래그 있음)		경과 시간	목표 경과 시간		경과 시간	현 상태 - 목표
	수율		재작업이 없는 비율		수율	목표 수율		수율	현 상태 - 목표
연결 단절		다른 연결 단절과 비교했을 때, 100개 중 %	간접부문 분석 워크시트로부터 추출된 연결 단절	권장 사항		작업 및 정보 흐름 중 변화된 부분에 대한 기술	비고		

출처 : ©Copyright 2000 Pragmatek Consulting Group, Ltd.

<표 16-2> Fowlers의 간접 부문 생산성 요약표/S1.1   제품 배송 일정 수립

S1.1			
제품 배송 일정 수립			
현 상태의 생산성	수량	연결 단절의 비중	10000
	사건 시간		8
	경과 시간		72
	수율		61%
연결 단절		30%	야간에 수행되는 PO의 일괄 업데이트 및 인쇄 작업이 끝날 때까지 16-20시간 동안 대기
연결 단절		30%	부분적 배송 또는 백오더를 마무리하기 위해 24-144시간 소요
연결 단절		25%	주문되지 않은 제품 배송, 배송 수량의 상위, 가격 등을 포함한 많은 수의 오차
연결 단절		15%	공급자가 확실한 도착 시간을 제시하지 못함으로 인해 공급자 상태 점검을 위한 시간 소요

2. 목표하는 작업 및 정보 흐름의 설계 시작

목표 자재 흐름 프로세스와 마찬가지로 목표하는 작업 및 정보 흐름의 프로세스 또한 적절한 모범사례를 활용하고 연결 단절 항목을 제거함으로써 간접부문의 생산성을 개선한다는 것을 주된 목표로 하고 있다. 단, 자재 흐름의 경우와는 달리 이번에는 청사진 양식에서부터 작업이 시작된다. 스윔 다이어그램 양식에 표시된 SCOR 베이스라인 비즈니스 청사진에는 5개 모범사례(영업 및 운영 계획, 유통 요구사항 계획, 마스터 생산 일정 수립, 자재 요구사항 계획 및 상시재고 Enable) 각각의 통합된 프로세스가 표시되어 있다. 또한 이 청사진에는 모든 SCOR 레벨 3 조달, 제조, 배송 및 반품 프로세스 요소별로 폐쇄회로형 실행 프로세스가 통합되어 있다(표 16-3). 이양식은 목표하는 작업 및 정보 흐름의 시작점이라 할 수 있다. 본 예제의 경우, 반품 부분이 모델링되어 있지 않다.

3. 베이스라인 비즈니스 청사진에 대한 교육

어떠한 방식으로 설명하거나 분해한다 하더라도 청사진은 결코 간단한 문서가 아니다. 청사진을 만드는 목적은 대부분의 비즈니스를 한꺼번에 묶어 주는(또는 여러 갈래로 분할하는) 진화적 프로세스에 얽매이지 않고 보다 효과적으로 작업을 수행할 수 있는 방법을 구상하기 위함이다.

따라서 제 2일의 주된 목표는 통합된 공급망 프로세스가 어떻게 종합적으로 작동해야 하는지에 대한 교육을 설계 팀을 대상으로 실시하는 것이다. 혹자는 이러한 활동이 프로젝트에 활력을 불어 넣어 준다고 생각한다. 청사진에 대한 최고경영진의 반응은 쉽게 말해 한번 살펴 보자는 정도일 것이다. 그러나 여기까지 일을 진행해 온 설계 팀으로서는 이 정도 수준에서 끝낼 수는 없는 일일 것이다.

Fowlers 설계 팀 또한 이와 같은 상황에 처해 있었다. 제 2일차에 관심의 초점과 효율을 유지해 준 주역은 코치였다. 그는 먼저 프로세스의 전략적 의도에 대해 설명한 후, 청사진의 흐름을 정리하여 소개하였다. 그 과정은 투어가이드와 같은 방식으로 진행되었다. 전체 프로세스에 소요된 시간은 약 3시간 정도였으며, 팀원들이 Fowlers의 잘못된 방법에 관한 사실적 사례를 제시하기 시작하면서 그룹의 유머감각이 금방 되살아났다.

투어 일정은 계획 프로세스인 P1, P4, P3, P2에서부터 시작하여 조달 실행 프로세스 S1.1내지 S1.5를 거친 후, 이어 제조 실행 프로세스 M1.1에서 M1.6까지를 둘러 보고, 끝으로 배송 실행 프로세스 D1.1에서 D1.13까지를 살펴 보는 과정으로 진행되었다.

<표 16-3> 견본 SCOR 베이스라인 비즈니스 청사진.

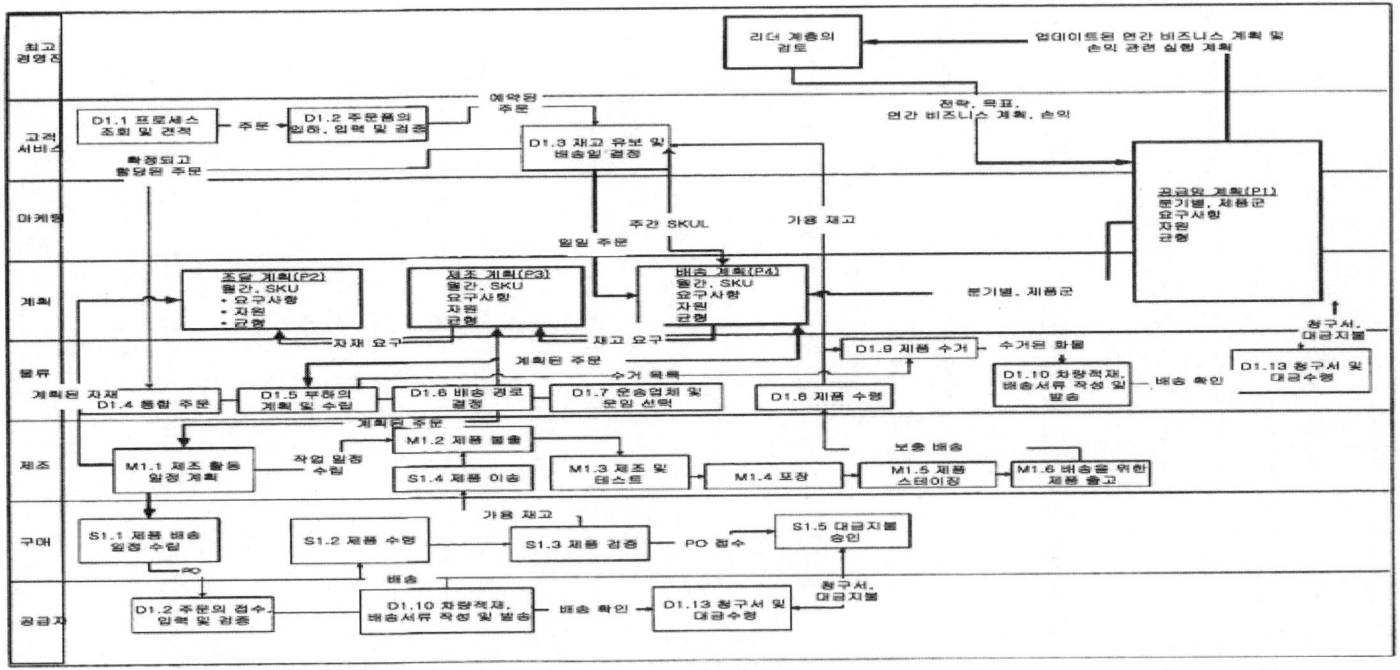

결국 이 투어는 반품 실행 프로세스 DR1.1에서 SR1.6 및 DR3.1에서 SR3.7까지를 거친 후 종료되었다. 이 과정이 끝나자 SCOR와 관련하여 가장 빈번히 제기되는 질문이 어김없이 쏟아졌다. "Enable 프로세스란 무슨 프로세스를 말하는 것인가?"

✦ Fowlers의 SCOR 청사진 투어

투어의 구성 요소 :

- 공급망 계획P1. 이 과정은 실제 수요 데이터를 가지고 특정 공급망을 위한 공급망 계획을 생성하는 프로세스이다(이번 경우에는 고객, 시장 채널, 제품, 지역 또는 비즈니스 실체별로 계획이 생성되었다). 이 프로세스 단계는 영업 및 운영 계획상의 원칙과 가장 밀접한 관련이 있다. 기본적 단계에 필요한 사항으로는 마케팅 및 영업 이벤트에 맞추어 조정된 단위 예측, 자원의 가용성에 따라 예측의 범위가 제한된 공급 계획(이때, 자원이란 재고, 제조 용량 또는 운송 등을 말한다), 수요/공급의 불일치를 해결하고 시스템을 업데이트하기 위한 균형 조치 등이 있다. 이러한 제반 프로세스 단계와 다음 단계인 배송 계획(P4)사이에서 생성되는 산출물을 일컬어 "제한부 단위 계획"이라 한다.

- 배송 계획P4. 이 과정은 실제 약정된 주문을 위에서 생성된 제한부 예측과 비교하고 서비스, 비용 및 재고 목표를 만족시키기 위한 배송 자원 계획을 생성하는 프로세스이다. 이 과정은 각 창고 보관 장소별로 수행되며 지역 또는 기타 지리적 유형별로 통합될 수 있다. 이 프로세스 단계는 배송 요구사항 계획과 가장 밀접한 관련이 있다. 이 프로세스 단계와 제조 계획(P3) 사이의 관계를 "보충 요구사항"이라 하며, 이를 통해 공장 관리자는 얼마나 많은 제품을 계획해야 하는지를 알 수 있다. 또한 유보된 재고 및 예약 날짜(D1.3)를 일컬어 "배송 요구사항 계획"이라 하며, 이를 통해 고객 서비스 담당자는 얼마나 많은 재고가 상시 Enable되어야 하는지를 알 수 있다.

- 제조 계획P3. 이 과정은 실제 생산 주문과 보충 주문을 위에서 생성된 제한부 예측과 비교하고 서비스, 비용 및 재고 목표를 만족시키기 위한

마스터 생산 일정 자원 계획을 생성하는 프로세스이다. 이 프로세스는 각 공장별로 수행되며 지역 또는 기타 지리적 유형별로 통합될 수 있다. 이 프로세스 단계는 마스터 생산 일정의 원칙과 가장 밀접한 관련이 있다. 이 프로세스 단계와 조달 계획(P2) 사이의 관계를 "보충 요구사항"이라 하며, 이를 통해 구매 관리자는 얼마나 많은 제품을 계획해야 하는지를 알 수 있다. 그리고 이러한 모든 활동은 결국 제조 활동 일정(M1.1)으로 통합된다. M1.1은 배송일까지 얼마나 많은 총 제품이 생산되어야 하는지를 공장의 계획 담당자에게 알려 주는 마스터 생산 일정을 말한다.

- 조달 계획P2. 이 과정은 총 자재 요구사항과 위에서 생성된 제한부 예측을 비교하고 기초상품 유형별로 납품가 및 재고 목표를 충족하기 위한 자재 요구사항 자원 계획을 생성하는 프로세스이다. 이 프로세스는 자재명세서상의 품목을 대상으로 수행되며 공급자 또는 기초상품 유형별로 통합될 수 있다. 이 프로세스 단계는 자재 요구사항 계획의 원칙과 가장 밀접한 관련이 있다. 이 프로세스 단계와 제품 배송 일정과의 관계를 일컬어 "자재 요구사항 계획"이라 하며, 이를 통해 구매자는 현재의 주문, 재고 및 미래의 요구사항에 기초하여 얼마나 많은 제품이 구매되어야 하는지를 알 수 있다.

- 조달S1. 이 실행 프로세스는 구매 주문을 발주 및 계획하고, 제품을 수령 및 검수하고, 제품을 가용 원자재로 변환하고, 공급자에 대한 대금지불을 승인하는 등의 자재 획득 프로세스와 관련이 있다. 주문설계품을 조달하는 경우, 적절한 공급자를 파악 및 선택하는 단계가 추가된다.

- 제조M1. 이 실행 프로세스는 원자재를 완제품으로 변환하는 프로세스를 중심으로 하는 제반 프로세스를 말한다. 여기에는 생산 활동 일정의 계획, 제품의 불출과 스테이징, 제조 및 검사, 포장, 고객에게 또는 창고로 보내기 위한 완제품의 출고 등의 단계가 포함되어 있다. 주문설계품을 만드는 경우, 생산작업지시를 내보내기 전에 설계 규격을 최종 확정하는 단계가 선행되어야 한다.

- 배송D1. 이 실행 프로세스는 조회와 견적의 처리, 주문 입력, 재고와 관련된 예약, 주문의 통합, 적하량의 계획 및 확충, 배송 경로 결정, 운송업체 및 운임의 선택, 입하, 수거, 배송, 고객의 인수, 필요한 시설, 그리고 최종

청구 등의 주문처리 프로세스와 관련이 있다. 주문설계품을 배송하는 경우, 제안 또는 견적 요청이 과정에 포함되어야 하며, 주문 입력 이전에 계약을 협상하는 단계가 있어야 한다.

• 반품R1 및 R3. 이 실행 프로세스는 반품 승인 프로세스, 반송품의 배송과 수령, 제품의 검수 및 처분, 불량품 또는 과다재고에 대한 교체 또는 신용적립 프로세스와 관련이 있다. R2의 경우, 보다 상세한 일정 계획, 제품 상태의 판정, 그리고 정비, 수리 및 총점검 정비 품목이 모델에 포함되어야 한다.

• Enable 프로세스. Enable 프로세스는 계획 및 실행 프로세스의 기초가 되는 정보 또는 관계를 준비, 유지 및 관리하는 과정이다. Enable 요소는 더 이상 분해될 수 없다. 이것은 그냥 필요한 프로세스라고 생각하면 된다. 계획, 조달, 제조, 배송 및 반품에 대해 적용되는 Enable 프로세스의 관리 활동은 모두 8개의 카테고리로 분류되며, 구체적으로 말해 비즈니스 규칙, 성과 개선, 데이터 수집, 재고, 자본자산, 운송, 물리적 네트워크 구성 및 규제 준수라는 카테고리고 구성되어 있다. 계획에 대해서만 적용되는 또 다른 Enable 프로세스는 재무 및 단위 계획의 조정을 관리할 때 사용되며, 또 다른 Enable 프로세스(조달에 대해서만 적용)는 공급자와의 계약을 관리할 때 사용된다. 만일 Enable 프로세스가 부실하게 관리될 경우, 훌륭하게 통합된 계획 및 실행 프로세스가 수립되어 있더라도 공급망의 성과가 부진을 면치 못할 수 있다. 예를 들어, 영업 및 운영 계획 프로세스가 아무리 훌륭하게 수립되어 있더라도 부실한 EP.9(단위 및 재무 계획의 조정)의 벽을 넘어설 수는 없다.

이러한 지식을 습득한 설계 팀은 바야흐로 Fowlers의 작업 및 정보 흐름에 관한 자체적인 청사진을 만들기 위한 작업에 돌입하였다.

제15주 : 목표하는 작업 및 정보 흐름의 청사진, 그리고 스티어링 팀의 7차 검토
– 비즈니스가 어떻게 기능해야 하는지를 문서화

브레인스토밍을 진행하는 사람이라면 누구나 "기존의 틀을 깨라"는 주문을 할 것이다. 어느 대학 심리학과 과정에서 두뇌에 관해 연구한 결과에 의하면 취학 이전의 아동에게 창의력 검사를 실시한 결과 평균 95점이라는 결과가 나타났으나, 3학년생에게 동일한 시험을 치르게 한 결과 그 점수가 30점, 그리고 직장생활을 하는 성인을 대상으로 한 결과 5점밖에 나오지 않았다고 한다. 이를 보더라도 "기존의 틀을 깬다"는 것이 왜 중요한지 알 수 있을 것이다.

공급망 프로세스가 복합적이고 복잡하다는 사실과 제반 두뇌 연구 자료를 종합해 판단할 때, 아무 것도 없는 상태에서 설계 팀에게 목표 상태의 프로세스를 만들어 내라고 요구하는 것은 무리일 것이다.

따라서 이번 주의 목표를 달성하기 위해 엄청난 창의성을 발휘해야 할 필요는 없을 것이다. 그보다는 SCOR 레벨 3 베이스라인 청사진 (<표 16-3> 참조)을 검토하고, 스윔 레인 사이에 배치된 SCOR 레벨 3 프로세스를 조정하고, 특정한 기술적 용도로 사용될 간접부문 관련

언어를 통합하고, 논리적 비즈니스 관계에 대한 테스트를 실시하고, 변화로 인한 생산성 개선 효과를 계산함으로써 비즈니스가 어떻게 기능해야 하는지를 찾아내는 작업이 이번 주의 주된 과제가 될 것이다.

1. SCOR 레벨 3 베이스라인 청사진에 대한 검토

제 1일의 첫 번째 일정은 베이스라인 청사진을 변환하는 작업으로 구성되어 있다. 작업 및 정보 흐름 중 "작업" 부분에 관한 일반적 사항에 대해서는 지난 16장에서 이미 언급한 바 있으며, 여기서는 "정보" 부분에 대한 몇 가지 배경이 제시될 것이다.

SCOR 언어의 영역에서 정보의 흐름은 입력과 출력으로 표시된다. 이는 SCOR 사전에 수록되어 있는 바와 같다([그림 13-1] 참조). 사전에 수록된 입력과 출력의 의미에 대해서는 짚고 넘어가야 할 사항이 두 가지 있다. 첫째, 그림과 설명을 통해 제시된 내용은 하나의 일람표일 뿐이며 필요한 연결관계가 표시되어 있지 않다. 또한 문서의 형식도 진정한 프로세스의 흐름과 부합하지 않는다. 예를 들어 S1.2 (제품 수령)의 입력 요소는 제품이고 출력 요소는 입하된 물품의 검수이다. 이 그림만 보면 각 레벨 3 프로세스 사이에서 정보가 연결되는 관계를 구체적으로 알아보기 힘들다. 사용자는 이 다이어그램을 하나의 지침으로 활용해야 하며, 자사의 청사진과 관련하여 어느 입력 및 출력이 적절한지를 판단해야 한다.

둘째, 모든 입력과 출력은 입출력 요소의 생성을 위해 사용될 응용 프로그램의 언어로 해석되어야 한다. 그러한 응용 프로그램으로는 전화, 팩스, 종이, 음성메일 또는 웹 기반의 데이터 입력이나 ERP 시스템의 모듈을 통한 디지털 통신수단 등을 꼽을 수 있다. 또한 회사의 e-비즈니스 전략을 구성하는 전술이 요소간 신호에 반영되어 있어야 한다. 입력과 출력은 전자적 문서교환(EDI), XML(Extensible Markup Language)

등의 다양한 디지털 형식으로 이루어질 수 있다. 이와 같이, 정보의 흐름에는 목표하는 솔루션 환경이 반영되어 있어야 한다.

이러한 점을 배경삼아 지금부터 목표하는 청사진(<표 16-3>)의 제2부에 대한 관광여행을 시작하기로 한다.

판매 주문을 완료하기 위해 필요한 신호 중에는 고객의 견적 요청, 견적 기록, 예약된 주문, 가용 재고 상태, 확정된 주문 할당, 수거 목록, 경로를 포함한 고객 마스터 데이터, 운임과 운송업체가 포함된 운송 마스터 데이터, 수거 중량, 배송 기록, 사전 배송 통지, 고객의 물품 수령, 대고객 청구서 등이 있다.

작업 지시 또는 생산 지시를 완료하기 위해 필요한 신호 중에는 계획된 주문, 생산 일정(라인별 또는 셀별 또는 프로세스별), 자재 풀 요청, 작업지시, 보충 주문, 배송 등이 있다.

구매 주문을 완료하기 위해 필요한 신호 중에는 각종 보충 요청, 구매 주문, 영수 기록, 품질 기록, 공급자의 청구서 등이 있다. 반품 승인을 완료하기 위해 필요한 신호 중에는 고객의 요청 또는 계획된 반품 일정, 반품 승인 기록, 신용 또는 교체 기록, 영수 기록, 처분 기록, 부품 요청, 자재 이동 요청, 공급자에 대한 반품 승인, 배송 기록 등이 있다.

예측 및 공급 보충 계획을 지원하기 위해 필요한 신호 중에는 실제 수요 기록, 통계적 예측, 예측치의 조정, 공급 계획 중 예외 사항, 제한부 단위 계획, 장소별 SKU별로 할당된 주문, 배송 자원 관련 예외 사항, 장소별 배송 요구사항 계획, 보충 주문, 마스터 생산 일정, 계획된 주문, 자재 요구사항 계획 등이 있다.

전체 목록 및 기타 회사별로 고유한 모든 사항은 적절히 번역된 라벨이 부착된 상태로 패키지형 응용 프로그램에 입력되어야 한다.

Fowlers의 경우, 새로운 단위 예측(P1.1)을 촉발하는 판매 기록 등의 여러 가지 신호, 판촉, 수정된 품목 마스터, 기타 특별 원인, 연간 단위 및 재무적 예측 등이 계획과 관련된 변화([그림 17-1])에 포함되었다. 이 경우에 판매 기록이란 실제 수요에 기초한 기획용 소프트웨어의 월말 업데이트를 의미한다. 판촉이란 특정 고객 또는 품목과 수정된 판촉 일정의 수정 및 일반적인 마케팅 캠페인을 말한다. 수정된 품목 마스터란 품목 데이터의 변경 및 그로 인한 예측 방법상의 변화를 의미한다. 예를 들어 회사의 마케팅 부문은 새로이 출시될 신제품의 목록 및 퇴역되어야 할 합리화 대상 품목의 목록을 필요로 한다. 어느 경우에든 이러한 제반 기록은 작업 단계, 즉 P1.1 단계에서 어떤 방법으로든 조정되어야 한다.

예측 프로세스에 대한 입력 요소가 되는 특별원인의 예로는 고객 기반의 상당한 변화, 제품의 전시를 위한 대규모 트레이드 쇼, 새로운 시장점유율의 확대 등이 있다. 연간 단위 및 재무 예측이란 해당월의 사전 합의된 계획, 즉 가장 최근의 영업 및 운영 계획을 말한다.

예측을 위해 필요한 새로운 공급 계획(P1.2)을 촉발하는 신호는 주로 새로이 계획된 분기별 통합 단위 예측과 밀접히 관련되어 있다. 본 예제에서 Fowlers는 용량에 관한 가정, 재고 비축 전략 및 기타 필수적인 공급 계획의 설정 작업이 실제 P1.2 작업 이전 단계인 Enable 계획 요소를 통해 완료되었다고 가정하였다. 새로이 계획된 분기별 통합 단위 예측이란 이전 단계에서 수요 예측 담당자가 수요 계획 프로그램의 "완료" 버튼을 눌러 생성한 비제한부 단위 예측을 말한다. 요구사항과 자원 사이의 균형 조정 활동을 촉발하는 신호는 분기별 단위 공급 계획의 예외사항이다. 공급 계획과 관련된 용어로 표현하자면 이는 지정된 고객 서비스 수준을 달성하지 못할 가능성이 큰 예외사항을 품목 및 장소별로 구분 집계한 목록이라 할 수 있다. 또한 예외사항은 어디에 과다한 재고가 쌓여 있는지를 알려 준다.

업데이트 프로세스를 촉발하는 신호 중 하나는 합의되고 균형 잡힌 분기별 공급망 계획이다. Fowlers는 예외사항에 대한 합의를 공식화

[그림 17-1] Fowlers에서 목표로 하는 계획 프로세스 및 입출력 요소.

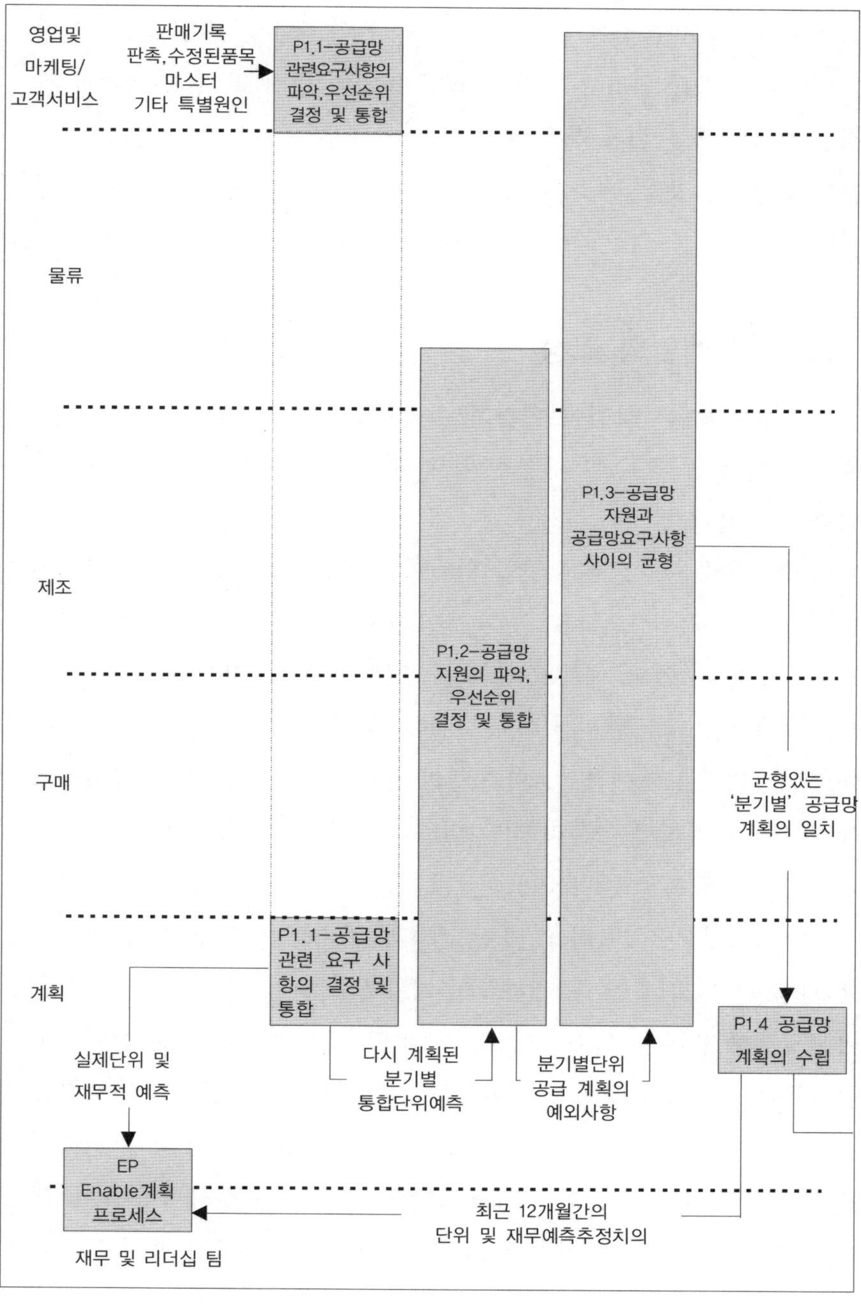

할 방법을 모색하고 있으며, 업데이트된 분기별 단위 계획을 이용하여 나머지 계획 요소의 원천인 제한부 단위 계획을 공식적으로 업데이트하는 방법을 취하고 있다. 이러한 방법은 영업 및 운영 계획과 관련된 모범사례를 활용하기 위해 필요한 재무 예측치를 최근 12개월간의 단위 및 재무 예측 추정치를 이용해 수정할 때에도 도움이 될 것이다.

2. 스윔 레인의 조정

두 번째 과제는 작업이 원활히 수행되도록 스윔 레인의 구성을 조정하는 일이다. 때로 이 과정은 일부 레인을 추가하거나 제거하는 작업을 수반한다.

이러한 변화 중 일부는 영업 인력이 예측 분석 담당자를 지원하는 방식을 조정하는 등의 사소한 것들인 반면, 때로 큰 변화가 초래되는 경우도 있을 수 있다. 예를 들어, 회사 전체적으로 공급망 기능을 관리함으로 인해 비즈니스 단위 사이에 단절이 발생하는 경우를 방지하기 위해 매트릭스 방식을 채택함으로써 기업의 자원이 Enable 및 작업 프로세스에 집중되도록 하고 아울러 제반 비즈니스 단위 부서로 하여금 신호에 따라 움직이도록 하는 것(<표 17-1>)은 커다란 변화에 해당한다.

사실 이 부분은 Fowlers의 공급망과 관련하여 설계 팀이 이루어 낸 가장 큰 변화라 할 수 있다. 즉, 기능별로 책임이 할당되는 방식을 바꿈으로써 중복이 최소화되고 공급망의 계속적 개선이 통합되도록 한 것이다. 종전의 구조를 보면 기능별 사일로가 형성되어 있었다는 것을 알 수 있으며, 이러한 구조 하에서는 개인별 일정과 내부 지향적 측정 지표가 전체 시스템의 효율 달성을 지향하는 전사적 목표에 대한 방해 요소로 작용할 수밖에 없었다. 변화가 이루어진 후의 그림을 보면 설계 팀이 책임을 할당함으로써 프로세스의 개선을 주도하고 Enable 요소를 개발하고 있다는 것을 알 수 있다. 즉, 비즈니스 단위별로 단일화된 임무를 부여함으로써 프로세스를 완벽히 실행하도록 유도하고 있다.

Fowlers의 제조 시설은 원자재 및 주문생산 제품의 구매를 대부분 자체적으로 수행하고 있기 때문에 설계 팀은 조달과 제조를 통합하는 방식을 선택하였다. 또한 물류 및 고객 서비스 기능 부문에 의해 수행되던 배송과 반품 과정을 통합하였다. 이로써 전체 프로세스의 성능을 측정하고 Enable 요소의 적절한 사용 등을 위한 시정 조치를 위해 필요한 계획을 통합 수립할 책임은 각 부문별 관리자의 몫이 되었다.

<표 17-1> Fowlers의 공급망 매트릭스 구성

공급망 구성 매트릭스	기업의 프로세스 책임자 프로세스 개선, 지원 및 자원 개발		
	Enable 시스템 엔지니어 간접부문의 생산성 향상을 위한 기술 적 개선의 지원	계획 기업의 기획 담당 관리자 완전한 영업 및 운영 계획 프로세스에 대한 책임	조달 · 제조 기업의 자재 구매 관리자 자재의 조달 및 원자재를 완제품으로 변환하는 부분에 관한 책임
비즈니스 단위 회사를 대리하여 프로세스를 실행	시스템 엔지니어 비즈니스와 관련된 정보를 추출	일반관리이사, 수요 관리자 및 공급 관리자 효과적인 SOP 프로세스의 실행	조달 관리자, 자재 관리자, 공장 관리자 조달 및 제조 프로세스를 실행

3. 간접부문 관련 사례의 수집

제 1일에 부여된 세 번째 과제는 실제 거래의 사례를 수집하고 목표하는 청사진에 반영함으로써 청사진이 의도대로 작동할 것이며 생산성에 대한 영향을 추정하는 것이 가능하다는 확신을 제시하는 작업이었으며, 이는 결코 쉽지 않은 일이었다. 이 작업의 목적은 "지금 현재 이것이 기능하는 방식"과 "향후 어떻게 기능해야 바람직한가"를 서로 이어 줄 교량을 만드는 것이다. 비즈니스 시나리오를 문서화하면 모든 기능 및 통합 시스템을 테스트할 수 있는 체계를 얻을 수 있을 것이다. 또한 각각의 시나리오가 위의 청사진에 논리적으로 반영되어 있다는 설계 팀의 확신이 입증될 수 있을 것이다(<표 17-2>).

[그림 17-2]는 Fowlers의 조달 프로세스가 목표하는 상태에 부합하는지를 테스트하기 위한 양식이다.

<표 17-2> 비즈니스 테스트 시나리오 양식

비즈니스 테스트 시나리오 1 판매 주문

테스트에 대한 설명:
판매 주문 테스트의 실제적 배경을 설명하는 문단 및 관련 문서(청구서, 판매 주문, 재고 보고서, 수거 목록 등)를 여기에 삽입한다.

요소별 테스트 요약:
D1.1
목표하는 솔루션 하에서 비즈니스 케이스가 어떻게 처리되는지에 관한 설명을 핵심 주제 위주로 여기에 삽입한다. 목표하는 워크시트상의 권장된 변화를 최소 단위의 건축용 블록으로 사용한다.

변화를 위한 가정:
요소 테스트에 사용된 가정을 설명해 주는 글머리표를 여기에 삽입한다.

출처: ⓒCopyright 2000 Pragmatek Consulting Group, Ltd.

4. 목표하는 상태의 달성을 위한 생산성의 개선

자재 흐름의 목표 상태를 구상할 때와 마찬가지로 우리는 지금 공급망 관련 모범사례를 위해 SCOR 베이스라인청사진을 활용하고 있다. 그러나 한편으로는 상식을 사용하는 것이 그에 못지 않게 중요하다는 사실을 잊어서는 안 될 것이다. 무엇을 바꿀 것인지에 대한 결론을 얻기 위한 제 2일차의 과정은 자재 흐름과 관련된 연결 단절 분석과 유사한 점이 있다. 즉, 간접부문 워크시트상에 문서화된 각각의 연결 단절 항목별로 관련이 있는 프로세스 흐름, 스윔 레인 또는 조직 및 기술의 변화를 기입한다. 그 다음 각각의 변화에 대해 분임 팀으로 하여금 변화가 간접부문의 생산성에 미친 영향의 측정치(간접부문 분석 워크시트 [그림 14-1] 및 [그림 14-2]의 기록을 참조)를 이용하여 생산성에 대한 영향을 평가하도록 한다.

현 상태와 관련된 작업이 철저히 수행될수록 목표하는 솔루션을 통해 구현될 영향의 추정치가 더 정확해진다. 끝으로 목표하는 청사진에 표시된 변화의 내용을 정확히 업데이트하도록 한다. 각 분임 팀은 비즈니스 시나리오를 논리적으로 답사하고 수정된 청사진 상의 모든 반복 부분을 검사해 보아야 하며, 팀원이 어느 정도의 확신을 가지고 있는지를 평가해야 한다. Staple Yourself 활동(제 14장)에 참여했던 확장 팀원들은 다음 주에 실시될 솔루션 검토 작업 이전에 변화의 내용을 검증해 줄 적절한 자원으로 활용될 수 있다.

5. 스티어링 팀의 7차 검토 실시

다음과 같은 안건을 중심으로 스티어링 팀의 7차 검토를 준비하고 실시한다.

- 프로젝트 로드맵 상태
- 거래 유형별 생산성 요약
- 목표하는 시나리오에 대한 일차적 관점을 제공하기 위한 비즈니스 테스트 시나리오
- 스티어링 팀의 8차 검토와 관련된 기대 사항

[그림 17-2] Fowlers의 비즈니스 테스트 시나리오 구매 주문

비즈니스 테스트 시나리오 1-구매 주문

테스트 설명 :

아래의 테스트 시나리오는 ERP 시스템의 PO 모듈을 통해 구매 주문(비 MRO)을 생성할 때 따라야 할 프로세스에 대한 설명이다. 생성에서 종결까지에 이르는 완전한 프로세스가 여기에 설명되어 있다.

요소별 요약 :

S1.1, S2.1   제품 배송 일정 수립(PO의 생성)

1. PO는 수요 기획/예측 파트(ERP 시스템 계획)의 입력 내용을 기초로 생성된다. 주문은 필요에 따라(또는 지정된 재주문 지점에 이르면) 발주되며, 과거와 같이 1개월이라는 일정한 주문 주기(매월 특정일에 공급자에게 발주)에 따라 발주되지 않는다.
2. 공급자가 신규 거래처인가? 만일 그렇다면 구매 부문에 연락하여 ERP 시스템에 신규 공급자를 설정하도록 한다.
3. 만일 그렇지 않을 경우, ERP 시스템의 구매 기능을 사용하면 PO가 생성된다. 이어 해당 현장과 가까운 적절한 주소에 위치한 공급자가 검색되고 선택된다. 품목이 시스템 내에 설정되어 있는가? 만일 그렇다면 품목을 PO 행에 입력한다. 이어 각 품목마다 수량, 배송요청일 및 배송지 주소를 입력한다(계좌는 계좌 생성기에 의해 자동 생성된다.).
4. 모든 데이터가 ERP 시스템 PO에 입력되면 정보가 저장되고 PO 번호가 자동 생성된다. 이렇게 생성된 PO는 승인 처리 절차로 이전된다(이 과정은 온라인상에서 진행된다). 승인 과정은 계층구조에 따라 진행된다.
5. PO는 금액 한도가 얼마이고 해당 PO의 담당자가 누구인지에 따라 적절한 담당자의 받은 메시지함/통지함으로 전송된다. 이어 담당자가 PO에 대한 승인 또는 거부를 입력한다.
6. 거부된 PO는 원래의 생성자에게로 되돌아간다. 원 생성자는 필요한 변경을 가한 후 다시 결제를 요청할 수 있다. 만일 잘못된 사람에게 전달되어 거부된 경우, 원 생성자는 올바른 승인권자에게 결재를 요청하게 될 것이다. 만일 생성되지 말았어야 할 주문이었다면 해당 주문은 취소되어야 할 것이다.
7. 승인된 PO는 공급자에게 자동으로 팩스 전송되거나 웹 상에 게시된다.
8. 주문과 배송 요청일이 공급자에 의해 접수되면 공급자의 확인 정보가 웹 상에 표시된다.

18 제16주 : 목표 상태의 요약 및 프로젝트 포트폴리오

SCOR 베이스라인 청사진을 통해 새로운 공급망 프로세스의 정의가 상당히 수월해지기는 하였으나, 지난 주에 설계 팀에게 부여된 숙제를 통해서도 짐작할 수 있듯이 아직도 해야 할 일이 많다는 것을 잊지 말아야 한다. 이제 분임 팀에게는 공급망의 작업 및 정보 흐름에 대한 권장 변경 사항을 검증하고 확정하는 작업이 할당되었다. 그 중에는 스윔 다이어그램, 생산성 요약표, 비즈니스 케이스 시나리오를 이용하여 각각의 거래를 테스트하기 위한 시스템의 변경 사항 등이 포함되어 있다.

그러나 이러한 모든 흥미로운 과정은 궁극적으로 간접부문 생산성의 개선이라는 결과로 이어져야 한다. 따라서 이번 주의 주된 목표는 수치를 기초에서부터 재점검하는 작업, 즉 목표 상태의 생산성 스프레드시트를 검토 및 정제하고 전체적인 프로젝트 포트폴리오 및 관련 투자수익 요약표를 취합하기 시작하는 작업이라 할 수 있다.

1. 목표하는 생산성 스프레드시트의 정제

제 1일차에 Fowlers의 설계 팀에게 부여된 과제는 5개의 생산성 스프레드시트(계획, 조달, 제조, 배송 및 반품)를 정제하는 작업이었다. 그림 18-1에 제시된 'S1.1의 목표 생산성 요약표-제품 배송 일정'은 그 중 한 예이다. 이 표는 좋은 사례가 될 수 있다. 첫째, 모든 구매 주문이 이 특정한 솔루션에 의해 영향을 받는 것은 아니다. 이 도표는 재고로 비축할 원자재 주문 5,000건을 목표로 하고 있다. ([그림 17-2]의 비즈니스 케이스 시나리오는 원자재의 재주문을 위한 또 다른 5,000건의 구매 주문에 관한 내용이다.)

둘째, 이 요약표의 권장사항은 단지 요약된 정보에 불과하다. 상세한 문서화 작업이 완료되려면 여기에 SCOR 레벨 4 비즈니스 요구사항과 고수준의 시스템 요구사항 세트를 추가해야 한다. 요구사항 세트를 만드는 이유는 필요한 시스템 실행의 범위와 순서를 결정하는데 도움이 되기 때문이며, 이렇게 함으로써 기업의 응용 프로그램 담당 이사들에게 길을 제시할 수 있다. 다시한번 강조하자면 이 요약표는 상세한 시스템 요구사항의 정의, 솔루션 설계, 기능별 및 통합 테스트, 실행 활동 등에 대한 교체 수단으로 사용될 수 없다.

셋째, 개선된 성과의 계량값은 구매 주문의 건수(5,000)를 사건의 사이클타임(8시간)의 추정 절감액과 곱함으로써 간단히 계산(40,000시간의 개선)된다. 팀은 구매 주문의 건수(5,000)를 개선되지 않은 프로세스 하에서 재작업을 필요로 하는 액수(5%)와 곱하는 방식으로 수율을 적용한 결과 250건의 주문이라는 수치를 얻었다. 이를 새로운 사건의 사이클타임(1시간)과 곱하면 개선된 프로세스 하에서 필요한 재작업의 총 분량을 계산할 수 있으며, 실제 수치는 250시간으로 계산되었다. 이는 종전의 프로세스와 크게 대조되는 수치이다. 종전의 경우, 수율이 61%였기 때문에 9시간이라는 사건 사이클타임 당 5,000건의 작업 중 1,950건에 대해 재작업이 필요했었다. 이는 모두 합쳐 17,550시간에 해당한다.

[그림 18-2(이전)] 및 [18-3(이후)]에는 S1.1과 관련된 목표 생산성 요약표에 대한 스윔 다이어그램이 이전-이후로 구분되어 요약되어 있다. 이 표를 보면 제품 배송 일정 프로세스에 3가지 큰 변화가 있었다는 것을 알 수 있다. 첫째, 종전에는 주문생산품으로서 일정 계획이 수립되던 품목의 자재 흐름이 이제는 예상 소비에 기초하여 재고를 보유하는 방식으로 바뀌었다. 이 부분은 S2.1 대신 S1.1이 사용된 것을 보면 알 수 있다. 두 번째 변화는 프로세스 요소를 스윔 다이어그램에 배치하였다는 것이다. 이제는S1.1 레벨 4 프로세스 단계에 정의된 과제를 수행할 책임이 공급자(셀프서비스 기술을 사용하여)의 몫으로 할당되어 있다.

셋째, 구매/재무의 스윔 레인이 전략적 조달로 변경되었으며, 그 역할은 P2-조달 계획 요소와의 관계에 내재되어 있다. 예를 들어, 공급자가 자재 자원의 계산(P2.1)에 대한 책임(실시간 주문 상황 조회 기술을 통해)을 지도록 하는 한편, 전략적 조달 부문은 공급자와 협력하여 공동의 책임 하에 자재 요구사항 또는 예측 데이터에 관한 커뮤니케이션(P2.1)을 수행하고 수요와 공급의 균형을 모색(P2.3)하도록 하였다.

[그림 18-1] Fowlers에서 목표하는 생산성 요약표/S1.1 제품 배송 일정

S1.1						S1.1			S1.1		
제품 배송 일정						제품 배송 일정			제품 배송 일정		
현 상태의 생산성	수량	연결 단절 의 비중	10000	목표하 는 생산선	수량	5000		개선사항 요약	수량	5000	
	사건 시간		9		사건 시간	1			사건 시간	8	
	경과 시간		72		경과 시간	1.5			경과 시간	70.5	
	수율		61%		수율	95%			수율	34%	
연결 단절		30%	야간 PO 일괄 업데이트 및 인쇄가 끝날 때까지 16-20시간을 대기	권장사항		현재의 기능성과 프로세스를 활용하여 구매 주문을 생성, 처리 및 발송하는 기능을 비롯한 공급자의 셀프서비스가 가능하도록 조치. Fowlers의 중앙집중적 관리 계좌 보안기능을 이용한 자동 구매주문 결재 체계. 지정된 주문지점 또는 기타 소비 촉발 지점(예측 등)에 기초한 자동화된 구매 주문 생성. 실행 단계보다 더 많은 수의 계획을 효과적으로 지원하기 위한 구매 조직의 조정.					
연결 단절		30%	부분 배송 또는 백오더의 마감에 24-144 시간 소요	권장사항		정시 및 완전 배송과 관련하여 최소한 패리티 수준을 기준으로 배송 성과의 경쟁우위를 비교 점검할 수 있도록 공급자의 성과 스코어카드를 제도화.					
연결 단절		25%	주문되지 않은 제품의 배송, 상이한 수량 및 가격의 배송 등 수많은 불일치 발생	권장사항		품목의 분류 및 측정 변환 단위가 자동적으로 제공되어야 함. 기본 품목 속성의 수작업 입력 부분 제거. 품목 마스터의 정확성과 유지관리를 담당할 Fowlers의 책임자 지정.					
연결 단절		15%	공급자가 확실한 도착 시간 추정치를 제시하지 않음으로 인해 공급자 상태의 점검을 위한 시간 추가 소요	권장사항		공급자 셀프서비스의 일환으로서 주문 통지를 비롯한 웹 방식의 주문 상태 확인 기능을 구축.					

[그림 18-2] Fowlers의 이전 스윔 다이어그램 S1.1

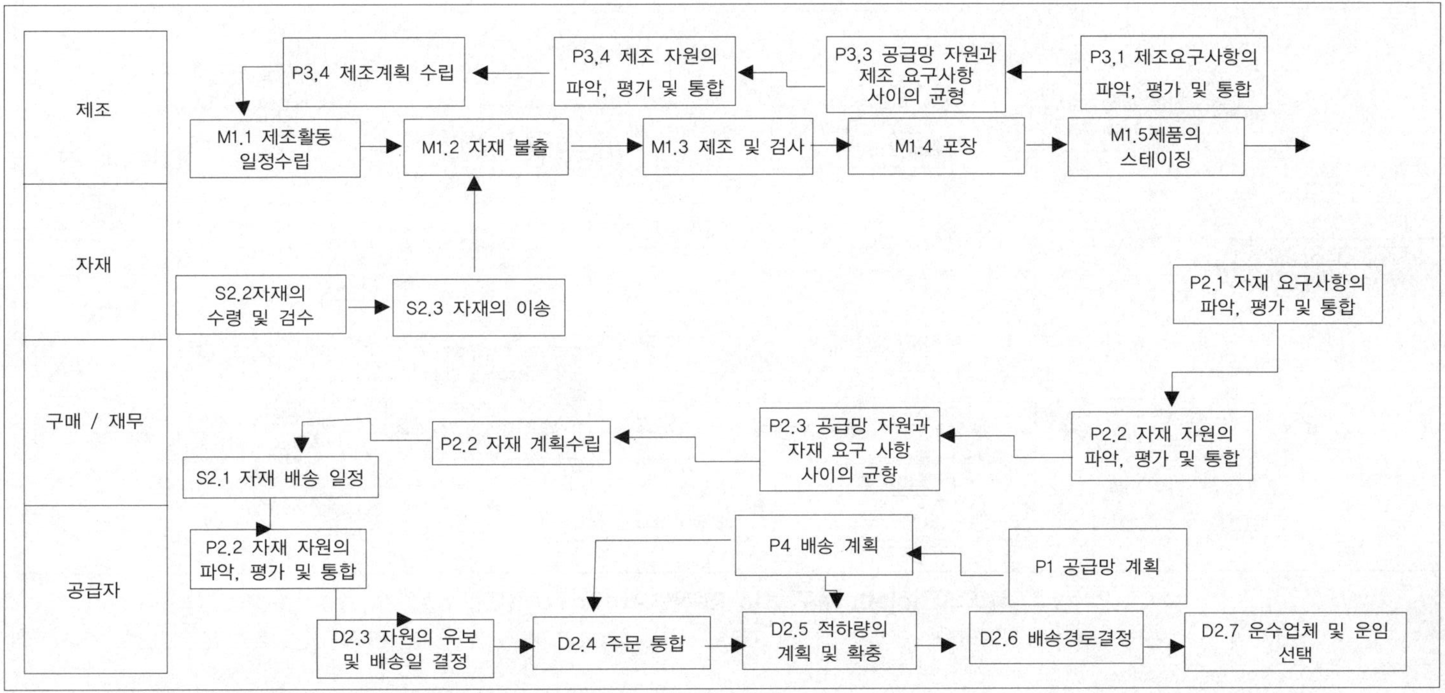

[그림 18-3] Fowlers의 이후 스웜 다이어그램S1.1

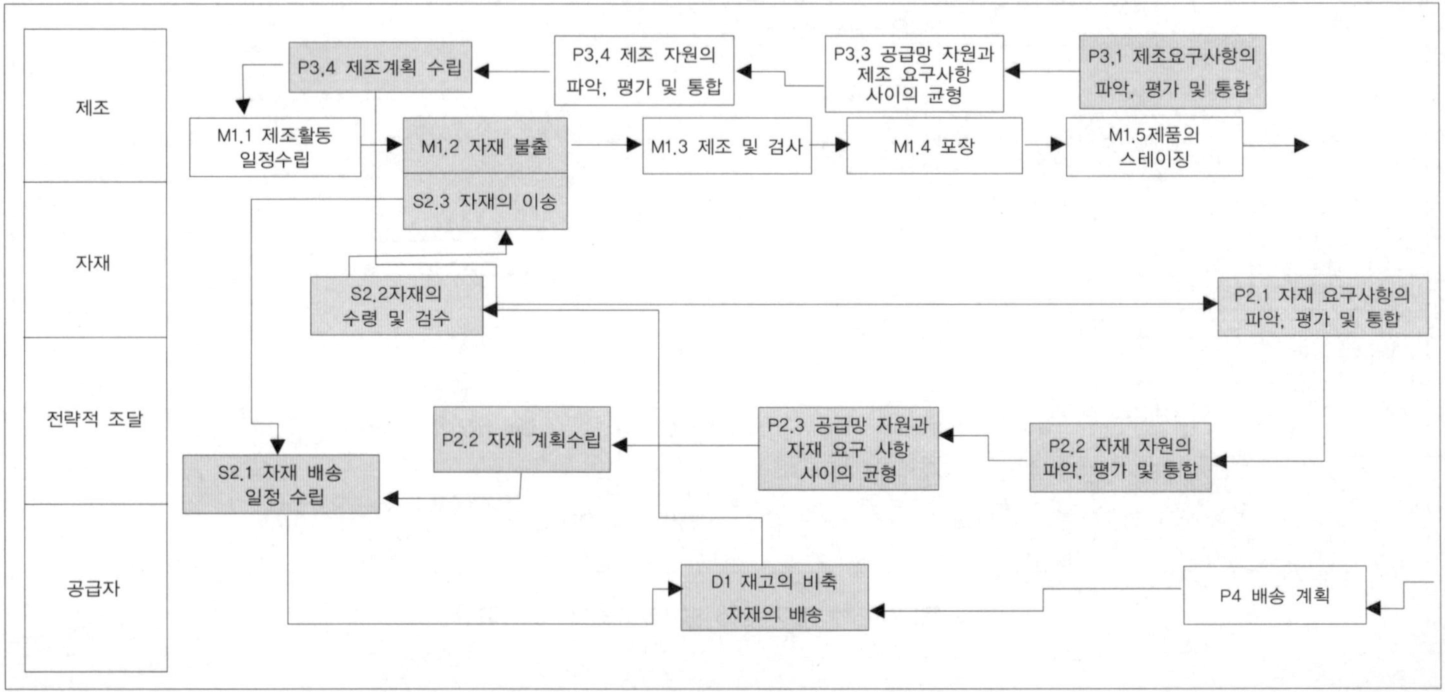

2. 전반적인 프로젝트 포트폴리오의 수립 및 투자수익 분석의 시작

신뢰성 있는 전반적인 프로젝트 포트폴리오를 구축하기 위해서는 몇 가지 모범사례들을 적용해야 하며, 이 작업이 바로 제 2일의 첫째 과제로 부여되었다. 최초의 모범사례는 이중 계산의 회피에 관한 내용으로 이루어져 있다. 이 문제는 후반으로 갈수록 어려워진다. Fowlers 팀이 사용한 몇 가지 요령을 소개하면 다음과 같다.

- 어디에서 절감이 가능한지를 재무 기능 파트의 인력이 이해할 수 있도록 그들의 언어를 사용하여 도움을 제공한다. 이 부분은 공급망의 범위를 다소 벗어나 비용 센터 쪽으로 치우친 감이 있다. 이러한 이유에서, 프로젝트의 SCORcard 단계(제 4장)에서 조사된 공급망 비용, 사후보증 비용 및 반품 비용을 집계할 때 비용 센터에 대한 매핑 결과를 활용하도록 한다.

- 총 공급망 비용, 사후보증 비용 및 반품 비용(<표 4-1>)의 내부적 측정치를 계산하기 위해 레벨 3 측정 지표를 사용하여 자재 흐름 측정치와 작업 및 정보 흐름 사이의 관계를 정렬한다.

- 작업 및 정보의 흐름과 관련하여 고객 서비스 비용, 반품 승인 처리 비용, 구매 비용, FG 창고에서의 노무비, RM 창고의 노무비, 반품 정비 비용 수요 계획 중 노무비 부분, 공급 계획 비용을 계수한다. 이러한 항목들은 일반적으로 간접부문과 높은 관련성을 가지고 있다.

- 자재 흐름과 관련하여 재고 보유 비용, 대외운송 비용, 대내운송 비용, 반품운송 비용, FG 창고 비용 중 물리적 자산(리스 또는

자기소유) 부분, RM 창고 비용 중 물리적 자산(리스 또는 자기소유) 부분, 반품 창고 비용 중 물리적 자산(리스 또는 자기소유) 부분 등 자재와 관련된 항목을 계수한다.

- IT 운영을 지원하기 위한 노무비와 소프트웨어 및 하드웨어를 위해 필요한 고정자산 및 리스자산을 매출액 대비 비율로 계산된 정보기술 비용을 사용하여 통합한다.

위에 제시된 지침은 엄격히 실행해야만 하는 규칙이 아니라 비용이 명확하게 그리고 단 한 번만 계수되도록 하기 위한 하나의 지침에 불과하다.

Fowlers 팀은 이러한 지침을 활용하여 자재 흐름과 관련된 연결 단절 기회 그리드에 대해 다음과 같은 조정을 실시하였다([그림 18-4]).

- 구매 주문과 관련된 생산성 개선 효과에 기초하여 (2) 공급 관리 항목에 1,500,000달러를 추가하였다.

- 판매 주문과 관련된 생산성 개선 효과에 기초하여 (7) 규율 없는 주문 관리 항목에 2,349,080달러를 추가하였다.

- 데이터의 정확성 및 고객, 품목 및 공급자 마스터 데이터의 유지 관리 생산성 관련 정보에 기초하여 (5) 미흡한 데이터 무결성 항목에 2,134,530달러를 추가하였다.

- 맞춤형 부분 통합 시스템을 지원하기 위한 Enable 비용 제거를 통해 달성된 생산성 개선 효과에 기초하여 (4) 이질적 시스템 항목에 1,246,238달러를 추가하였다.

또 다른 모범사례는 자본적 지출의 요청 및 승인의 취득과 관련하여 알려진 프로세스를 통합하는 작업과 관련이 있다. 공급망 포트폴리오를 모델링할 때에는 먼저 자본과 관련된 개선 사항이 확인되어야 한다. 이때 비즈니스 케이스에 대한 설명, 재무적 계산 및 가정, 상황 분석, 그리고 내외부의 자원을 위한 시간 및 자재에 대한 설명이 수반되어야 한다.

Fowlers 팀은 자신들이 가장 성공적으로 수행한 자본 프로젝트의 결과를 기초로 투자수익 요약표를 모델링하였다([그림 18-5]).

이들은 기본 형식에 의거하여 목록에 포함된 각 프로젝트(그리고 관련 수익 개선 효과)를 3년 수익 추정치로 변환하는 한편, 실행의 완료를 위한 파일럿 테스트 및 계획에 소요될 초년도 비용에 대한 추정치를 상세히 표시하였다. 팀은 파일럿 테스트에 기초하여 각 수익 년도별로 실현될 이득의 비율을 추정하였으며 진척 비율의 추정치를 계산하였다. 비용을 구분할 때에는 자재, 작업 및 정보 흐름을 포함한 모든 권장 변경사항을 제도화하기 위해 필요한 총 비용 추정치를 사용하였다. 각 프로젝트별 수익 분석 결과는 변화로 인해 향후 계속 발생할 영업 비용의 모든 증가분과 상쇄 처리되었다.

[그림 18-4] Fowlers의 업데이트된 연결 단절 기회 그리드.

범례	절감액
1. 부실한 계획	$15,825,210
2. 공급 관리	$2,757,888
3. 대중식 물류 계획 및 실행	$2,390,833
4. disaprate 시스템	$1,246,238
5. 미흡한 데이터 무결성	$2,134,530
6. 복불복식 제품 수명주기 관리	$4,440,985
7. 규율 없는 주문 관리	$2,349,080
8. 공식적 반품 관리의 부재	$38,000,000
총계	$69,144,764

조정 현황

2-공급 관리에 1,500,000달러 추가
7-규율 없는 주문 관리에 2,349,080달러 추가
5-고객, 품목 및 공급자 마스터 데이터의 통합으로 인한 절감액에 기초하여 미흡한 데이터 무결성에 2,134,530달러 추가
맞춤형 부분 통합 시스템을 지원하기 위한 비용의 예상 절감액에 기초하여 4-이질적 시스템에 1,246,238달러 추가

[그림 18-5] Fowlers의 프로젝트 포트폴리오.

총 손익에 대한 영향 (단위: 천 달러)	1차년도의 비용 개선	3년간의 이득		
		1차 회계연도	2차 회계연도	3차 회계연도
확장성 있는 개선	100%	25%	40%	100%
프로젝트 1: 부실한 계획				
프로젝트 2: 공급 관리				
프로젝트 3: 대중식 물류 계획 및 실행				
프로젝트 4: 이질적 시스템				
프로젝트 5: 미흡한 데이터 무결성				
프로젝트 6: 복불복식 제품 수명주기 관리				
프로젝트 7: 규율 없는 주문 관리				
프로젝트 8: 공식적 반품 관리의 부재				
총계	$ 　-	$ 　-	$ 　-	$ 　-

출처 : ⓒCopyright 2000 Pragmatek Consulting Group, Ltd.

Fowlers의 설계 팀은 각 비즈니스 그룹의 경리 담당을 소환하여 요약표의 백업을 위해 필요한 세부도 수준에서 모든 사항이 이해될 때까지 제반 인력에 대한 교육을 지원하도록 하였다. 또한 이 과정에서 다음 주에 있을 스티어링 팀의 최종 검토에 대한 준비를 위해 필요한 컨텐츠 및 변화관리의 가치에 대한 인식을 추가적으로 제고할 수 있었다.

　업데이트된 연결 단절 기회 그리드, 경리 담당으로부터의 자문과 조언, 그리고 빈 프로젝트 포트폴리오 양식과 투자수익 프로필은 공급망 프로젝트 설계 단계의 마지막 주에 부여될 숙제 역시 만만치 않을 것임을 예고하고 있었다.

19

제17주 : 실행 계획 및 스티어링 팀의 8차 검토
– 공급망 설계의 차원을 넘어서

이제 결승점이다! 하지만 유념할 점이 있다. University of Minnesota의 대학원 과정 중 가장 어려운 것으로 정평이 높았던 과목의 담당 교수 Richard Swanson은 악명 높은 한 학기를 마치고 기말고사를 실시하면서 이렇게 말한 적이 있다. "진정한 배움이란 고통스러운 경험입니다. 본인은 여러분 모두가 이번 과목을 통해 많은 것을 배웠다는 것을 알 수 있습니다." 마지막 강의가 끝나고 마지막 학생이 강의실을 나간 후 그는 이렇게 한 가지 조언을 덧붙였다. "길이 끝난 것이 아니라는 점을 잊지 마십시오. 이 길은 평생 걸어야 할 여정입니다."

설계 팀은 지금까지 16주차에 걸쳐 프로세스를 수행해 왔다. 그 과정은 결코 쉽지 않았으나 한편으로는 자기 자신이 변화하고 계몽되고 지식의 폭과 깊이를 넓힐 수 있는 기회였으며, 성과 또한 만족스러운 수준이었다. 프로젝트의 마지막 주를 마무리하고 실행 단계로 이행하기 위해서는 프로젝트 포트폴리오와 추정 투자수익 스프레드시트를 보다 세밀하게 가다듬고 설계 팀이 지난 작업을 재점검하고 변화하는 과정을 인도하는 등 아직도 세부적으로 관심을 쏟아야 할 부분이 많이 남아 있다. 개선의 실행, 즉 SCOR 프로젝트 로드맵을 개발 및 실행하는 단계는 또 한 권의 책으로 소개해야 할 만한 주제이다.

1. Fowlers의 프로젝트 포트폴리오 및 추정 투자수익

제 1일차에 Fowlers 설계 팀은 프로젝트 포트폴리오 및 추정 투자수익([그림 19-1])에 대한 검토를 위해 다시 소집되었다. 이들은 숫자를 검토하는 과정에서 다소 놀라운 부분을 발견하였다. 그 중 첫 번째는 4번 프로젝트인 이질적 시스템이었다. 프로젝트 초기에는 거의 모든 사람들이 두 개의 진영으로 나뉘어 있었다. 그 중 하나는 "장밋빛 안경" 그룹으로서, 이들은 새로운 1단계 ERP 시스템이 모든 것을 해결해 주도록 만들어져 있으며 또한 그렇게 될 것이라 생각하고 있었다. 모든 것이 그 시스템 내부에 들어 있고, 그것이 바로 목표하는 바가 아니었던가? 반면, "시스템이 문제" 그룹은 과거 수년간 ERP 시스템을 실행해 온 것이야말로 회사가 한때 이루었던 것만큼의 성공을 거둘 수 없었던 주된 이유라 보고 있었다. 그러나 이제 프로젝트 포트폴리오를 바라보는 이들 두 집단은 성과의 개선에 대해 같은 생각을 하고 있었다. 그것은 더 많은 투자를 감행해야 한다는 것이었다. 4번 프로젝트의 ROI 계산 결과는 그리 높은 수준이 아니었으며, 특히 첫 해에 소요되는 대규모의 투자에 비하면 더더욱 그러했다. 이러한 이유로 모든 팀원은 시스템에 더 많은 투자를 하기 전에 다른 곳에서 공급망의 개선을 먼저 실행해야 한다는데 뜻을 같이 하였다. 챠트에 표시된 나머지 프로젝트가 완료되고 나면 4번 프로젝트를 시작하기가 훨씬 원활해질 것이라는데 대해서는 이견의 여지가 없었.

1번 프로젝트, 즉 부실한 계획 또한 놀라움으로 다가왔다. 어느 누구도 부실한 계획의 비용이 그렇게 엄청나리라고는 생각지 못했었다.

이 프로젝트는 수익성 개선 측면에서 두 번째로 큰 항목이었다. 지금까지 이 회사는 전반적으로 긴급 처리와 급한 불끄기의 전문가라 할 수 있을 정도로 임기응변에 익숙해 있었다. 실제로도 Fowlers는 분기별로 급한 불을 가장 효과적으로 많이 끈 종업원들에게 보상을 하고 있었다. 이제는 이러한 모든 관행이 바뀔 수 있게 되었다. 회사의 계획 활동을 개선하기 위해 실행되어야 할 프로세스는 모범사례이지 첨단 과학이 아니었다. 사실 보다 신경을 써야 할 부분은 계획의 수립, 이행 및 적절한 조정을 위해 필요한 규율이었다. 변화되어야 할 부분은 최고 경영진에서부터 저 아래의 생산일정 수립 담당자에 이르기까지 수도 없이 많았다. 그리고 이 프로젝트를 위해 필요한 비용 중 단지 1/3만이 실제로 예측 분석 기능의 개선을 위해 사용되었으며, 나머지는 프로세스 및 변화 관리를 위해 사용되었다.

[그림 19-1] Fowlers의 프로젝트 포트폴리오 및 추정 투자수익

매출총이익에 대한 영향 (단위: 천 달러)	1차년도의 투자	3개년간의 이득		
		1차 회계연도	2차 회계연도	3차 회계연도
확장성 있는 개선	100%	25%	40%	100%
프로젝트 1: 부실한 계획	(2,200.0)	3,956	6,330	15,825
프로젝트 2: 공급 관리	(150.0)	690	1,102	2,757
프로젝트 3: 대증식 물류 계획 및 실행	(250.0)	598	956	2,390
프로젝트 4: 이질적 시스템	(6,500.0)	311	498	1,246
프로젝트 5: 미흡한 데이터 무결성	–	533	853	2,134
프로젝트 6: 복불복식 제품 수명주기 관리	(500.0)	1,110	1,776	4,440
프로젝트 7: 규율 없는 주문 관리	(250.0)	587	939	2,349
프로젝트 8: 공식적 반품 관리의 부재	(1,200.0)	9,500	15,200	13,300
총계	$11,050	$17,285	$27,654	$44,441

세 번째로 놀랄만한 일은 8번 프로젝트인 공식적 반품 관리의 부재 속에 숨어 있었다. 부실한 반품 관리가 초래하는 재무적 영향은 21세기를 살아가는 우리가 거둘 수 있는 가장 손쉬운 수익의 원천이라 할 수 있다. 재고의 증가, 진부화, 반품 정책, 역물류, 고객 서비스, 기술 지원, 재고 처분, 제품 리콜, 사장된 과다재고 등의 문제는 하나같이 반품 요소를 효과적으로 설계할 경우 손익계산서와 대차대조표상의 수치에 상당한 개선을 이루어 낼 수 있을 정도로 크게 확대되어 있는 상태이다.

네 번째로 놀라웠던 점은 5번 프로젝트인 미흡한 데이터 무결성이었다. 이 프로젝트는 포트폴리오에 포함된 모든 프로젝트 중 최고의 ROI 프로필과 최소의 변화 요구사항을 내포하고 있었다. 그 작업은 재미있다 할 수는 없겠으나 개선의 효과는 가히 기하급수적이다. 만일 품목 마스터의 데이터 필드 중 1개의 수치가 조금만 바뀌어도 전체 회사에 연쇄 효과가 파급되고 잔업, 재고, 비용 및 서비스가 통제 불능 사태에 빠지게 될 것이다.

이와 같이 포트폴리오에 포함된 각 프로젝트별로 위험이 평가되었고 관련 전략이 수립되었다. 위험을 평가하는 작업 중에는 전체적인 금액상의 영향 및 발생 확률의 계산이 모두 포함되어 있었다. 그러나 전략 자체는 단지 위험을 피하느냐 감수하느냐의 결정에 불과할 정도로 단순하였다. 아울러 필요한 경우 위험의 완화를 위한 수단이 추가되었다.

2. 스티어링 팀의 최종 검토

이 날은 스티어링 팀의 8차 검토를 끝으로 마무리되었다. 상정된 안건은 다음과 같다.

- 프로젝트 로드맵 상태
- 프로젝트 포트폴리오 및 투자수익 프로필에 대한 검토
- 각 프로젝트의 위험에 대한 논의
- 실행을 위한 변화와 관련된 예상

3. Fowlers의 상황인식 및 변화

제 2일의 일정은 다름아닌 축하 점심 파티였다. 큰 테이블이 준비되었으며 대부분의 설계 팀원들이 참여하였다. 이들의 대화는 현 상황에 대한 인식 및 변화를 위한 시기에 관한 화제에서부터 시작되었다. 사실 모든 성공적인 공급망 설계 활동이 끝나면 이 단계가 시작되는 것이 순서이다.

팀원 중 한 명이 말문을 열었다. "제가 알고 싶은 것은 실행 단계에서 지금의 추진력을 어떻게 유지해 나갈 것인지 입니다. 즉, ERP 시스템을 도입하면서 겪었던 문제들을 생각해 보시기 바랍니다. 어떻게 해야 우리가 지금의 넘치는 에너지를 유지하고 공급망 개선 활동이 자체적인 탄력을 가질 수 있도록 조속한 결과를 얻어 낼 수 있을까요?"

곧 조직의 변화에 관한 열정적인 논의가 시작되었다. 변화는 1) 사람들의 능력과 비즈니스 환경이 요구하는 도전 사이의 균형이 도전 쪽으로 기울 때, 2) 그 결과로 인해 미래를 예측하는 것이 어려워질 때, 그리고 3) 과거의 기대가 더 이상 적합하지 않을 때 시작된다.

"내가 보기에는 새로운 무언가가 나타나면 그 때 가서 대처해도 충분하다고 생각하는 사람들이 많으나, 이러한 사람들이야말로 사실상 변화의 추세를 미처 따라잡지 못하게 되는 것 같습니다."라고 평소에 조용하던 한 팀원이 말했다.

"만일 그러한 예상이 합당하지 않거나 아니면 어떤 논리적 기반이

부족할 경우, 사람들은 다른 길을 택하게 됩니다."라고 테이블 맞은 편 쪽의 어느 사람이 맞받았다.

"하지만 새로운 변화에 대한 예상이 아무리 잘 문서화된다 하더라도 모든 사람들이 변화에 대한 똑 같은 수용 능력을 가지고 있는 것은 아닙니다."라고 또 다른 사람이 말했다.

코치는 이러한 상황을 지켜 보면서 베스트셀러 비즈니스 저서인 '누가 내 치즈를 옮겼을까'(Penguin Putnam Inc.)의 내용을 연상하지 않을 수 없었다. 이 책에서 저자인 Spencer Johnson은 각각 서로 다른 변화 수용 능력을 가진 4명의 등장 인물(스니프, 스커리, 허, 헴)에 대해 이야기하고 있다.

스니프는 변화를 조기에 감지하였고, 스커리는 변화를 일으키기 위해 먼저 행동하였다. 헴은 변화를 부정하고 저항하였으며, 허는 처음에는 저항하였으나 변화를 바람직한 것이라는 것을 깨닫고 적응하였다. 스니프와 스커리는 기회를 붙잡는 능력이 뛰어났으며 새 치즈를 찾는 방법을 쉽게 학습하였다. 헴과 허는 변화 수용 능력이 낮았으며, 예전의 치즈가 사라져 버린 상황에 적응하는 것이 늦었다(또는 적응하지 못했다).

"내 경험상으로 SCOR 방법론을 사용하기 위해서는 기술적 기법만큼이나 문화적 요인이 중요합니다. 제대로 사용될 경우 회사의 행동을 변화시킬 수 있습니다"라고 코치가 말했다.

4. 변화의 역할

학계에서는 변화 프로세스를 위한 공통적인 필수 요소로서 4가지를 제시하고 있다. 첫째는 후원자로서, 그는 변화를 승인하고 합법화할 수 있는 권한을 가지고 있다. 이 사람은 변화를 가능하게 하는 환경(고통이 수반됨)을 조성하는 역할을 수행한다. 둘째는 대리인으로서, 그는 변화를 실행할 책임을 지고 있다. 이 사람은 고통을 완화하기 위한 계획을 세우고 실행을 준비하는 역할을 수행한다. 셋째는 대상으로서, 이들은 다름아니라 변화해야 할 개인 또는 집단이다. 대상의 의미 있는 참여는 지속적인 변화를 위해 필수적이다. 넷째는 옹호자로서 그는 변화의 달성을 지원하지만 변화를 강제할 권한은 갖고 있지 않다.

SCOR 프로젝트 로드맵은 이러한 4개 역할을 효과적으로 활용할 수 있는 공식적 구조를 독특한 방식으로 제안하고 있으며 이러한 활동을 지원하기 위해 필요한 교육의 기회를 제공한다.

Fowlers의 사례에서 방금 배운 내용을 한번 되짚어 보기로 하자. 프로젝트 활동의 후원을 위해 적절한 동기를 갖춘 최고경영자들로 구성된 코어 팀이 출범하였다는 것은 이미 알고 있는 바와 같다. 이들은 16주에 걸쳐 8회의 스티어링 회의를 가졌으며 주요 SCOR 산출물을 승인하였다(그림 1-2 SCOR 프로젝트 로드맵 참조).

설계 팀은 대리인의 역할을 수행하였다. 설계 팀은 32회의 공식 및 비공식 회의를 가졌으며, 주요 SCOR 산출물을 만들어 내었다.

확장 팀은 대상의 역할을 수행하였다. 상기한 16주간 많은 공식 및 비공식 회의가 실시되었다. 각 회의는 SCOR 산출물을 검증 및 정제하였고 각 대상 그룹의 팀원에게 이러한 것들이 왜 중요한지를 입증해 보이는 역할을 수행하였다.

David Able은 옹호자였다. 그는 설계 팀의 구성원으로 참여하였으며, 나머지 팀과의 커뮤니케이션 연결고리를 제공하였다.

끝으로 남은 역할은 후원자인데, 이 경우는 다소 복잡하다. 그 이유는 이 부분이 환경이 바뀌면서 유발되는 고통과 매우 밀접히 연계되어 있기 때문이다.

변화의 단계는 현 상태, 과도기 상태 및 목표하는 상태의 3가지로

구분된다. 변화는 현재 상태의 고통이 과도기의 비용을 초과할 때에
만 가능하다. SCOR 프로젝트는 표준 측정 지표를 사용하여 경쟁 우
위 상황을 명확히 분석하고 연결 단절 사항을 파악하고 목표하는 설
계의 방향에 대해 합치된 의견을 도출하는 것을 가능하게 해 줌으로
써 사람들이 현 상태가 용인할 수 없으며 목표하는 상태가 바람직하
다는 것을 알 수 있도록 해 준다.

Fowlers의 경우, 프로젝트가 수행되기 전까지는 고통이 분명히 나
타나지 않았었다. 비즈니스는 성장하고 있었으며 수익성도 양호했고
시장점유율도 수위를 달리고 있었다. 문제의 핵심은 운영상의 탁월함
(조달 및 제조)으로부터 고객과의 친화성(계획 및 배송) 쪽으로 무게
중심이 이동하였다는 것이다. SCORcard를 고객의 관점에서 바라보
는 것은 자신을 발가벗기는 과정이다. 설계 팀은 배송 성과의 갭, 처
리의 리드타임 및 총 배송 비용을 새로운 전략과 연계하여 설명해 주
었다. 그리고 이러한 각각의 갭의 고통의 원인으로 부각되었다.

5. 초점

어느 누구든 한 번에 이루어 낼 수 있는 변화에는 한계가 있다. 개
인의 변화, 조직의 변화 및 보다 거시적이고 전세계적인 변화는 생산
용량을 십분 활용하는데 도움이 될 수 있다. SCOR 프로젝트는 공급
망의 변화와 운영 전략, 자재 흐름 및 작업과 정보의 흐름을 서로 통
합해 줌으로써 건수는 더 적으나 더욱 깊이 있는 프로젝트를 수행할
수 있도록 해 주며, 이는 궁극적으로 더 크고 조속한 수익의 창출로
이어진다. 달리 말하면 측정이 가능하고 유의하며 관리가 가능한 변
화를 일으키는 것이 가능하다는 뜻이다.

이러한 이유에서 프로젝트가 가장 빛을 발하는 단계는 다름아니라
과정에서 설계 팀이 목표 상태의 설계도, 프로젝트 목록 및 제반 관련

가정을 발표하는 최종 검토 시간이라 할 수 있다. 각 팀원들이 동일한 관점에서 전략과 전술에 대해 발언하고 모든 것을 하나로 묶어 줄 연결 고리에 대해 설명하는 것을 바라보노라면 지난 여러 주간의 고통을 잊을 수 있을 것이다.

SCOR의 연결 단절 분석(성과를 방해하는 문제 또는 장벽을 파악, 그룹화, 계량화하고 우선 순위를 결정하는 일)은 하나의 자기발견 프로세스로서 설계 팀과 확장 팀이 저항의 단계를 넘어서는 과정에서 도움을 제공한다. 설계 팀이 수년간 존재해 온 문제를 발견하고 그러한 단절 요소를 없애겠다는 결정을 내릴 때, 저항은 명확한 동기에 의해 대체되고 더 많은 변화를 수용하는 것이 가능해진다. 무언가 잘못되어 있다고 생각되는 부분에 기초하여 설계 팀원들이 논의를 주도해 나갈 때, 거부감은 공유된 비전에 의해 교체된다. 이 단계에서 문제를 해결하고 효과가 있는 솔루션을 찾기 위해서는 개인적으로 시간과 노력을 투자해야 한다. 이 로드맵은 시행착오를 거치는 동안 기성품과 같은 사고를 벗어 던질 수 있도록 도움을 제공한다.

대화가 곁으로 돌기 시작할 무렵, Fowlers의 점심 모임은 끝이 났으며, 설계 팀원들은 다시금 자신들을 기다리고 있을 업무에 대해 생각하기 시작하였다. 시간은 이미 오후 중반을 넘어서고 있었으며, 곧 날이 저물 태세였다. 코치는 비행기편을 예약해 놓은 상태였다. 그러나 냅킨을 내려 놓고 테이블에서 일어나는 순간에도 팀원들은 노고를 치하하기 위한 이 식사 모임이 결코 프로젝트의 끝이 아니라는 것을 알고 있었다. 그것은 단지 기획과 설계 단계가 끝났다는 의미일 뿐이었다.

Brian Dowell이 계산서를 집어 들었으나, David Able은 한 마디 더 할 말이 있었다. 테이블에서 일어나면서 그는 모두에게 이렇게 한 마디를 던졌다. "나는 자리로 돌아가 봐야 합니다. 시작해야 할 프로젝트가 몇 개 더 있거든요."

■ 전략적 프로필

비즈니스 개요

Fowlers Inc.는 3대 비즈니스 분야, 즉 식품가공(식품 그룹), 광학 기술 제품(기술제품 그룹) 및 비즈니스 서비스(내구재 그룹) 부문에서 전세계적인 입지를 굳히고 있는 수억 달러 규모의 거대기업이다. Fowlers의 성공 비결이라면 고객의 기대를 계속해서 초월한다는 기업 사명을 이야기할 수 있을 것이다. Fowlers의 종업원은 고객이 요구하는 바를 초월할 때 고객이 다시 찾아 올 것이라는 믿음을 실천에 옮기려 노력하고 있다.

식품 그룹

Fowlers는 북미에서 수위를 달리고 있는 프리미엄 신선육 및 냉동육 제품의 공급자인 동시에 식품 서비스, 소매, 온라인 소매 그리고 정부 부문을 대상으로 관리 서비스를 제공하는 업체이다. 고객 중에는 SuperValue, Walmart, Aramark, Simon Delivers, 그리고 수천 개의 독립적 식품점 및 전문 레스토랑이 포함되어 있다.

기술제품 그룹

Fowlers는 세계 최대의 독립적 광학저장장치 및 서비스 공급업체 중 하나이다. 주로 취급하는 제품으로는 CD-ROM 복제, CD-R 및 CD-W 매체, 타이틀 처리 및 유통 서비스, 광학 드라이브 등이 있다. 주요 고객으로는 Wal-Mart와 Target 등의 대형 소매업체, 그리고 Best Buy, Circuit City, Office Max, CompUSA와 같은 카테고리 킬러들이 있다. 또한 Fowlers는 북미 퍼스널 컴퓨터 시장에 OEM 제품을 공급하는 주요 공급자이다. 주요 고객으로는 HP, Dell, Apple Computer 등이 있다.

내구재 그룹

Fowlers는 미국에서 가장 빠른 성장을 구가하고 있던 비즈니스 서비스 공급업체를 인수하였다. 이 업체는 14,000개가 넘는 기업 및 1백만 여 개인 소비자를 대상으로 맞춤의류, 사무용품 및 판촉제품을 공급하고 있었다. Fowlers는 딜러 프랜차이즈를 기본 배송 메커니즘으로 활용하여 자사가 취급하는 시장의 개인 고객에 대한 이해도와 대응력을 제고함으로써 경쟁 우위를 확보할 수 있었다.

■ SWOT 분석 요약

강점

- 식품 그룹과 기술제품 그룹의 제품 품질은 탁월한 수준이다.
- Fowlers의 기술제품 그룹은 취급하는 제품군 중 몇몇 핵심 제품을 아웃소싱하기 전부터 저비용 생산 체계를 갖추고 있었다.
- 내구재 그룹은 지리적 측면에서 가장 시장 대응력이 높은 것으로 인정받고 있으며, 주문 당일에 제품과 서비스를 배송하는 것이

가능하다.

- 식품 그룹은 탁월한 배송 효율로 명성을 얻고 있으며, 이로써 기초상품 시장에서 높은 가격에 대한 비판을 완화하고 있다.
- 내구재 제품이 예상을 초월하는 성장세를 보이고 있다.

단점

- 새로운 1단계(Tier One) 전사적 자원관리 시스템이 조직 내에 정착되지 못하고 있다.
- 배송이 일정하지 않으며, 특히 기술제품 그룹의 경우가 그러하다. 따라서 이 부문에서 고객의 불만이 특히 높다. 시장의 가시성이 매우 높기 때문에 고객의 관점에서 Fowlers와 함께 비즈니스를 하기가 힘들다는 평판(주문의 발주가 어렵고, 제품 배송이 불완전 내지 부정확하고, 가격이 부정확하고, 주문 상태 조회 능력이 빈약하다는 등)이 점점 높아지고 있는 중이다. 이러한 점이 전체 만족도 등급에 부정적인 영향을 미치고 있다.
- 가격 압박으로 인해 식품 및 기술제품 그룹의 운영수익이 침식되고 있다.
- 매출원가가 낮음에도 불구하고 구매 비용이 상승하고 있다.
- 고객 서비스 비용의 증가율이 판매 증가율을 크게 앞서고 있다.
- 매출이 성장하고 있음에도 불구하고 Fowlers의 주가는 5분기 중의 세후이익 실적 저조와 현금회전 악화로 인해 하락하였다. 분석가들은 Fowlers가 자산을 통해 올린 수익을 효과적으로 관리하지 못하고 있으며 비즈니스 서비스를 인수함으로써 얻을 수 있는 수익상의 잠재력을 통합 구현하지 못하고 있다는 점을 집중적으로 비판하고 있다.

기회

- 모든 Fowlers 제품 그룹의 기초상품 구매를 최적화하여 총이익을 개선한다.
- 주문 처리의 효과와 효율을 개선함으로써 고객 만족 수준을 개선하고 간접 비용을 축소한다.
- 보다 진보된 지식관리 능력을 개발함으로써 고객에게 단순한 가격 인하의 차원을 넘어서는 재정적 가치를 제공한다.
- 최종 고객을 위한 온라인 카탈로그를 도입함으로써 내구재 그룹의 시장점유율 확대를 가속화한다.
- 기술제품 그룹이 비용 대 생산 측면에서 앞서 간다는 사실을 활용하여 수익성을 더욱 증진한다.

위협

- 식품 그룹의 주요 경쟁자들이 "최저 정가" 전략을 앞세워 시장을 확대하고 있는 중이다.
- 기술제품 그룹의 시장점유율이 시장의 전체적 침체 속도보다 더 빠르게 축소하고 있다. 이 그룹은 고객 만족 점수를 기준으로 최저 4분위수에 속하는 성과를 올리고 있다.
- 기술제품 그룹의 가격대가 현재의 비용구조 하에서 이익 목표를 충족하기 힘들 정도로 너무 낮아지고 있다.
- 이번 분기에 내구재 그룹에서 진출하고자 하는 온라인 판매 채널에서 기존의 카탈로그 의류 회사들이 잠재적 경쟁자로 떠오르고 있다.

■ 가치창출기회

Fowlers는 목표 시장에서 고객의 기대 요구사항을 초과 달성함으로써 고객이 선호하는 공급자로서 수익성 있는 성장을 지속할 것이다.

핵심 성공요인

- 기존 시장에서 식품 그룹의 점유율을 늘림으로써 OI(영업이익)를 지켜 나가고 매출에 대한 기여도를 유지한다.
- 직접 소비자 대면 시장에 내구재를 출시함으로써 수익성의 성장을 기하고 목표 점유율을 달성한다.
- 10%로 설정된 금년도의 전체 매출 성장 목표를 달성하고, 또한 7%로 설정된 세후수익 목표를 달성한다.
- 기술제품 그룹과 식품 그룹이 가지고 있는 기술적 리더로서의 이미지를 유지하는 한편, 전체적으로 자산수익률을 개선한다.
- 새로이 실행된 1단계 전사적 자원관리 시스템을 조속히 최적화한다.
- 새로이 합병된 자산을 효과적으로 통합 운영한다.

핵심 비즈니스 이슈

- 기술제품 그룹의 모든 채널에서 제기되고 있는 고객의 불만이 판매에 부정적 영향을 미치고 있다.
- 높은 직간접 비용으로 인해 기술제품 및 식품 그룹에서 수익이 사라져 가고 있다.
- 매출 성장 목표가 10억 1천 8백만 달러로 설정되어 있으나, 9개월이 지난 시점에 집계를 해 본 결과 10억 달러에 그칠 것으로 추정된다.
- 내구재 그룹의 온라인화 통합 작업이 일정대로 진행되지 못하고 있다.
- 재고와 외상매출금이 확대되고 있으며 통제가 불가능한 것으로 보인다.

- 식품 그룹의 핵심 고객들이 높은 가격만을 문제삼아 이탈하고 있는 중이다.

Fowlers의 재무정보

Fowlers의 2000, 2001년도 연결손익계산서 (단위: 백만)

	2001	2000	증감
매출	1,000	925	8%
매출원가	860	750	15%
매출총이익	140	175	-20%
%	14%	19%	
판매비 및 일반관리비	70	65	8%
연구개발비	0	0	0%
총 영업이익	930	815	14%
영업이익	70	110	-36%
%	7%	12%	
이자비용	(10)	(11)	-9%
세전이익	60	99	-39%
%	6%	11%	
법인세	23	38	-39%
세후이익	37	61	-39%
%	4%	7%	
영업외수익	(2)	(3)	-33%
순이익	35	58	-40%
%	4%	6%	

Fowlers의 2000, 2001 년도 연결대차대조표 (단위: 백만)

	2001	2000	증감
현금 및 단기투자자산	20	15	26%
미수금총계	371	370	0%
재고총계	214	175	19%
기타유동자산	50	58	-17%
유동자산총계	656	618	6%
고정자산총계	269	248	8%
상각액누계	(140)	(123)	12%
영업권	122	116	5%
장기투자자산	16	14	15%
기타장기투자자산	24	25	-4%
순자산계	291	279	4%
외상매입금	72	62	14%
이연비용	31	32	-3%
단기부채	21	26	-24%
리스	2	2	20%
기타유동부채	62	60	4%
유동부채총계	188	181	4%
장기부채	76	71	6%
외부주주지분	11	13	-14%
기타부채	40	43	-6%
부채총계	127	127	0%
전체 종업원 수	6,200	5,700	
실제 액수로 표시된 $/종업원	$161,290	$162,281	

Fowlers 제품 그룹별 매출 및 영업이익 실적

	식품 그룹			기술 제품			내구재		
	2001	2000	증감	2001	2000	증감	2001	2000	증감
매출	250	278	-10%	450	463	-3%	300	185	62%
매출원가	215	225	-4%	390	375	4%	255	150	70%
매출총이익	35	53	-33%	60	88	-31%	45	35	29%
%	14%	19%		13%	19%		10%	8%	
판매비 및 일반관리비	18	20	-10%	35	33	8%	18	13	35%
연구개발비	0	0		0	0		0	0	
총영업비용	233	245	-5%	425	408	4%	273	163	67%
영업이익	18	33	-47%	25	55	-55%	28	22	25%
%	7%	12%		6%	12%		6%	5%	

■ 재무적 성과 – 핵심 요점

- 연차보고서를 통해 공표된 2000년 및 2001년의 실제 비용 및 매출에 기초하여 도출되었다.
- 직접비용 및 간접비용의 비용 대 매출 비율은 식품 그룹의 경우 80%:20%, 기술제품 그룹의 경우 65%:35%, 그리고 내구재 그룹의 경우 35%:65%이다.
- Fowlers의 자본비용은 10%이다.

내부 프로필

조직 구조

Sally Vesting
CEO

Edward Row
국제그룹 사장
유럽지역 사장
남미지역 사장
아시아지역 사장

Brian Dowell
COO
고객서비스 담당 이사
제조담당 이사
구매담당 이사
물류담당 이사
기획담당 이사

Jin Erp
CIO
컴퓨터 운영 담당 이사
어플리케이션 담당 이사

Joe Farelong
내구재그룹 사장
영업 및 마케팅 담당 부사장
경리담당
운영담당 부사장

Lisa Booker
CFO
재무담당
경리담당
외상매입담당 이사
외상매출담당 이사
법무담당

Timothy
Goodfriend
영업 담당 부사장

Amanda
Messenger
마케팅 담당 부사장

Martha Tekitch
기술제품그룹 사장
영업 및 마케팅 담당 부사장
경리담당
David Able 부사장
운영담당

Doris Early
식품그룹 사장
영업 및 마케팅 담당 부사장
경리담당
운영담당

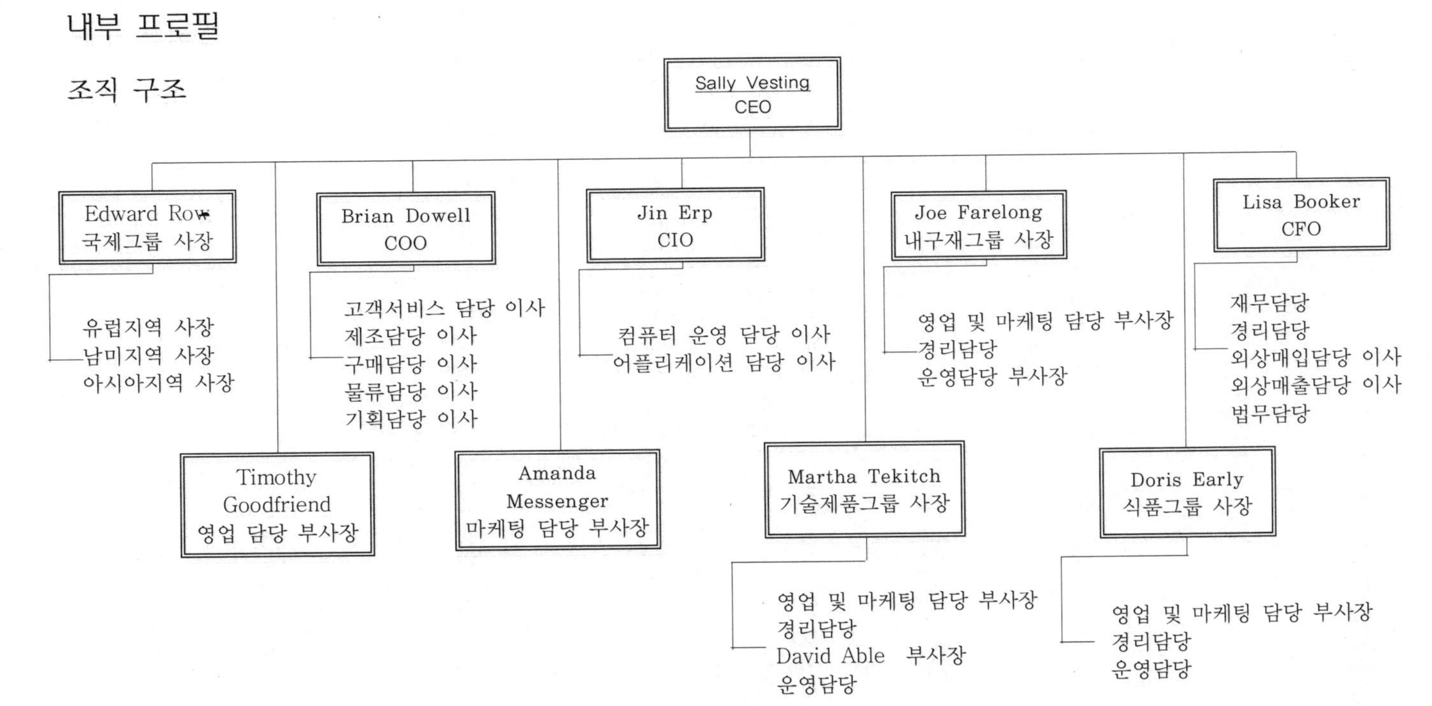

■ 제조현장의 위치

- 식품 그룹의 3개 공장: 아이오와주 Des Moines, 위스콘신주 Madison, 미네소타주 Minneapolis
- 기술제품 그룹의 4개 공장: 캘리포니아주 San Jose, 일리노이즈주 Chicago, 미네소타주 St. Paul, 테네시주 Memphis
- 내구재 그룹의 4개 공장: 텍사스주 Houston, 텍사스주 Dallas, 루이지애나주 New Orleans, 조지아주 Atlanta

■ 유통센터의 위치

Fowlers는 4개 지역(오레곤주 Portland, 조지아주 Atlanta, 펜실베니아주 Harrisburg 및 뉴멕시코주 Santa Fe)에 유통센터를 소유 및 운영하고 있다. 내구재 그룹은 그 외에도 미주리주 Kansas City에 1개의 유통센터를 추가로 운영하고 있으며, 12개의 영업 지점을 통해 공장의 생산 용량을 지원하고 남동부의 고객에 대한 배송 서비스를 제공하고 있다.

- 핵심 성과 지표 (굵은 글씨는 상황이 좋지 않음을, 보통 글씨체는 양호한 상태를 나타낸다)

단위 비용

라인 품목 충족률

영업이익

매출(성장률)

백오더

■ 외부 프로필

시장 채널/고객

- 대형 유통업체와 카테고리 킬러를 포함한 소매시장 채널
- 유통업자/도매업자 시장
- 직판생산자 시장
- OEM/핵심 고객
- 가정배달/노선식 판매 시장

공급자

- 주요 원자재용 기초상품으로는 수지, 포장, 전자 구성품, 신선농산물, 내구성 제품 및 의류 등이 있다.
- 몇몇 계약 생산업체를 통해 의류, 광학 매체, 조리식품 및 컴퓨터 하드웨어를 공급받고 있다.

부록 B : Fowlers의 공급망 개선 프로젝트 헌장

프로젝트 후원자: Brian Dowell (최고운영책임자)

부서: 운영

프로젝트 관리자: David Able (운영 부사장 - 기술제품)

시작일: 2002.8.5

승인일: 2002.9.2일을 목표로 추진

수정일:

부록 B의 출처는 Pragmatek Consulting Group, Ltd. © 2000입니다.

1. 서론

프로젝트 헌장의 목적

프로젝트 헌장을 만드는 이유는 프로젝트의 초기 단계에 프로젝트의 범위와 목적에 대해 모두가 이해를 공고히 하도록 하기 위함이다. 이 문서는 프로젝트의 제반 가정과 기대사항을 최고경영자 팀, 프로젝트 후원자, 이해당사자, 프로젝트 관리자, 프로그램 관리자, 검증 및 자원 팀의 구성원과 함께 확인하는 과정에서 사용된다. 아울러 프로젝트가 진행되는 동안 프로젝트의 범위, 일정 또는 비용과 관련된 변경 요구사항이 제기되고 또한 승인될 수 있다. 이러한 변경 사항은 변화관리 프로세스에 따라 기록되고 프로젝트 헌장의 수정을 통해 반영되어야 한다.

프로젝트 헌장의 내용

프로젝트 헌장에는 프로젝트의 배경 및 비즈니스의 요구사항과 더불어 프로젝트의 진행과 관련된 기대사항이 기록되어 있다. 프로젝트 개요 부분에는 프로젝트의 범위, 비즈니스 및 프로젝트의 목적, 그리고 모든 가정이 기록된다. 프로젝트 접근 방법 부분에는 프로젝트를 성공적으로 완료하기 위해 필요한 방법론과 더불어 일정, 마일스톤, 산출물 및 모든 프로젝트의 종속 요소가 수록된다. 또한 프로젝트 예산에 대한 논의 사항과 프로젝트 팀의 구성에 관한 내용이 수록된다. 아울러 프로젝트의 기대사항에 대한 논의 결과가 수록되고 프로젝트의 성공을 측정하기 위한 척도가 제시된다. 그 외에 프로젝트와 관련된 커뮤니케이션 계획 또한 프로젝트 헌장에 포함될 내용이다.

프로젝트 헌장의 유지관리

프로젝트 헌장은 프로젝트 후원자의 최초 승인을 거쳐야 하며, 이후 변경 요청이 승인될 때마다 내용이 업데이트되고 표지에 수정일이 표시된다.

2. 프로젝트 개요

범위-요약

공급망 정의 매트릭스		지역-고객 또는 시장 채널						
		미국 소매시장	미국 유통시장	미국 직판 시장	미국 OEM- 주요 고객	미국 정부	미국 가정배달	해외
제품	식품	X	X	X		X		
	기술제품	X			X			
	내구재							

범위 내 - 백색 난

공급망 정의 매트릭스에 요약된 제품 라인 및 채널 이외에, 다음과 같은 조직, 프로세스, 인력 및 기술 성과 드라이버 또한 범위에 포함되는 것으로 간주된다.

1. 회사 차원 및 비즈니스 단위 차원의 관련 공급망 기능
2. SCOR 레벨 1 측정 지표 및 특정 주주와 관련하여 3개 SCORcard를 통해 추정된 생산성, 수익의 효율 및 주주 관련 성과의 측정 지표
3. SCOR 레벨 1, 2 및 3 프로세스 유형(계획, 조달, 제조, 배송 및 반품 포함)
4. SCOR 레벨 3 프로세스 유형으로 맵핑된 기술 아키텍쳐
5. 식품 및 기술제품 그룹의 미국 내 공급망에 포함되는 물리적 지역 (4개의 국내 지역 유통센터, 기술제품 그룹의 "제조"를 위한 4개의 제조공장, 식품 그룹의 "제조"를 위한 3개의 제조공장, 수지, 포장 및 신선농산물의 원자재 공급자, 그리고 광학 매체, 가공식품 및 광학 드라이브의 계약생산자 포함)
6. CD-ROM 복제, 주문 처리 및 생명주기 관리, 광학 드라이브 및 광학 매체는 기술제품 그룹의 미국 내 공급망의 범위에 포함되는 특정한 제품 라인으로는 간주된다. 신선식품, 냉동식품 및 가공식품은 식품 그룹의 미국 내 공급망의 범위에 포함되는 특정 제품 라인으로 간주된다.
7. 대형 유통업체/카테고리 킬러, OEM 및 유통업체를 포함한 모든 소매 채널은 기술제품 그룹의 미국 내 공급망의 범위에 포함되는 세부 시장/고객 채널로 간주된다. 소매/대형 식품 유통업체, 소매/독립적 식품점, 소매/온라인 식품점 및 식품 서비스 제공자는 식품 그룹의 미국 내 공급망의 범위에 포함되는 세부 시장/고객 채널로 간주된다.

범위 외 - 회색 난

제품 라인과 채널은 공급망 정의 매트릭스에 요약된 바와 같다. 내구재 그룹, 시장/고객 채널, 그리고 현재 진행 중이거나 예정되어 있는 국제적 차원의 인수합병을 통한 판매는 이 프로젝트의 범위를 벗어나는 그 외의 조직, 프로세스, 인력 및 기술 성과 증진 활동으로 간주된다.

비즈니스 목표

Fowlers의 2002년도 핵심 성공요인 및 주요 성과지표 개선 활동과 부합하도록 목표가 수립되어 있다.

1. 현금회전의 개선
2. 배송성과의 개선
3. 영업이익의 개선
4. 효과적인 공급망 지식관리 능력의 개발
5. 자본투자의 활용을 위한 1단계 ERP 시스템의 활용도 개선

프로젝트의 목적

1. 각 공급망별로 경쟁력 요구사항을 수립한다. 각 공급망별로 SCORcard를 작성하고 이어 전사적으로 통합된 SCORcard를 작성한다.
2. 현재의 성과와 희망하는 성과 사이의 갭을 파악한다.
3. 각 공급망별로 현재의 자재, 작업 및 정보 흐름을 정의하고, 흐름 내의 연결 단절/비효율을 조사하고, 연결 단절의 내부 및 외부적 영향을 계량화한다.

4. 각 공급망별로 희망하는 자재, 작업 및 정보 흐름을 구상하고, 고수준의 공급망 전략과 적절한 모범사례를 통합한다. 또한 식별된 연결 단절 사항을 해결하고 식별된 SCORcard의 갭을 해소 또는 축소한다.

5. 수년이 소요될 개선 프로젝트 포트폴리오를 지원하기 위해 필요한 공급망 변화 권장사항의 우선순위 목록을 작성 및 전파한다.

6. 미래에 SCOR 프로젝트 실행과 관련된 Fowlers의 내부 역량을 개발한다.

3. 프로젝트 접근 방법

방법론

SCOR(공급망 운영 참조) 모델 버전 5.0은 경쟁의 기초를 분석하고, 자재, 작업 및 정보의 흐름을 구성하고, 연결 단절 부분을 파악하고, 프로세스와 시스템을 정렬하고, 내외부적 성과 기준을 충족하는 프로세스를 정의할 때 사용된다. SCOR는 계획, 조달, 제조, 배송 및 반품 영역에서 Fowlers가 이루어 낸 세계적 수준의 성과를 검토하는 데 도움이 되는 일단의 도구와 양식을 내장하고 있다.

프로젝트 일정

마일스톤 시작	종료	
프로젝트의 시작 및 관리	2002.8.5	2002.8.23
1단계-기회의 발견 프로젝트 헌장, 범위 검토/승인, 프로젝트 킥오프	2002.8.26	2002.8.30
2단계-경쟁의 기초 분석 공급망 SCORcard 및 갭 분석	2002.9.2	2002.9.27
3단계-자재 흐름의 분석 및 설계	2002.9.30	2002.11.1
4단계-작업 및 정보 흐름의 분석 및 설계	2002.11.4	2002.12.13
실행 계획	2002.12.16	2002.12.20

설계 팀 회의, 주당 2일의 대면 방식

주간 과제

1. 계획 및 조직
2. 프로젝트 킥오프 및 SCOR 측정 지표
3. 벤치마크, 경쟁력 요구사항, 스티어링 팀의 1차 검토
4. SCORcard
5. SCORcard 갭 분석, 현 상태의 자재 흐름 구상 착수, 스티어링 팀의 2차 검토
6. 현 상태의 자재 흐름 효율 요약
7. 자재 흐름 단절에 관한 분석, 스티어링 팀의 3차 검토
8. 연결 단절 및 기회 분석

9. 기회의 요약, 목표 자재 흐름의 시작, 스티어링 팀의 4차 검토

10. 목표 자재 흐름

11. 우선추진 계획, 스티어링 팀의 5차 검토, 작업 및 정보 흐름 분석의 시작

12. Staple Yourself 분석

13. 현 상태의 스윔 다이어그램, 스티어링 팀의 6차 검토

14. 현 상태의 생산성 요약

15. 목표하는 작업 및 정보 흐름의 청사진, 스티어링 팀의 7차 검토

16. 목표 상태의 요약, 프로젝트 포트폴리오

17. 실행 계획, 스티어링 팀의 8차 검토

스티어링 팀 회의

회의 번호	중심 주제	일자
1	공급망 측정 지표의 정의, 경쟁력 요구사항	2002.9.13
2	공급망 SCORcard 및 갭 분석. 공급망 설계 권장사항의 승인	2002.9.27
3	자재 흐름 연결 단절 분석	2002. 10 .11
4	기회의 요약 및 모범사례	2002.10.25
5	목표하는 자재 흐름	2002.11.8
6	현 상태의 스윔 다이어그램	2002.11.22
7	작업 및 정보 흐름 생산성 기회 분석	2002 .12.6
8	프로젝트 포트폴리오, 추정 ROI, 예비 실행 계획	2002.12.20

프로젝트 산출물

1. 비즈니스 컨텍스트 문서

2. 프로젝트 헌장

3. 맞춤형 SCOR 교육 자료

4. 공급망 정의 매트릭스

5. 업종별 경쟁력 요약표

6. SCORcard, 경쟁력 요구사항, 갭 분석

7. 자재 흐름 효율 평가

8. 자재 흐름 SCOR 레벨 2 구성, 모범사례 요약

9. Staple Yourself 분석을 위한 간접부문 유형별 면담 목록

10. SCOR 레벨 3 참조 가이드

11. 모든 관련 SCOR 레벨 3 요소에 대한 간접부문 분석 요약

12. 현 상태의 스윔 다이어그램

13. 구매 주문, 작업 지시, 판매 주문, 반품 승인, 예측 및 보충 주문과 관련된 간접부문 생산성 요약표

14. 목표하는 SCOR 레벨 3 작업 및 정보 흐름 청사진

15. 논리적 검증 - 비즈니스 시나리오

16. 총 기회 요약표 - 연결 단절 그리드

17. 프로젝트 포트폴리오 및 예상 투자수익 일정

위험 및 종속성

1. Fowlers 비즈니스 단위 소속 최고 임원의 후원

2. 프로젝트의 성과 요구사항 및 벤치마킹 단계에 Fowlers 재무분석가를 활용할 수 있는지 여부

3. 프로젝트와 관련된

4. 실제 성과를 SCOR 방법론과 대비하여 계량할 수 있도록 Fowlers에 관한 전세계적인 과거 데이터를 수집하는 것이 가능한지 여부

5. 스티어링 위원회 및 설계 팀원의 상시 소집 가능 여부

프로젝트 예산

코치	50일 @ 하루 2,000달러	100,000
경비	SCC 멤버십	2,000
PMG	경쟁력 벤치마킹	2,000

총계	104,000달러

프로젝트 조직도

스티어링 팀

Joe Farelong, 사장 - 내구재 그룹

Martha Tekitch, 사장 - 기술제품 그룹

Doris Early, 사장 - 식품 그룹

Lisa Booker, CFO

Tim Goodfriend, 부사장 - 판매

Amanda Messenger, 부사장 - 마케팅

Jim Erp, CIO

Brian Dowell, COO - 프로젝트 관리자

설계 팀

이사, 물류

이사, 고객 서비스

이사, 제조

이사, 구매

이사, 기획

영업 및 마케팅 부사장-식품 그룹

이사, 응용 프로그램

운영 부사장, 기술제품 그룹 - 프로젝트 관리자

SCOR 코치

역할과 책임 - Fowlers 스티어링 팀

1. 조직의 참여를 보장
2. 기능 부문 사이에서 발생하는 문제를 해결
3. 필요에 따라 프로그램을 지원하기 위한 자원을 제공
4. 기능 부문을 총괄하여 변화 관리를 지원
5. 프로그램 및 기업의 범위 내에서 프로젝트의 우선순위를 결정

Fowlers의 프로젝트 후원자

1. 변화를 지원 및 전파
2. 기업의 비전과 활동의 목표를 전파 및 대변
3. 산출물에 기초하여 팀의 진척도를 측정
4. 프로젝트의 시작 및 옹호
5. 설계 팀에 대한 자원 지원
6. 프로젝트 마일스톤에 대비한 산출물의 검토 및 승인
7. 문제의 악화를 방지
8. 결정된 프로젝트의 시작 및 후원
9. 예산과 일정의 승인 및 관리
10. 핵심 자원의 가용성을 보장
11. 지정된 범위 내에서 모든 변화에 대한 최종 승인

Fowlers의 프로젝트 관리자

1. 프로젝트 팀 구성을 위한 인력 선발
2. 설계 팀과 비즈니스 사이의 상호교류 촉진
3. 프로젝트 팀과 최고임원 사이의 연락책 역할
4. 필요한 정책 및 기준의 변화를 정의, 전달 및 촉진

5. 산출물에 기초하여 팀의 진척도를 측정

6. 프로젝트 요원과 공급업체 사이의 커뮤니케이션, 사기 및 작업 품질 등 제반 요소가 프로젝트 목표의 성공적인 달성을 위해 도움이 될 수 있도록 보장

7. 프로젝트에 할당된 모든 외부 자원이 계약상의 약정에 부합한지를 관리

8. 프로젝트의 모든 측면을 Fowlers의 비즈니스 요구사항, 정책, 프로젝트 관리 방법론 및 예산 관련 절차에 부합하는 방식으로 관리

9. 프로젝트의 정의 및 계획. 품질 기준 및 승인 기준을 작업 기술서에 기재할 책임 담당

10. 프로젝트 예산 및 일정의 관리

11. 중대한 문제의 해결을 촉진

12. 프로젝트의 제약 사항을 식별, 관리 및 전달

13. 프로젝트 요원과 공급업체가 모든 산출물을 작업 기술서에 기재된 바에 따라 완료하도록 보장 (작업 기술서의 조건 또는 후속 변경 지시에 따라)

14. 필요한 산출물에 대한 승인 취득

15. 필요한 요원의 지정

16. 비즈니스 비전 및 목표의 성공적 달성을 위해 필요할 경우, 작업 기술서에 대한 변경을 지시 내지 권장

Fowlers의 설계 팀

1. 팀 회의 및 기타 필요한 작업을 위해 주당 20시간 참여 필요

2. 프로젝트 산출물을 포함하여 배정된 모든 작업을 기한 내에 완료

3. 경쟁력 요구사항을 파악하고 SCORcard에 취합
4. 현재의 자재, 작업 및 정보 흐름을 파악
5. 자재, 작업 및 정보의 단절을 파악
6. 희망하는 자재, 작업 및 정보의 흐름을 정의하고 문서화
7. 공급망 개선 및 공급망 개선 계획의 우선순위 설정
8. 필요에 따라 대상 주제에 대한 전문 지식 제공
9. 설계 팀의 산출물에 대한 검토 및 검증

Fowlers의 확장 팀

1. 사전 통지에 의해 소집이 가능해야 함
2. 요청에 따라 팀 회의에 참여
3. 요청에 따라 설계 팀의 모든 활동에 기여

코치

1. Fowlers 프로젝트 팀이 SCOR 모델을 이해하고 활용할 수 있도록 교육을 실시
2. Fowlers의 공급망에 관한 모델링 및 연결 단절 분석 활동에 참여
3. 모범사례에 관한 논의 및 분석을 촉진
4. 공급망 컨텐츠에 대한 전문 지식 제공

성공의 이득과 측정 – 이해당사자의 기대

이해당사자와의 면담 결과를 기초로 핵심 요점을 요약 정리한 결과는 다음과 같다.

1. 회사의 재고 회전율 개선
2. 교차기능적 프로세스 변화 및 책임자 지정

3. 탁월한 배송 성과

4. 구매된 완제품(상품) 회전율을 5회에서 10회로 증진

5. 공급자와 관련된 간접부문 프로세스의 개선

6. 공급망의 각 영역에 관한 완전한 측정 지표

7. 공급망 성과의 갭을 명확히 파악

8. 2002년도 및 2003년도 세후 수익 성과의 증진

9. 팀의 공급망 관련 지식 확대

10. 미래의 SCOR 이니셔티브를 위한 반복 가능한 프로세스의 개발

벤치마크

1. Supply-Chain Council - SCOR 레벨 1 측정 지표를 위한 Performance Measurement Group(PMG)

2. 운영 비즈니스 단위로부터 수집된 기존의 내부적 벤치마킹 데이터

3. Hoovers.com의 업계 비교 자료를 통한 일반적 10K 손익계산서 및 대차대조표 수치

이득 분석

공급망 개선 프로젝트 포트폴리오 및 추정 투자수익은 "분석 및 설계"의 최종 산출물이다. 경험에 의하면 프로젝트 포트폴리오를 통해 얻을 수 있는 평균적인 개선의 규모는 영업이익의 3% 정도로 알려져 있다. 이 프로젝트를 위한 투자비용에 2X의 투자수익률을 적용해 보면 최소 208,000달러의 수익이 달성될 수 있을 것으로 예상할 수 있다.

프로젝트 명칭: Fowlers 공급망 개선 프로젝트				
프로젝트 관리자: David Able				
이해당사자	커뮤니케이션 요구사항	커뮤니케이션 방법	커뮤니케이션 콘텐츠	빈도
스티어링 팀	•인지도 증진 •참여 독려 •진척도의 모니터링 및 평가 •문제의 전개 및 해 소	•회의 •일대일 •팀 •프로젝트 및/또 는 프로젝트 관 리자로부터의 업데이트 및 품 질 보증 •프로젝트 상태 보고	•일정 및 예산 업데이트 •변화 관리 •위험 관리	•격주간 및 프로젝 트 단계별로 필요 에 따라
프로젝트 관리자	•마일스톤 관리 •인지도 증진 •참여 독려 •종속된 활동의 조정 •문제의 전개 및 해소	•팀 상태 보고 (회의 의사록) •산출물 검토	•일정 및 예산 업데이트 •변화 관리 •위험 관리 •자원 관리 •조달 관리	•필요에 따라 매주
설계 팀	•활동의 조정 •작업의 우선순위 결정 •문제의 전개 및 해소 •최고임원 팀과 검증 팀원과의 일대일 회의	•프로젝트 관리 자로부터의 업 데이트 요청 •프로젝트 계획 •팀 상태 회의	•활동 및 일자	•매주 및 프로젝트 단계별로 필요에 따라
확장 팀	•활동의 조정 •작업의 우선순위 결정 •문제의 전개 및 해소	•프로젝트 관리자 및/또는 설계 팀 으로부터의 업데이트 요청 •프로젝트 계획	•활동 및 일자	•필요에 따라

프로젝트 관련 커뮤니케이션

프로젝트와 관련이 있는 각 이해당사자 그룹(스티어링 팀, 프로젝트 관리자, 설계 팀, 확장 팀, 그리고 Fowlers의 전 구성원)별로 공식 커뮤니케이션 계획이 수립되어야 한다.

■ 비즈니스 기획

활동 기반의 회계

진보된 기획 최적화

자산 최적화

속성 기반의 프로세스 기획

협력적 계획, 예측 및 보충

제한에 기초한 계획

수요 주도형 생산

제조/구매 결정 프로세스

복수 공장 공급 동기화

운영 및 네트워크 분석

판매 및 운영 계획

서비스/재고 밸런싱

전략적 조달

부록 C의 출처는 Streamline ECM 2002입니다.

■ 고객 서비스

자동화된 주문 검증

자동 문서 생성

상시비축

서비스 비용 가격 구조
고객 데이터 검증
고객 수익성 검토
고객 관계 관리
고객 서비스 측정
고객 팀에 대한 권한 부여
의무불이행 공급자에 대한 대처
능동적 주문 일정계획 및 할당
효율적인 고객 대응
통합된 신용 확인
통합된 주문 수정
주문 분류
자원 할당 없는 견적 생성
원격 주문 입력

■ 배송

규제 준수 라벨링
정확한 배송 일정 수립
공장 직배송
통합된 통관 프로세싱
통합된 부하 관리
로드밸런싱
착불

■ 수요 관리

수요 계획, 수요 흐름 리더십

능동적 재주문 우선순위
즉각적 공급 동기화
통합된 판촉
품목 차원의 수요 계획
판매 지점 수요 통합
풀 생산 시스템
실시간 소비 데이터

■ 전자상거래

전자상거래 요건 문서화
전자적 데이터 교환
전자적 청구
전자적 증빙
전자적 주문 관리
전자적 제품 이송
전자적 조달
전자적 조달 규칙
온라인 비즈니스 규칙
온라인 카탈로그
온라인 문서
온라인 시장
온라인 주문 추적
온라인 발주
온라인 생산 상태
온라인 견적 요청
온라인 자원 관리

온라인 규칙 관리

온라인 일정 통합

온라인 일정 수립

온라인 배송 추적

온라인 조달 데이터

온라인 지출 데이터

온라인 공급자 평가

온라인 거래 서비스

파트너 트레이딩 네트워크

XML 또는 EDI 데이터 전송

■ 정보 관리

사전 선적 통지

사전 계획/ERP 통합

자동화된 데이터 입력, 바코드

자동 인식, RFID

비즈니스 정보

비즈니스 규칙 저장소

교차조직간 데이터 가시성

DRP/ERP 통합

전자적 일괄작업 기록/구성

전사적 데이터 가시성

전사적 정보 시스템

통합된 물류 시스템

자재 백플러시

모드별 데이터 캡쳐

프로세스 데이터 통합

생산 데이터 통합

실시간 생산 데이터

규제 요구사항 저장소

단일 고객 데이터 원천

VMI 시스템 통합

■ 재고 관리

ABC 분류

사장된 재고

일자 기반의 부품 관리

능동적 위치 할당

능동적 수거 시뮬레이션

선입선출 재고

계통 추적

재고, 사이클 계수

재고 처분 규칙

재고 로트 보고

재고 소유 규칙

품목 프로필 분석

품목 분류 및 처분

품목 추적성

간판 보충 시스템

로트 추적성

소유재고의 가시성

사용지점 배송

사용지점 교체

실시간 재고 통제

진부화된 재고의 제거

스피드 랙

전략적 안전재고

공급업체 관리 재고

WIP 취급 규칙

WIP 재고 최적화

■ 반품 관리

사전 계획 시스템, 반품

자동화된 ROA 관리

능동적 반품 분석

신속한 재구성 반품 기능

실시간 반품 예측

반품 제품 데이터의 가시성

반품 제품 예측

■ 공급자 관리

자동화된 공급자 성과 업데이트

일괄구매 주문

부적합 비용 분석

전사적 차원의 지출 분석

전사적 지출 통합

재고 프로그램, 간판

재고 프로그램, 사장 재고

재고 프로그램, 공급자 관리

합동 서비스 계약

JIT 계약

장기 공급 계약

성과 기반의 조달

지연된 재고 계약

구매 계약 분배

전략적 지출 그룹화

공급자 인증 프로그램

공급자 개발 프로그램

공급자 성과 등급

공급자 품질 시스템

■ 운송 관리

백홀(Back-haul) 거래 교환

운송업체 성과 분석

운송업체 통합

운임 통합

부하 최적화

부하 순차화

경로 최적화

경로 일정 계획

운송 모델링 및 비용 분석

부록 D : SCOR 버전 5.0 참조 가이드

Enable					계획				
EP Enable 계획	ES Enable 조달	EM Enable 제조	ED Enable 배송	ER Enable 반품	P1 공급망 계획	P2 조달 계획	P3 제조 계획	P4 배송 계획	P5 반품 계획
EP.1 계획 프로세스와 관련된 비즈니스 규칙 관리	ES.1 조달 비즈니스 규칙 관리	EM.1 제조 규칙 관리	ED.1 배송 비즈니스 규칙 관리	ER.1 관리 반품 프로세스와 관련된 비즈니스 규칙 관리	P1.1 공급망 요구사항의 파악, 우선순위 결정 및 통합	P2.1 제품 요구사항의 파악, 우선순위 결정 및 통합	P3.1 생산 요구사항의 파악, 우선순위 결정 및 통합	P4.1 배송 요구사항의 파악, 우선순위 결정 및 통합	P5.1 반품 요구사항의 파악, 우선순위 결정 및 통합
EP.2 공급망의 관리 성과	ES.2 공급자 성과 평가	EM.2 생산 성과 관리	ED.2 배송 성과 평가	ER.2 반품 프로세스의 성과 관리	P1.2 공급망 자원의 파악, 우선순위 결정 및 통합	P2.2 제품 자원의 파악, 우선순위 결정 및 통합	P3.2 생산 자원의 파악, 우선순위 결정 및 통합	P4.2 배송 자원의 파악, 우선순위 결정 및 통합	P5.2 반품 자원의 파악, 우선순위 결정 및 통합
EP.3 계획 데이터 수집 관리	ES.3 조달 데이터 유지	EM.3 생산 데이터 관리	ED.3 배송 정보 관리	ER.3 반품 데이터 수집 관리	P1.3 공급망 자원과 공급망 요구사항의 균형 조정	P2.3 제품 자원과 제품 요구사항의 균형 조정	P3.3 생산 자원과 생산 요구사항의 균형 조정	P4.3 배송 자원과 배송 요구사항의 균형 조정	P5.3 반품 자원과 반품 요구사항의 균형 조정
EP.4 통합 공급망 재고 관리	ES.4 제품 재고 관리	EM.4 재공품(WIP) 관리	ED.4 완제품 재고 관리	ER.4 반품 재고 관리	P1.4 공급망 계획의 수립 및 전파	P2.4 조달 계획 수립	P3.4 생산 계획 수립	P4.4 배송 계획 수립	P5.4 배송 계획의 수립 및 전파
EP.5	ES.5	EM.5	ED.5	ER.5					

통합된 공급망 자본자산의 관리	자본자산의 관리	장비와 시설의 관리	자본자산 배송 관리	반품 자본자산 관리
EP.6 통합된 공급망 운송의 관리	ES.6 대내 배송 제품의 관리	EM.6 운송 관리	ED.6 운송 관리	ER.6 반품 운송 관리
EP.7 계획 구성 관리	ES.7 공급자 네트워크 관리	EM.7 생산 네트워크 관리	ED.7 제품 생명주기 관리	ER.7 반품 네트워크 구성 관리
EP.8 계획 규제 요구사항 및 규제준수 관리	ES.8 수입/수출 요구사항 관리	EM.8 생산 규제 준수 관리	ED.8 수입/수출 요구사항 관리	ER.8 반품 규제 요구사항 및 준수 관리
EP.49 공급망 단위 계획과 재무 계획의 합치	ES.9 공급자 계약 관리			

부록 D의 출처는 Pragmatek Consulting Group, Ltd. © 2000입니다.

조달			제조			배송			반품		
S1 재고상품 조달	S2 주문생산품 조달	S3 주문설계품 조달	M1 재고상품	M2 주문생산품	M3 주문설계품	D1 재고상품 배송	D2 주문생산품 배송	D3 주문설계품 배송	R1 재고상품 반품	R2 주문생산품 반품	R3 주문설계품 반품
S1.1 제품 배송 일정 수립	S2.1 제품 배송 일정 수립	S3.1 공급원 파악	M1.1 생산 활동 일정 수립	M2.1 생산 활동 일정 수립	M3.1 설계 확정	D1.1 조회 및 견적 처리	D2.1 조회 및 견적 처리	D3.1 RFP/RFQ 접수 및 대응	R1.1 반품 승인	R2.1 반품 승인	R3.1 과다재고 파악
S1.2 제품 수령	S2.2 제품 수령	S3.2 최종 공급자 선택 및 협상	M1.2 제품 불출	M2.2제품 불출	M3.2 생산 활동 일정 수립	D1.2 주문의 접수, 입력, 검증	D2.2 주문의 접수, 입력, 검증	D3.2 계약의 협상 및 체결	R1.2 제품 반품 일정	R2.2 MRO 제품 반품 일정	R3.2 제품 운송 일정
S1.3 제품 검수	S2.3 제품 검수	S3.3 제품 배송 일정 수립	M1.3 생산 및 검사	M2.3 생산 및 검사	M3.3 제품 불출	D1.3 재고 유보 및 배송일자 결정	D2.3 재고 유보 및 배송일자 결정	D3.3 주문 입력, 자원 약정 및 프로그램 시작	R1.3 불량품 수령	R2.3 제품 상태 판정	R3.3 반송품 수령
S1.4 제품 이송	S2.4 제품 이송	S3.4 제품 수령	M1.4 포장	M2.4 포장	M3.4 생산 및 검사	D1.4 주문 통합	D2.4 주문 통합	D3.4 설치 일정	R1.4 불량품 검수	R2.4 MRO 제품 이송	R3.4 승인 요청 허가

S1.5	S2.5	S3.5	M1.5	M2.5	M3.5	D1.5	D2.5	D3.5	SR1.5	SR2.5	SR3.5
대공급자 대금지불 승인	대공급자 대금지불 승인	제품 검수	제품 스테이징	제품 스테이징	포장	부하 계획 및 확충	부하 계획 및 확충	부하 계획 및 확충 및 배송	불량품 처분	MRO 제품 상태 검수	과다재고 반품 수령
		S3.6 제품 이송	M1.6 배송을 위한 제품 릴리스	M2.6 배송을 위한 제품 릴리스	M3.6 제품 스테이징	D1.6 배송 경로	D2.6 배송 경로	D3.6 배송 경로 및 운송업체 선택	SR1.6 반품 교체 및 환불	SR2.6 MRO 제품 처분	SR3.6 과다재고 검수
		S3.7 대공급자 대금지불 승인			M3.7 배송을 위한 제품 릴리스	D1.7 운송업체 및 운임 선택	D2.7 운송업체 및 운임 선택	D3.7 스테이징된 제품의 수거		SR2.7 MRO 반품 요청 승인	SR3.7 과다재고 수령 및 처분
						D1.8 제품의 창고 입하	D2.8 스테이징된 제품의 수거	D3.8 차량적재, 배송서류 작성, 신용 확인, 제품 배송			
						D1.9 제품 포장	D2.9 차량적재, 배송서류 작성, 신용 확인, 제품 배송	D3.9 고객 현장에서의 제품 수령 및 검수	**DR=반품 배송 SR=조달품 배송		
						D1.10 차량적재, 배송서류 작성, 신용 확인, 제품 배송	D2.10 고객 현장에서의 제품 수령 및 검수	D3.10 제품의 검사 및 설치			
						D1.11 고객 현장에서의 제품 수령 및 검수	D2.11 제품의 검사 및 설치	D3.11 청구 및 대금 수령			
						D1.12 제품 설치	D2.12 청구서				
						D1.13 청구서					

SCOR TM © Copyright Supply-Chain Council. Quick Reference Design, © Copyright Pragmetek Consulting Group, Ltd.

DMAIC	SCOR
정의	경쟁의 기본 사항 분석
측정	
분석	공급망 구성
개선	성과 수준, 방법 및 시스템의 정렬
관리	공급망 변화의 실행

부록 F 출처는 Pragmetek Consulting Group, Ltd. © 2002입니다.

DMAIC	SCOR
정의	**경쟁의 기본 사항 분석**
DMAIC 프로젝트 헌장	SCOR 프로젝트 헌장 양식 공급망 정의 매트릭스
고객 요구사항 파악: Kano 분석. 고객의 소리 분석	칩 실습
프로세스의 식별 및 문서화 SIPOC	스레드 다이어그램

DMAIC	SCOR
측정	**경쟁의 기본 사항 분석**
적절한 측정 : CTQ, 층화	SCOR 측정 지표 양식 SCORcard 베이스라인 및 갭 분석
운영의 정의	
데이터 원천, 데이터 수집 및 표본 추출	
시그마 계산:유닛, 결함, 결함의 기회	자재 흐름 효율 및 간접부문 생산성에 관한 SCOR 레벨 2 및 레벨 3 측정
수율	
낮은 품질의 비용	

DMAIC	SCOR
분석	**공급망 구성 성과 수준, 방법 및 시스템의 정렬**
데이터 분석 : 파레토 차트, 런 차트, 히스토그램, 산포도 및 물고기 뼈 분석	현 상태의 자재 흐름 : 지리적 맵 운송, 재고, 창고 및 반품 비용 요약 배송 성과 및 주문처리 리드타임 요약
프로세스 분석 : 상세 프로세스 맵, 교차기능 프로세스 맵, 프로세스 가치 및 시간	현 상태의 작업 및 정보 흐름 : Staple Yourself 분석 스윔 다이어그램 구매, 작업, 보충 및 판매 주문과 관련된 간접부문 생산성. 예측. 반품 승인

DMAIC	SCOR
개선	**공급망 구성 성과 수준, 방법 및 시스템의 정렬**
창의적 솔루션 생성 "솔루션을 요리한다"	목표하는 자재 흐름: SCOR 레벨 2 구성 전략 및 스레드 다이어그램 적절한 모범사례
	목표하는 자재 및 정보 흐름: SCOR 비즈니스 청사진 응용 프로그램 아키텍쳐-사례 사용 조직 설계-스윔 레인의 효율
선택 및 솔루션: 영향-노력의 매트릭스 의사결정 매트릭스 Force Field 분석	목표하는 자재 및 정보 흐름: SCOR 비즈니스 청사진 응용 프로그램 아키텍쳐-사례 사용 조직 설계-스윔 레인의 효율
솔루션의 파일럿 테스트 완전한 규모의 전개	공급망 변화의 실행 : 상세 솔루션 설계 파일럿 및 평가 전개 솔루션

DMAIC	SCOR
관리	**공급망 변화의 실행**
규율	공급망 프로그램 유지 사무실
개선의 문서화	목표하는 비즈니스 청사진, 관련 자재 흐름 스레드 다이어그램, 공급망 정의 매트릭스
점수 유지	SCORcard
프로세스 관리 계획	조직 책임 매트릭스

DMAIC	SCOR
식스시그마	SCOR
리더십 위원회	잠재적 핵심 기획팀 및 스티어링 팀 후보
챔피언 – 후원자	능동적인 임원 후원자
실행 리더	잠재적 기술 전도사
마스터 블랙벨트-코치	잠재적 기술 전도사
블랙벨트-프로젝트 리더	프로젝트 관리자 후보 및 잠재적 기술 전도사
그린벨트-팀원	프로젝트 관리자 후보
프로세스 책임자	잠재적 코어 기획 팀 및 스티어링 팀 후보